지은이 **뤼도크(Ludoc)**

작가이자 감독으로 활동 중인 뤼도크는 10여 년 전 인터넷 영상 제작에 첫발을 내디딘 이후, 노만(Norman), 나투(Natoo), 미스터 V(Mister V), 맥플라이와 카를리토(Mcfly et Carlito) 등 수많은 아티스트, 그리고 코미디 전문 채널인 스튜디오 바겔(Studio Bagel)과 함께 영상을 만들며 유튜브 창작 문화 발전에 힘쓰고 있다.

옮긴이 **박지홍**

뉴욕주립대학교 빙엄턴 캠퍼스 영화과, 시카고예술대학 대학원 영화제작과(MFA)를 졸업했다. 계원예술대학교 교수를 거쳐 현재 단국대학교 공연영화학부 영화전공 교수로 재직하면서 영화제작실습, 시나리오작법, 졸업영화프로젝트 등의 과목을 지도하는 한편, 다양한 영화 및 영상 분야의 기획, 제작, 연출 등을 맡아 활동하고 있다. 옮긴 책으로 『캐릭터 아크 만들기』, 『시나리오 워크북』, 『액팅 원』, 『단편 시나리오 쓰기』 등이 있다.

영상 제작자의 생존 매뉴얼
시네마틱한 영상을 위한 촬영 녹음, 조명, 시나리오, 특수 효과, 편집의 핵심 기법과 장비

초판 1쇄 펴낸날 2024년 3월 10일

지은이 뤼도크 | **옮긴이** 박지홍

펴낸이 박세경 | **펴낸곳** 도서출판 경당 | **출판등록** 1995년 3월 22일(등록번호 제1-1862호)
주소 (04002) 서울시 마포구 월드컵북로5나길 18 대우미래사랑 209호
전화 02-3142-4414~5 | **팩스** 02-3142-4405 | **이메일** kdpub@naver.com

마케팅 박병준 | **관리** 김세정
일러스트레이션 레잔 타르디 | **편집** 김성천 | **북디자인** 이윤경

ISBN 978-89-86377-64-4 13680 | **값** 43,000원

잘못 만들어진 책은 구입처에서 바꾸어드립니다.

영상 제작자의 생존 매뉴얼

시네마틱한 영상을 위한
촬영, 녹음, 조명, 시나리오, 특수 효과, 편집의
핵심 기법과 장비

뤼도크 지음 박지홍 옮김

경당

카메라 조작하기

렌즈 선택하기

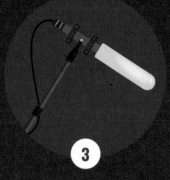

녹음하기

4

조명하기

5

시나리오 분석하기

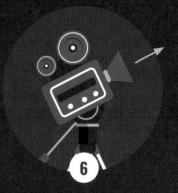

6

프레임 구성하기

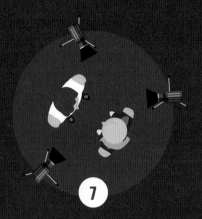

7 대화 장면 촬영하기

8 움직임 만들기

9 촬영 준비하기

10 영상 편집하기

* 핵심 기법

기교

2014년 <데자뷔> 촬영 중
뤼도비크와 함께

아마존 프라임의 시리즈물
<트루 스토리> 리허설 중
노만과 함께

2018년 뮤직비디오
촬영 중 나투와 함께

2013년
스튜디오 바겐에서
미스터 V와
촬영 중

2014년 무슈 풀프,
앤더슨 윌레르와 촬영 중

2012년 제롬 니엘과
장면 분석 중

들어가며

헬기에서 어떻게 찍을 수 있겠어? 우린 예산이 없잖아!

어떻게 하면 뉴욕에서 촬영한 것처럼 보일까?

추격전을 스턴트맨 없이 어떻게 찍지?

괜찮아, 뤼도크가 어떻게든 해줄 거야!

나투, 제롬 니엘, 뤼도비크, 미스터 V, 노만, 스튜디오 바겔… 이들과의 대본 회의는 이런 식으로 시작되곤 했다. 이 멤버들과 새로운 영상을 작업한다는 것은 언제나 새로운 도전을 의미했다. 제작비 때문에 시나리오에 제한을 두고 싶지는 않았다. 방에 틀어박힌 채 저 아래 내려다보이는 거리를 단순히 찍는 것 따위는 우리의 논의 사항이 아니었다. 서부 영화의 한 장면처럼 찍으면 어떨까? 아니면 전쟁 영화의 시퀀스 숏처럼? 헬리콥터나 항공모함 또는 아마존 숲속에서 촬영하는 것은? 우리는 언제나 더 큰 것을 보고, 인터넷에서는 좀처럼 볼 수 없는 장면을 찍고, 마치 영화처럼 보이게 만들고 싶었다.

그러면 내가 할 일은 그럴 만한 예산이 없더라도 이런 터무니없는 아이디어를 실현할 해결책을 찾아내는 것이었다. 그리고 그런 촬영 작업을 헤쳐오며 나는 만능선수가 되었다.

그때부터 이런 노하우를 내 유튜브 채널과 인스타그램 계정에서 튜토리얼 형식으로, 그리고 최근에는 유튜브에서 소규모 마스터클래스를 진행하면서 함께 나누기 시작했다. 그러던 어느 날 컴퓨터 화면 위에 띄워진 파워포인트 문서를 보다가, '큰돈 들이지 않고 영화에서 본 것을 재현하는' 나의 테크닉과 노하우의 결정체인 이 슬라이드 하나하나가 영상 제작자를 위한 멋진 매뉴얼이 될 수 있겠다는 생각이 들었다.

나는 영화 학교에 가는 대신 인터넷에서 찾은 책이나 튜토리얼의 도움을 받으며 현장에서 일을 익혀왔다. 그런데 바로 그날, 이번에는 내가 출발점으로 되돌아가서 내 노하우를 함께 나눌 때가 왔음을 깨달은 것이다. 나는 내가 이 일을 처음 시작한다면 읽고 싶어 할 법한 책을 쓰기로 마음먹었다. 내가 찾았던 영상 제작 매뉴얼은 현장 경험이 제대로 녹아 있지 않고 너무 이론적인 경우가 많았다. 책 속에서만 통할 뿐 실제 촬영에서는 전혀 통하지 않는 테크닉을 배우고 있었던 것이다. 이 매뉴얼을 쓰면서 나는 독학 연출가로서 쌓아온 대단치 않은 경험을 모두 집약하여, 시작은 미미하더라도 테크닉과 갖가지 노하우를 잘 활용한다면 훨씬 멋진 작품을 만들어낼 수 있음을 보여주겠다는 목표를 세웠다.

이 책은 시나리오 작성부터 최종 편집에 이르기까지 영상 제작 기술을 배울 수 있도록 10개의 장으로 구성되어 있다. 각 부분은 개별적으로 읽을 수도 있다. 학습에 도움이 되도록, 각각의 테크닉마다 영화 장면을 분석하면서 그 효과를 간단한 방법으로 재현할 수 있는 '요령'을 함께 설명하고 있다.

좋은 독서가 되길!

1

카메라 조작하기

. . . .

. . . .

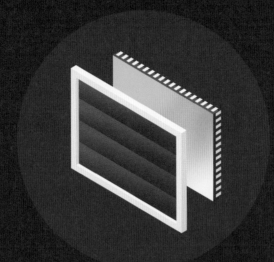

기본 개념

카메라 선택하기

초보 영상 제작자는 인터넷에서 영상을 보며 으레 이렇게 생각하곤 한다. "얼마나 멋진 카메라로 찍었을까? 나도 똑같은 걸 갖고 싶어!" 하지만 이게 바로 첫 번째 실수이다. 영상의 질은 카메라의 선택만으로 결정되는 것이 아니다.

방금 나온 최신 카메라를 사려고 돼지 저금통을 깨뜨릴 필요는 없다. 좋은 영상을 만들기 위해 갖춰야 할 장비 목록을 내가 만든다면, 카메라 선택 항목은 분명 마지막 칸에 놓일 것이다.

✚ 좋은 스토리를 찾는다

우리를 사로잡는 것은 영상의 질이 아니라 스토리이다. 스토리가 매력적이라면, 영상이 간혹 흔들리거나, 노출이 과다하거나, 조금 흐리더라도 시청자는 굳이 지적하지 않을 것이다.

장비에 골몰하기 전에 좋은 아이디어, 전달하고 싶은 좋은 스토리를 찾아내자. 한 가지 좋은 소식은 이제는 엄청난 예산 없이도 훌륭한 영화를 만들 수 있다는 것이다. 일반인용 Hi8 카메라로 촬영하여 역사상 가장 수익성 높은 영화 20편 중 하나에 오른 〈블레어 위치〉가 바로 그 증거이다.

고성능 카메라로 촬영하는 것이라든가 영상의 시각적 요소를 중요시하는 것은 결코 잘못이 아니다. 하지만 하루의 끝자락에서 영상을 감상하는 사람들은 누구나 그 영상물의 기술적 장점보다 스토리 자체에 훨씬 더 매료될 것이다. 이 점을 명심하는 것이 중요하다!

✚ 사운드를 소홀히 하지 않는다

영상 제작을 시작할 때 대개 스토리 다음으로 소홀히 하는 것이 사운드이다. 하지만 사운드는 영상보다 더 중요하다. 소리가 들리지 않는다면 아무도 보려 하지 않을 것이다. 영상이 때로 어둡거나 흐릿하더라도 대화가 들린다면 시청자는 계속 지켜볼 것이다.

예산 부족은 양질의 사운드를 담지 못했을 때 내세울 만한 핑계가 될 수 없다. 저렴한 가격으로 구입할 수 있는 고품질 마이크가 점점 더 많이 나오고 있으니까. 게다가 마이크는, 매우 빠르게 진화하는(포맷 변화, 센서 진화 등) 바람에 금세 쓸모없어지는 카메라와는 달리, 오랫동안 최신 상태를 유지할 수 있다는 장점이 있다. 3장에서는 촬영에 사용되는 여러 가지 마이크와 녹음기에 대해 알아볼 것이다(76쪽).

✚ 장면에 조명을 비춘다

요즘 영상 제작자 중에는 감도가 더욱 좋아진 센서가 장착된 카메라를 사용하면서 "이거면 충분하지. 조명을 비출 것까지는 없어"라고 여기는 사람도 있다. 하지만 잘못된 생각이다. 기술적으로 노출이 맞는다고 해서 미적으로 훌륭한 장면이 되는 것은 아니다. 조명이 어둡고 흐릿한 장면만큼 아마추어 같아 보이는 것도 없다.

최고의 해상도를 가진 카메라로 촬영한 영상일지라도 너무 어둡거나 너무 밝다면 아무도 보려고 하지 않을 것이다. 조명 없이 영화용 카메라로 촬영한 영상보다, 실제 조명을 이용하여 스마트폰으로 촬영한 영상이 보는 재미가 더 쏠쏠할 것이다. 〈오션스 일레븐〉과 〈에린 브로코비치〉를 연출한 스티븐 소더버그 감독의 2018년 작품 〈언세인〉은 세 대의 아이폰7 플러스로 촬영한 독특한 영화로서 그 완벽한 사례라 할 만하다.

설정 메뉴

카메라 사용법을 배우는 과정의 첫 단계는 인터페이스에 익숙해지는 것이다. 모니터에 표시되는 정보의 레이아웃이나 아이콘이 달라질 수도 있지만, 구성 요소들은 어떤 카메라를 사용하든 간에 항상 같다. 이 장에서는 최상의 촬영 결과를 얻기 위해 이런 요소들을 어떻게 활용해야 하는지 알아볼 것이다.

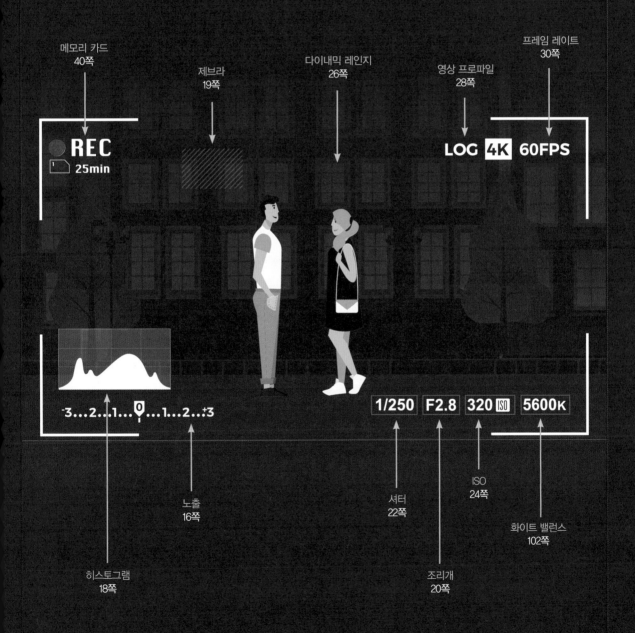

메모리 카드
40쪽

제브라
19쪽

다이내믹 레인지
26쪽

영상 프로파일
28쪽

프레임 레이트
30쪽

노출
16쪽

히스토그램
18쪽

셔터
22쪽

조리개
20쪽

ISO
24쪽

화이트 밸런스
102쪽

노출

촬영을 시작할 때면 대개 카메라의 수많은 버튼과 메뉴 옵션 사이에서 길을 잃곤 한다. 이럴 때 흔히 첫 번째로 취하는 대처법은 전부 자동 모드로 설정하는 것이다. 하지만 아름다운 영상을 찍기를 바란다면, 이것은 최악의 선택이다.

자동 모드에서는 여러 가지 곤경에 맞닥뜨리게 된다. 예컨대, 촬영 중에 영상의 밝기가 갑자기 바뀐다거나, 색도가 일치하지 않는다거나, 화면 군데군데에 입자가 나타나기도 한다. 이를 방지하고 중요한 요소인 노출을 제어하려면 카메라를 반드시 수동으로 조작해야 한다.

노출이란 카메라 센서에 감지되는 빛의 양으로, 장면을 촬영하기 위해 제어해야 하는 주요 요소이다. 카메라에는 대개 이런 작은 인디케이터로 표시된다.

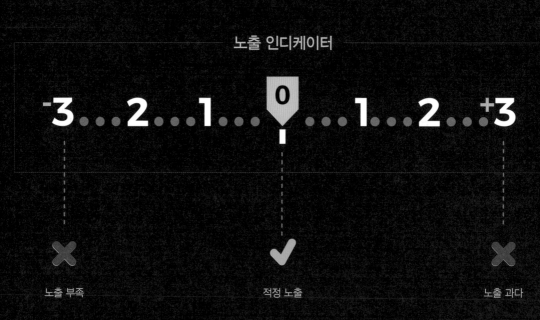

노출 인디케이터

−3 아래는 노출 부족으로 여겨진다.
어두운 부분이 뭉개져서
편집할 때 복구할 수 없다.

0 전후의 노출.
최적의 노출이며
모든 색이 기록된다.

+3을 넘으면 노출 과다로 여겨진다.
밝은 부분의 색이 날아서
편집할 때 만회할 수 없다.

노출 조절하기

카메라 노출에 영향을 미치는 요소는 단 세 가지로, 조리개 개방 수치, 셔터 속도, ISO 감도이다. 이 세 가지 요소를 조합하고 안배하여 가능한 한 최상의 영상을 얻어내는 것은 꽤 어려운 일이다. 왜냐하면 이 중 하나를 결정하는 순간 다른 요소와 타협해야 하기 때문이다.

셔터와 ISO는 카메라 본체 안에 있고, 조리개는 렌즈의 부품이기 때문에, 이것들은 카메라나 렌즈를 선택할 때에도 중요한 요소가 된다(2장 참조).

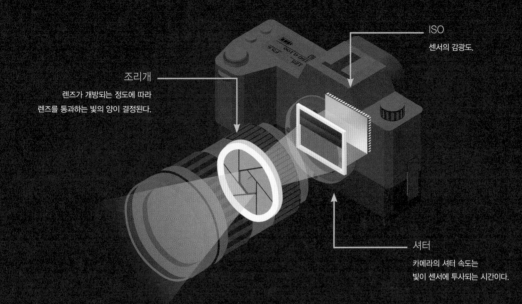

ISO
센서의 감광도.

조리개
렌즈가 개방되는 정도에 따라
렌즈를 통과하는 빛의 양이 결정된다.

셔터
카메라의 셔터 속도는
빛이 센서에 투사되는 시간이다.

영화에서는

노출 과다를 관객이 장면 속에 들어와 있는 것처럼 느끼게 할 목적으로 활용하는 감독들도 있다. 예를 들어, 스티븐 스필버그의 〈미지와의 조우〉에서 외계인과 만나는 장면처럼 환한 빛을 쏘아 등장인물(그리고 관객)의 눈이 부시게 하거나, 마틴 캠벨의 〈007 카지노 로얄〉에서 독약에 중독된 장면처럼 울렁거리거나 방향감각을 잃은 듯한 느낌을 만들어낼 수도 있다.

노출 부족은 등장인물의 고뇌나 슬픔을 표현하기도 한다. 또한 주인공의 불안감과 불길한 예감을 나타낼 수도 있다.

카메라 내부

촬영 전에 영상의 노출을 적절하게 맞추도록 도와주는 '제브라'와 '히스토그램'을 활용할 수 있다. 이 두 가지 기능은 대부분의 고급 카메라에 갖추어져 있으며, 점차 모든 카메라에 보급되고 있다.

히스토그램

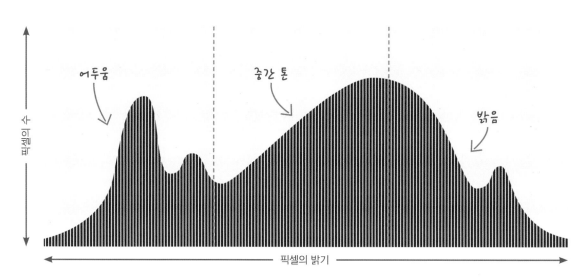

히스토그램(histogram)은 영상의 노출을 적절하게 맞추는 데 도움이 되는 보조적 도구로, 영상의 색조 범위와 픽셀 분포를 그래픽으로 표현하는 것이다. 쉽게 말하자면, 히스토그램의 왼쪽에는 어두운 픽셀(그림자와 낮은 조도), 오른쪽에는 밝은 픽셀(높은 조도)이 표시된다. 특정 색조(매우 어두움, 중간, 매우 밝음, 그리고 그 사이사이의 모든 톤)를 나타내는 픽셀 수가 많을수록 그래프의 '피크'가 높아진다.

적정 노출
영상이 실제보다 더 밝게 나올 수도 있지만 편집할 때 쉽게 보정할 수 있다.

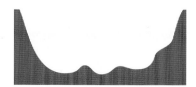

콘트라스트가 강한 영상
히스토그램이 양쪽 가장자리에 닿으면 영상의 콘트라스트가 매우 커진다.

오른쪽으로 치우친 노출
영상의 입자를 피하는 최선의 방법이지만 노출 과다가 되지 않도록 주의해야 한다.

왼쪽으로 치우친 노출
대체로 밤 촬영에 사용되며 어두운 부분의 입자에 주의해야 한다.

노출이 부족한 영상
편집할 때 복원하기 어려우며 입자가 많은 영상이 된다.

노출이 과다한 영상
흰색이 너무 환해지면 편집할 때 복구하기 어렵다.

제브라

제브라(zebra)는 노출 과다에 근접한 영역을 줄무늬로 표시해주는 카메라 기능이다. 줄무늬가 모니터에 나타나지만 실제로는 기록되지 않는, 카메라의 간단한 시각적 경고이다.

노출 과다 영역

제브라

제브라 끔

제브라 켬

제브라를 다양한 레벨로 설정할 수 있는 카메라도 있지만, 보통은 70% 레벨과 100% 레벨이 제공된다. 70%는 밝은 피부색을 가진 얼굴의 적정 노출 부분에 해당되며, 100%는 세부 정보가 손실된 노출 과다 영역을 표시한다. 이를 통해 제브라의 두 가지 주요 용도를 다음과 같이 정의할 수 있다.

제브라 70%

제브라 70%는 주로 텔레비전 보도 영상에 사용된다. 이 레벨을 이용하면 인터뷰 도중 사람들의 얼굴에 약간 줄무늬가 지는 것으로 적정 노출인지를 확인할 수 있다.

단, 70%는 어디까지나 피부색에 따른 한 가지 표시 값일 뿐, 모든 밝은색 피부가 노출이 잘 이루어지는 것은 아니다.

따라서 테스트를 통해 모니터를 살펴보면서 설정을 조정해야 한다. 어두운색 피부인 경우 레벨이 60%여야 한다.

제브라 100%

제브라 100%를 선택하면 노출 과다 영역(예: 하늘)이 명확히 표시된다.

이 같은 설정의 목적은 모니터에 줄무늬가 보이지 않는지 확인하면서 적정 노출인 영상을 확보하는 것이다.

노출 과다인 영상은 편집으로 좀처럼 복구하기 어려우므로, 최악의 경우 어떤 편집 소프트웨어로도 해결할 수 없다면 영상을 잘라내는 방법(크로핑)을 고려하자.

조리개

흔히 '스톱(stop)'이라고도 하는 카메라의 조리개 개방 수치는 셔터 속도, ISO 감도와 함께 노출의 세 가지 기본 요소 중 하나이다. 눈의 홍채처럼 조리개가 열렸다 조여졌다 하면서 렌즈를 통과하는 빛의 양을 조절한다. 대낮에는 홍채가 닫히며 들어오는 빛을 줄이고, 밤에는 홍채가 열리며 더 잘 볼 수 있도록 해준다. 조리개의 작동 원리도 유사하다.

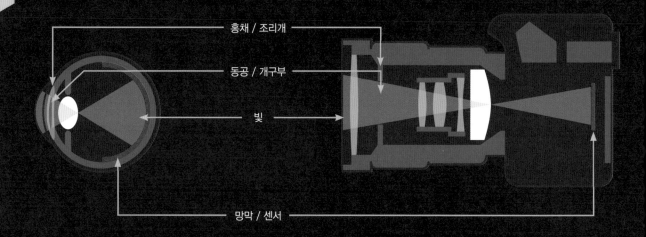

홍채 / 조리개

동공 / 개구부

빛

망막 / 센서

여러 가지 조리개 수치

F1.4 F2.0 F2.8 F4.0 F8.0 F16 F22

조리개 수치는 개구부 날개가 만드는 구멍의 크기를 나타내며, 렌즈의 초점 거리(focal length)를 개구부의 직경(폭)으로 나눈 값이다. 초점 거리 50mm 렌즈의 개구부 직경이 25mm라면, 조리개 수치는 50mm를 25mm로 나눈 값, 즉 f/2이다. 이 수치는 'f/5.6' 또는 'F5.6'과 같이 'f/' 또는 'F'로 표시된다.

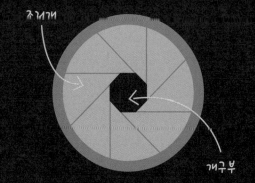

조리개

개구부

조리개를 열어 개구부를 넓혀서 더 많은 빛이 통과하도록 하면, f/2.8이나 f/4처럼 조리개 수치가 작아진다.

조리개를 닫아 개구부를 좁혀서 센서로 들어오는 빛을 줄이면, f/16이나 f/22처럼 조리개 수치가 커진다.

F16

F2.8

조리개는 방금 살펴본 것처럼 노출을 조절할 뿐 아니라, 피사계 심도(depth of field), 즉 '초점이 맞아 보이는 영역'을 조절하여 멋진 흐린 배경을 만들어내기도 한다(최소 조리개 수치는 렌즈에 따라 달라지며, 카메라와는 무관하다. 자세한 내용은 다음 장 참조).

영화에서는

F0.7

F0.7

1973년 스탠리 큐브릭 감독은 소설 『배리 린든의 행운』을 '18세기 다큐멘터리'처럼 촬영할 의도로 각색했다. 그는 당시 기술적으로 구현이 불가능했던, 촛불 조명만으로 촬영하는 것을 염두에 두었다. 한때 사진작가로 일하기도 했던 큐브릭은 집요할 정도로 이 문제를 파고들었고, 충분한 빛을 통과시킬 수 있는 거대 렌즈를 찾아다녔다.

석 달가량이 지난 후, 그는 NASA(미국항공우주국)에서 1960년대에 달 뒷면을 촬영하기 위해 칼자이스사에 의뢰하여 '플라나(Planar) 50mm f/0.7'이라는 렌즈 10개를 제작했다는 것을 알게 되었다. 이 렌즈 세 개를 구입한 다음, 발명가 에드 디줄리오가 〈배리 린든〉 촬영용으로 그중 하나를 미첼(Mitchell) BNC 카메라에 맞도록 개조했다.

낮은 조도와 더불어, 이 자이스 렌즈의 얕은 피사계 심도(초점이 맞아 보이는 영역)로 인해 초점을 맞추기가 무척 까다롭다. 영상을 선명하게 유지하기 위해 배우들은 움직임이 제한된다. 이 때문에 조르주 드 라 투르의 그림에서 영향을 받아 촛불 조명을 사용한 2부의 장면들은 줌백(zoom back)을 많이 사용한 1부의 야외 장면들보다 훨씬 정적이다.

음모론자들은 NASA의 이러한 호의에 대한 대가로 저명한 영화감독인 스탠리 큐브릭이 1969년 닐 암스트롱의 유명한 달 착륙 장면을 연출했을 것이라고 주장하기도 한다. 그 장면은 NASA 우주인들이 실제로 달 표면에 발을 디뎠다고 전 세계가 믿게 만들기 위해 미국 정부가 큐브릭 감독의 도움으로 스튜디오에서 촬영한 프로파간다 영상이라는 것이다.

셔터

누구나 알고 있는 카메라의 그 소리. 사진을 찍을 때 들리는 만족스러운 작은 '찰칵' 소리. 카메라의 셔터 버튼을 위에서 아래로 누를 때 나는 소리이다. 사진을 찍을 때마다 같은 방식으로 작동되지만, 항상 같은 속도는 아니다.

셔터 속도는 셔터가 열려 있는 시간, 즉 카메라 센서가 빛에 노출되는 시간을 나타낸다. 예를 들어 '1/125초'와 같이 초 단위로 표시된다. 따라서 촬영자는 조리개의 경우처럼 들어오는 빛의 양을 조절하는 것이 아니라, 통과된 빛에 카메라 센서가 노출되는 시간을 조절하는 것이다. 이 시간이 짧으면 셔터 속도가 빠르다고 하며, 셔터 속도가 빠를수록 이미지 센서에 도달하는 빛의 양이 줄어들어 영상이 어두워진다.

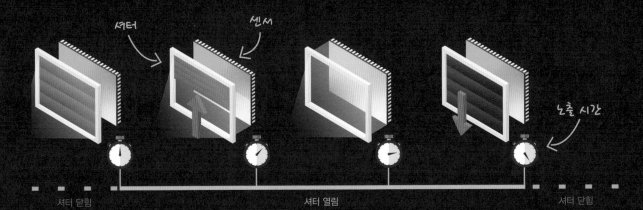

어떤 속도에서 다른 속도로 바꿀 때마다 노출 시간, 즉 센서에 닿는 빛의 양은 두 배가 되거나 절반이 된다. 예를 들어 1/500의 셔터 속도에서 센서는 1/1000에서보다 두 배 많은 빛을, 1/250에서보다 절반의 빛을 받아들인다. 요컨대 셔터 속도가 빠를수록 빛이 통과하는 시간이 짧아져 밝기가 줄어들고, 분모가 작을수록 노출 시간이 길어져 센서에 닿는 빛이 더 많아진다.

기본 지식

🕐 1/15초

🕐 1/50초

🕐 1/100초

셔터 속도가 느릴수록 모션 블러는 더 심해진다. 반대로 셔터 속도가 빠를수록 노출 시간이 짧아져서 (모션 블러를 초래하는) 피사체의 이동 거리가 짧아진다. 기본 셔터 속도는 프레임 레이트 25fps에 적합하도록 1/50로 되어 있어 모션 블러가 거의 발생하지 않는다.

액션 장면

🕐 1/250초

전쟁 영화나 액션 영화를 보면서 어떤 장면들이 왜 그토록 선명하고 강렬해 보이는지 궁금해한 적이 있지 않은가? 이런 장면들은 대개 두 가지 방법 중 하나로 촬영된 것인데, 하나는 프레임 레이트를 높게 하는 것(30쪽 참조), 또 하나는 셔터 속도를 빠르게 하는 것이다. 카메라 셔터 속도는 기본적으로 1/50으로 설정되어 부드러운 렌더링과 멋진 모션 블러를 제공하지만, 액션 장면에서 어떤 감독들은 셔터 속도를 빠르게 함으로써 영상을 더 선명하고 강렬하게 만들어 긴장감을 높인다.

〈라이언 일병 구하기〉의 노르망디 상륙 장면에서 스티븐 스필버그 감독은 관객에게 더욱 선명하고 잔인한 영상을 보여주기 위해 셔터 속도 1/250을 사용했다. 이렇게 더 빠른 셔터 속도를 사용하면, 폭발할 때 파편, 먼지 같은 각종 입자가 공중으로 날아가는 것을 볼 수 있게 된다. 셔터 속도 1/50로는 흐려져서 볼 수 없는 빗방울까지도 말이다. 극한의 리얼리즘이다.

정지 화면

🕐 1/125초

예를 들어 등장인물을 소개하는 보이스오버를 넣으려고 영상을 일시 중지시킬 때, 선명한 정지 화면을 얻으려면 항상 빠른 셔터 속도로 장면을 촬영하는 것이 좋다. 그러지 않으면 영상이 흐려져서 원하는 정지 화면 효과를 얻지 못하게 된다.

슬로 모션

🕐 1/100초

슬로 모션 효과를 얻으려면 초당 프레임 수를 늘려야 한다. 하지만 프레임 레이트가 증가할수록 셔터 속도도 증가한다.

예를 들어 25fps로 촬영할 경우 셔터 속도가 1/50이어야 하지만, 50fps로 촬영한다면 셔터 속도는 1/100이어야 한다.

오로라

🕐 3초

하늘에서 내뿜는 빛이 약한 오로라나 은하수를 촬영하려면, 빛을 최대한 모을 수 있어야 한다.

그러려면 셔터 속도를 줄이기에 앞서, f/2.8에서 f/1.2까지의 매우 작은 조리개 수치를 가진 렌즈를 사용하는 것이 이상적이다.

트레일 이펙트

🕐 10초

궤적 사진을 찍을 때는 몇 초간의 노출 시간을 사용하므로, 카메라를 고정한 상태에서 매우 느린 셔터 속도로 촬영한다.

긴 시간 동안 열린 셔터는 영상 위에 '축적'되는 빛을 통과시킨다. 자동차 헤드라이트가 이동하면 일종의 빛 궤적이 발생한다.

ISO

ISO는 센서의 감도를 나타내며, 노출에 필요한 마지막 설정이다. ISO 수치가 높을수록 디지털 카메라의 센서가 빛에 더 민감해진다. 반대의 경우도 마찬가지이다. 따라서 수치가 높을수록 더 많은 빛을 받아들일 수 있고, 낮을수록 영상이 더 어두워진다.

그러나 기계적 요소인 조리개나 셔터와 달리 ISO는 전자식이기 때문에, 수치를 높이면 높일수록 센서가 더 많은 빛을 포착하겠지만 영상에 노이즈나 디지털 입자가 생길 수도 있다는 점을 유의해야 한다.

센서에 관한 기본 지식

낮은 ISO는 약 100 이하이고, 중간은 200에서 400 사이, 높은 ISO는 400 이상이다. 보통은 촬영자가 ISO 800을 넘지 않으려 하겠지만, 모든 것은 카메라 센서의 ISO 수용 능력에 달려 있다. 예를 들어 소니 알파(α) 시리즈는 낮은 조도에서 높은 감도로 촬영할 수 있는 것으로 유명하다. 매년 달라지므로 촬영 전에 테스트해볼 것을 권장한다.

ISO 100   ISO 1600   ISO 6400

그러므로 ISO는 마지막에 설정해야 한다. 장면이 어두우면, 조리개를 렌즈의 최대치(예: f/2.8)로 열고 셔터 속도를 최대한 낮춘다. 하지만 모션 블러를 줄이기 위해 셔터 속도를 1/50이나 1/40로 설정하고 싶은데 영상이 여전히 어둡다면, ISO를 높이면 된다.

따라서 조리개, 셔터, ISO를 조합하고 안배하여 최상의 영상을 얻는 것은 어려운 일이다. 왜냐하면 이러한 요소 중 하나에 대한 결정을 내리는 순간 다른 요소와 타협해야 하기 때문이다.

ISO를 자동으로 설정하지 않도록 주의하자. 카메라 모니터는 대체로 매우 작아서 입자를 눈으로 확인할 수 없다. 이 경우 편집할 때 깜짝 놀랄 위험을 감수해야 한다.

네이티브 ISO

카메라를 센서의 네이티브 ISO(native ISO)로 설정하면, 높은 조도(하이라이트)와 낮은 조도(섀도)에서 영상의 세부 정보를 가장 잘 표현할 수 있는 최적의 다이내믹 레인지를 얻을 수 있다(다음 쪽 참조). 이 설정보다 높거나 낮으면, 감지하는 빛에 대한 센서의 감도가 디지털적으로 감소하거나 증폭되어 영상에 노이즈가 발생할 수 있다.

네이티브 ISO는 대체로 제조업체의 카메라 설명서에 공개되어 있지 않지만, 인터넷에서 '네이티브 ISO' 또는 '베이스 ISO(base ISO)'로 검색하면 금방 찾을 수 있다. 일부 구형 DSLR 카메라와 상당수 신형 카메라의 기본 값은 200이지만, 요즘 디지털 카메라의 네이티브 ISO는 100이다.

영화에서는

디지털이 도래하기 전에는 필름마다 고유의 감도가 있어서 그것을 변경할 수가 없었고, 일반적으로 그다지 민감하지 않아서 촬영에 많은 빛이 필요했다. 2000년대 초반 디지털 카메라의 등장은 작은 혁명이었다. 낮은 조도에서의 놀라운 감도가 디지털 기술의 대중화를 이끌었고, '데이 포 나이트(day for night)'(106쪽 참조)와 같은 트릭을 사용하지 않고도 야간 촬영이 가능해졌다.

마이클 맨 감독의 2004년 연출작 〈콜래트럴〉은 영화 전체를 밤중에 디지털 방식으로 촬영한 최초의 영화 중 하나였다. 로스앤젤레스의 택시 운전사로 제이미 폭스가, 그를 곤란한 사태에 휘말리게 하는 살인청부업자로 톰 크루즈가 등장한다. 표준 35mm 필름이 만족스럽지 못하자 맨 감독은 거의 영화 전체를 디지털 방식으로 촬영했으며, 톰슨 그래스 밸리(Thomson Grass Valley)사의 개조된 '바이퍼 필름스트림(Viper FilmStream)' 카메라를 사용하여 예전 영화에서는 볼 수 없었던 황혼에서 새벽 사이의 도시를 묘사했다.

맨 감독은 2001년에 개봉한 윌 스미스 주연의 영화 〈알리〉의 일부 장면에서 고선명(HD) 비디오를 실험한 후, TV 시리즈물 〈강도살인과(Robbery Homicide Division)〉의 모든 에피소드를 소니와 파나비전(Panavision) 두 회사가 협력 제작한 디지털 카메라로 촬영했다. 장편 영화 제작을 위한 이 포맷의 잠재력에 매료된 맨 감독은 로스앤젤레스 일대의 불빛을 최대한 활용하기 위해 〈콜래트럴〉의 야간 야외 촬영에 이 포맷을 사용하기로 결정했다.

이 영화는 영상의 기묘함으로 유명해졌으며, 특히 필름으로는 촬영할 수 없었을 '외부 불빛으로 윤곽이 드러난 빈센트의 실루엣이 어둠에 잠긴 사무실 안을 걸어가는 장면'이 잘 알려져 있다.

다이내믹 레인지

다이내믹 레인지(dynamic range)는 설명하기가 매우 까다롭다. 이해를 돕기 위해 먼저 나쁜 다이내믹 레인지와 좋은 다이내믹 레인지를 나타내는 영상들을 살펴보자.

좁은 다이내믹 레인지

어두운 영역의 세부 정보가 손실되었고,
밝은 영역의 세부 정보는 노출 과다이다.

넓은 다이내믹 레인지

어두운 영역의 세부 정보가 정확하게 재현되었고,
밝은 영역은 적정 노출이다.

다이내믹 레인지

사진의 경우, 다이내믹 레인지란 이미지 속 가장 어두운 색조와 가장 밝은 색조 사이의 차이, 대개는 순흑색과 순백색 사이의 차이이다. 흔히 카메라의 최대 다이내믹 레인지가 사람들의 관심사가 되곤 한다.

제조사에서는 센서의 다이내믹 레인지를 db로 나타내곤 하지만, 사진의 경우 EV, 스톱, 개구부 또는 조리개 차이로 나타낼 때가 많다. db 값으로 되어 있어도 스톱(또는 EV)으로 변환하는 것은 간단하다. db 값을 6으로 나누면 된다. 즉 66db의 다이내믹 레인지는 11EV, 11스톱, 또는 11조리개 차이가 된다.

1EV의 증가는 조도를 두 배 높이는 것과 같다. 인간의 눈은 약 24EV의 다이내믹 레인지를 가지고 있다. 이것은 우리가 어느 때든 인지할 수 있는 가장 어두운 색조가 동일한 장면 속의 가장 밝은 색조보다 약 100만 배 더 어둡다는 것을 의미한다. 이것이 바로 우리가 맑은 날에도 그늘진 곳의 아주 세밀한 부분까지 볼 수 있는 이유이다.

카메라는 인간의 눈보다 다이내믹 레인지가 작지만, 기술의 발전으로 매년 그 격차가 좁혀지고 있다. 요즘 가장 성능이 좋은 (비디오)카메라는 한 숏 안에서 15EV에 가까운 다이내믹 레인지에 이르기도 한다. 말하자면 인간의 시각보다 거의 9조리개가 작다는 것인데, 이 차이는 아주 크다.

이것이 바로 카메라로 찍은 영상이 눈으로 직접 보는 것과 동일한 인상을 주지 못하는 이유이다. 대부분의 디지털 카메라가 12~15EV이며, 필름 카메라는 13EV 정도이다.

실전 팁

풀 사이즈 센서를 고른다

센서가 작으면 그만큼 다이내믹 레인지도 줄어든다. 따라서 카메라를 고를 때는 풀 프레임(full-frame) 센서를 고르는 것이 좋다. 풀 프레임 센서는 ISO 감도가 높아 빛을 더 잘 흡수하고, 다이내믹 레인지도 더 좋다.

ISO를 낮춘다

그렇다고 해서 무턱대고 ISO를 올리면 안 된다. 올리는 만큼 센서의 다이내믹 레인지가 줄어들기 때문이다. 넓은 다이내믹 레인지가 필요한 장면에서는, 센서가 가급적 많은 정보를 기록할 수 있도록 노출 부족이 되지 않는 선에서 ISO를 최대한 줄이는 것이 좋다.

LOG로 촬영한다

요즘 대부분의 카메라에서는 촬영하고자 하는 영상 프로파일을 선택할 수 있다. 영상 프로파일이란 카메라가 영상의 색을 기록하는 방법에 대한 사전 설정이다. 낮은 콘트라스트 프로파일을 선택하면, 다이내믹 레인지가 더 넓어져서 영상에 더욱 많은 정보를 담을 수 있다(다음 쪽 참조).

HDR

노출 과다 사진

노출 부족 사진

HDR 사진

HDR(high dynamic range) 촬영은 사진가가 다이내믹 레인지의 문제를 해결하기 위해 사용하는 방법이다. 이 기법은 각기 다른 노출로 촬영된 사진 여러 장을 편집 소프트웨어로 결합하여 하나의 최종 사진을 만드는 것이다.

예를 들어 위의 사크레쾨르 대성당 사진에서 영역 ①의 하늘은 노출 과다이고, 밝은 색조에는 흰색만 남았다. 가운데 사진에서 영역 ④는 노출이 부족하여 사용 불가능할 정도이고, 어두운 색조에 충분한 정보가 담겨 있지 않다. 그렇다면 대성당이 있는 영역 ③과 적정 노출인 나무가 있는 영역 ②를 결합하여 모든 영역의 노출이 완벽한 사진을 만들면 된다. 이것이 바로 HDR 사진이다.

영상 프로파일

요즘 대부분의 카메라에서는 촬영하고자 하는 영상 프로파일(또는 영상 스타일)을 선택할 수 있다. 영상 프로파일이란 카메라가 영상의 색을 기록하는 방법에 대한 사전 설정이다. 일반적으로 영상 프로파일은 콘트라스트(contrast), 색조(tone), 색상(color), 채도(saturation), 선명도(sharpness) 등의 설정 값을 영상에 자동으로 적용하여 카메라에서 바로 결과를 미리 볼 수 있게 해준다. 프로파일을 선택한 후에는, RAW 파일을 사용할 때처럼 편집 과정에서 이러한 설정 값들을 변경할 수 없으므로 주의해야 한다.

여러 가지 프로파일

카메라 제조사에 따라 다양한 영상 프로파일을 제공하지만[픽처 프로파일, 크리에이티브 스타일 또는 룩(이상 소니), 픽처 스타일(캐논), 포토 스타일(파나소닉) 등 — 옮긴이], 영상 촬영의 경우에는 스탠더드(표준)와 뉴트럴(중립) 프로파일에만 관심을 가지면 된다.

스탠더드 프로파일

뉴트럴 프로파일

스탠더드 영상 프로파일은 콘트라스트가 강하고 색상이 선명한 영상이 된다. 편집 과정에서 색을 보정하는 데 바람직한 사전 설정은 아니지만(콘트라스트가 강하고 채도가 높은 영상을 수정하거나 만회하기 어렵다), 영상을 보정하거나 편집 시간을 절약하고 싶지 않은 경우에 적합하다.

촬영에 이상적인 프로파일은 LOG(다음 쪽 참조)이지만, 카메라에 이 사전 설정이 없는 경우 뉴트럴 프로파일을 사용자가 직접 조정하는 방식으로 사용하면 된다.

뉴트럴 프로파일은 콘트라스트가 약하고 채도가 낮아서 카메라의 다이내믹 레인지를 약간 늘리는 효과가 있다. 결과를 개선하려면 콘트라스트, 선명도, 채도 설정을 조정하는 것이 좋다. 색조(tint) 설정을 건드려서는 안 된다. 원하지 않는 방향으로 색상이 변경될 위험이 있기 때문이다.

콘트라스트의 경우 슬라이더를 최소로 설정하여, 편집할 때 만회할 수 없을 정도로 검은색이 너무 짙어지거나 흰색이 너무 밝아지는 것을 방지한다. 그런 다음 선명도를 최소 설정으로 조정하면, 기본 설정은 일반적인 비디오 영상을 제공하는 반면 높은 선명도를 진정시켜 더욱 영화 같은 영상에 가까워지는 것이 훨씬 더 흥미롭다. 필요한 경우 편집할 때 선명도를 언제든지 높일 수 있다.

마지막으로, 얼굴의 채도가 너무 높아지지 않도록 초기 설정에서 채도를 두 단계 낮춘다. 촬영할 때 영상이 너무 밋밋하거나 회색빛을 띠더라도 겁먹지 않아도 된다. 이러한 동일한 설정 값은 편집 중에 변경할 수 있다.

LOG

최근 들어 일반 소비자용 카메라에 새로운 영상 프로파일인 LOG(기록되는 데이터 용량이 너무 커서 초보 영상 제작자에게는 적합하지 않은 RAW 포맷과 혼동하지 말자)가 등장했다.

LOG로 영상을 기록하면 앞에서 살펴본 스탠더드 모드에 대한 별다른 영상 처리 없이 영상 신호가 기록 장치로 직접 전송된다. 그러면 흔히들 '밋밋하다'고 말하는, 콘트라스트가 약하고 채도가 낮은 영상을 얻게 된다.

스탠더드 프로파일 / LOG 프로파일

내 생각에 LOG는 촬영하기에 가장 좋은 프로파일이다. 영상의 가장 밝은 부분과 가장 어두운 부분의 세부 정보를 보존할 수 있는 아주 넓은 다이내믹 레인지를 보장하여, 편집 과정에서 보정할 수 있는 최대 관용도를 가진다.

이 프로파일을 사용하면, 화이트 밸런스(white balance) 오류를 더 쉽게 수정할 수 있고, 어두운 장면에 나타나는 입자를 더 효율적으로 제거할 수 있다. 다양한 카메라(캠코더, 액션캠, 스마트폰 등)로 촬영한 경우에도 일관된 보정이 더 쉬워진다.

LOG를 사용하면 다이내믹 레인지가 매우 넓어지기 때문에 보정 작업이 훨씬 더 자유로워진다. 카메라에 따라 용어가 다를 수 있는데, 소니는 S-Log, 캐논은 C-Log, DJI는 D-Log를 사용한다.

8비트 vs 10비트

카메라를 고를 때는 센서의 색 심도(color depth)를 고려해야 한다. 색 심도란 영상에서 사용할 수 있는 색의 수이다. 따라서 심도가 높으면 더 정확한 색과 그러데이션을 나타낼 수 있다.

영상의 각 픽셀은 실제로는 세 가지 하위 픽셀(빨강, 초록, 파랑)로 이루어져 있으며, 이를 RGB(Red, Green, Blue) 시스템이라고 한다. 8비트의 색 심도에서는, 각 픽셀이 최대 256색조의 빨강, 256색조의 초록, 256색조의 파랑을 포함하므로 총 256 × 256 × 256, 즉 1600만 가지 색을 담을 수 있다. 10비트의 색 심도에서는, 1024색조의 빨강, 1024색조의 초록, 1024색조의 파랑으로 총 1024 × 1024 × 1024, 즉 10억 가지 색을 얻는다!

따라서 10비트에서 색 표현력이 더 우수하고, 색의 미묘한 차이를 이용한 보정이나 수정 작업을 더 잘할 수 있다(10비트로 촬영된 그린 스크린[블루 스크린과 함께 색조의 차이를 이용한 영상 합성 기술인 크로마키(chroma-key) 배경으로 자주 사용된다 — 옮긴이]은 8비트로 촬영된 것보다 제거하기가 더 쉽다).

프레임 레이트

애초에 에드워드 마이브리지가 최초의 연속 사진을 촬영했던 이유는 그저 릴런드 스탠퍼드(전 캘리포니아 주지사)와의 내기를 매듭지을 수 있도록 시간의 흐름을 늦추려 했던 것뿐이었다.

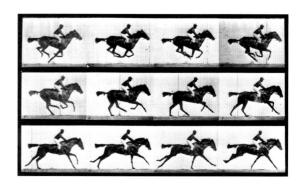

서킷을 달리는 경주마의 네 발이 과연 동시에 지면에서 떨어질까? 두 사람은 인간의 눈으로는 볼 수 없는 것을 보고 싶어 했다.

그날 이후로 초당 프레임 수, 즉 FPS(frames per second)는 진화하여 무성 영화의 16fps를 거쳐 현대 영화의 24fps가 되었고, HFR(high frame rate)로 촬영된 피터 잭슨 감독의 〈호빗〉 3부작과 같은 영화에서는 최대 48fps까지 증가하기도 했다.

현재의 초당 프레임 수, 즉 프레임 레이트는 25fps(유럽) 또는 30fps(미국)로, 영상에서 매끄럽고 자연스러운 움직임을 재현할 수 있다고 여겨진다. 이 수치 밑으로 내려가면 움직임이 어색해 보이고, 이 위로 넘어가면 모션 블러가 사라지면서 매우 거칠게 보일 수 있다.

여러 가지 프레임 레이트

16 FPS 초창기 카메라는 수동식이었기 때문에 초당 기록되는 프레임 수는 카메라맨이 크랭크를 돌리는 속도에 따라 달라졌다(약 16~18fps). 영사 속도 또한 달라질 수 있었는데, 이 어색한 프레임 레이트는 이제 무성 영화의 스타일을 재현하는 데 이상적이다.

24 FPS 영화의 표준 프레임 레이트이다. 무성 영화에 사운드를 넣기 위해서는 필름에 마그네틱테이프를 붙여야 했는데, 낮은 프레임 레이트(16fps)로는 음성을 제대로 녹음할 수 없었다. 24fps는 그 당시 사운드 재생과 영상의 어색한 움직임 사이의 완벽한 절충안이었다.

25 FPS 유럽에서 사용되는 대부분의 카메라의 기본 프레임 레이트이다. 텔레비전이 처음 등장했을 무렵 유럽의 전류 주파수는 50Hz였고, 브라운관 텔레비전은 화면을 촘촘히 스캔하는 전자 빔으로 구성되어 있었다. 이 빔이 하나의 영상 프레임을 두 개의 데이터[화면에 투사되는 홀수 번째 가로줄 데이터와 짝수 번째 가로줄 데이터 — 옮긴이] 프레임으로 나누어 번갈아가며 스캔하는 비월 주사(interlaced scanning)로 1초에 50개의 '반쪽 영상 데이터를 전송하는 방식이 채택되면서 텔레비전의 프레임 레이트는 25fps가 되었다.

30 FPS 미국과 일본 등에서 사용되는 대부분의 카메라의 기본 프레임 레이트이다. 전류 주파수가 60Hz인 이들 국가에서는 텔레비전을 30fps로 방송하는 것이 타당해 보였다. 하지만 컬러텔레비전이 등장하자, 안타깝게도 (25fps에서와는 달리) 오디오 신호와 비디오 신호 사이에 서로 간섭하고 뒤엉키는 문제가 발생했다. 이 문제를 해결하기 위해 프레임 레이트가 29.97fps로 조정되었다.

슬로 모션 촬영하기

50fps 이상을 슬로 모션이라고 하며, 25fps로 재생할 때 속도가 절반이 된다. 프레임 레이트는 무엇을 촬영하는지에 따라 달라질 수 있다. 예를 들어 인물이나 물체를 고속으로 촬영하려면 100fps로 찍는 것이 좋다. 지금부터 슬로 모션 촬영에 대한 세 가지 팁을 소개하겠다.

조명을 더 늘린다

슬로 모션으로 촬영해본 적이 없다면, 촬영에 적합한 노출을 얻는 데 필요한 빛의 양이 어느 정도인지 가늠하기 어려울 것이다. 프레임 레이트가 증가할수록 셔터 속도도 증가하는데, 그러면 앞에서 살펴본 것처럼 노출 시간이 감소하므로 영상의 밝기도 감소한다. 25fps로 촬영할 경우 셔터 속도가 1/50이라면, 50fps로 변경할 경우 셔터 속도는 1/100이 된다. 한낮에 야외에서 촬영한다면 문제없지만, 실내 촬영이나 야간 야외 촬영을 할 계획이라면 조명을 더 밝히는 것을 잊지 말아야 한다.

남용하지 않는다

관객을 지루하게 하는 가장 쉬운 방법 한 가지는 남용하는 것이다. 슬로 모션으로 촬영된 숏이 멋져 보이곤 하지만, 그렇다고 모든 숏이 슬로 모션으로 촬영되어야 한다는 것은 아니다. 세련된 감각을 보여주고 싶다면 슬로 모션을 절제해서 사용하자. 카메라에 있는 기능이라서 사용하는 것이 아니라, 스토리를 전달하는 데 도움이 되기 때문에(첫눈에 반함, 불안함 등) 사용하는 것이다.

데이터 처리 속도를 확인한다

카메라가 멋진 슬로 모션을 수행할 수 있는 능력이 있는지 확인하자. 일반적으로 카메라는 일정한 초당 녹화 압축률을 가진다. 프레임 레이트를 증가시킬 때, 비트레이트[초당 전송할 수 있는 데이터량을 나타내는 용어로, 단위는 bps(bits per second)를 사용한다 — 옮긴이]가 증가하지 않으면 영상의 압축이 더 강해져서 화질이 저하된다.

예를 들어, 지금 사용하는 카메라가 25fps를 100Mbps의 비트레이트로 기록할 수 있는 경우, 50fps를 50Mbps로 기록하지는 않는지 확인해보자. 영상의 해상도가 절반으로 떨어질 위험이 있기 때문이다. 카메라의 저장 용량 또한 확인해야 한다. 일부 SD 카드는 스탠더드 비트레이트에 적합하며, 포화 상태에 이를 위험이 있는 프레임 레이트 증가를 허용하지 않는다(40쪽 참조).

액세서리

액세서리

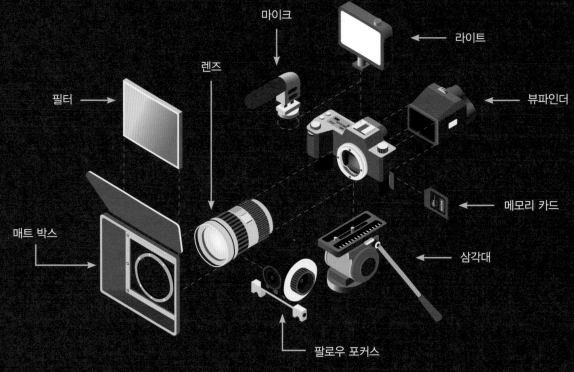

마이크

라이트

렌즈

필터

뷰파인더

메모리 카드

매트 박스

삼각대

팔로우 포커스

✚ 렌즈

다시 말하지만, 셔터와 센서는 카메라 본체에 있고, 개구부와 조리개는 렌즈에 딸려 있다. 다음 장에서는 용도에 따라 적합한 렌즈를 선택하는 데 도움이 될 몇 가지 팁을 제공한다.

✚ 삼각대

삼각대는 다리(트라이포드)와 머리(헤드) 두 부분으로 구성되어 있다. 삼각대를 사용하면 안정된 고정 숏뿐만 아니라 패닝과 같이 움직임이 있는 촬영도 가능하다. 카메라 슬라이더나 포터블 크레인을 사용하는 경우에는 반드시 필요하다(249쪽 참조). 삼각대를 고르는 요령은 다음 쪽에 적어두었다.

✚ 뷰파인더

항상 뷰파인더(viewfinder)로 직접 영상의 노출과 선명도를 확인하는 것이 좋다. 야외에서 직사광선이 비치는 모니터를 보면서 촬영하면, 노출이 과다하거나 부족한 영상으로 인해 편집 중에 뜻밖의 난관에 부딪히게 될 수도 있다.

✚ 라이트

픽션을 촬영할 때 카메라에 LED 조명 패널을 직접 장착하여 사용하는 것은 좋지 않다. 이렇게 하면 너무 정면에서만 조명을 비추게 되어 TV 보도 영상처럼 보일 위험이 있다. 하지만 빛이 거의 없는 곳에서 브이로그나 페이스캠 같은 종류의 영상을 찍을 때는 유용하게 쓸 수 있다. 장면에 조명을 비추는 방법은 4장에서 살펴볼 것이다(132쪽 참조).

필터

대부분의 렌즈에는 필터를 돌려서 끼울 수 있는 마운트가 있다. ND 필터로는 노출을 줄이고, 확산 필터로는 영상을 더 부드럽게 만들 수 있으며, 편광 필터로는 자동차 앞유리 같은 것에 반사된 영상을 제거할 수 있다. 자세한 내용은 필터와 렌즈에 대한 장에 소개되어 있다(70쪽).

메모리 카드

비디오와 사진이 저장되는 장치이며, 용량과 속도가 다양하다. 메모리 카드에는 SD 카드와 CF 카드의 두 가지 유형이 있다(자세한 내용은 40쪽 참조).

마이크

소리를 무시하는 것, 이것은 초보 영상 제작자가 흔히 저지르는 큰 실수이다. 성능이 좋지 않은 카메라 내장 마이크를 절대 사용해서는 안 된다. 가능하면 항상 외부 마이크를 연결해 사용하자(자세한 내용은 3장 76쪽 이하 참조).

매트 박스

카메라 렌즈의 끝에 장착하는 부품으로, 보통은 검은색이고 플라스틱이나 금속으로 되어 있다. 햇빛 때문에 발생하는 둥근 흰색 반점('광학 플레어'로 알려져 있다)과 같이 의도치 않은 효과를 막아주고, 광학 장치 내부의 빛 반사로 인해 영상이 흐릿해지는 것을 방지해준다.

매트 박스(matte box)에는 필터를 밀어 넣기만 하면 되는 필터 홀더도 있다. 이것은 어쩌면 최상급자용 카메라 액세서리일 것이다. 초보자가 촬영에 사용하기에는 부피가 커서 거추장스럽고 가격이 비싸다.

팔로우 포커스

팔로우 포커스(follow focus)는 초점을 변경하는 액세서리이며, 렌즈를 손으로 직접 조작할 때 발생하는 카메라의 불균형이나 흔들림을 방지한다. 또한 중요한 미세 조정이나 매우 정밀한 조정이 더욱 수월해진다.

이 장치는 초점 변경 지점을 표시하는 흰색 디스크, 렌즈의 포커스 링을 감싸는 유연한 재질의 기어 링, 그리고 이것을 돌리는 원격 조작 링으로 구성되어 있다. 영화를 촬영할 때는 카메라 오퍼레이터가 프레임 구도를 잡으면 카메라 어시스턴트나 포커스 풀러가 팔로우 포커스를 담당한다(283쪽 참조).

렌즈의 포커스 링을 감싸는 기어 링

변경 지점을 표시하는 흰색 디스크

초점 조정을 위한 오프셋 링

삼각대 선택하기

삼각대를 고를 때 고려해야 할 두 가지 필수 요소는 안정성과 유동성이다. 안정성은 제조사에 따라 달라지는데, 저가 삼각대는 알루미늄 같은 얇은 금속으로 제작되어 연약하고 부서지기 쉽다.

반면에 더 비싸고 좋은 품질의 삼각대에 투자하면 더 안정적인 영상을 얻을 수 있다. 구입할 삼각대를 결정하기 전에 확인해야 할 몇 가지 중요 사항은 다음과 같다.

센터폴이 달려 있는 것은 피하자!

센터폴을 피한다

높이 조절이 가능한 센터폴(중앙 기둥)이 있는 삼각대는 불안정하여 카메라가 크게 진동한다. 조금만 조작해도 다리가 떨리거나 심지어 부서질 위험도 있다.

이것이 얼마나 나쁜지는 전문가용 삼각대에는 센터폴이 전혀 없다는 사실만 봐도 알 수 있다. 높이를 늘리고 싶다면 다리가 더 긴 삼각대를 선택하면 된다.

알루미늄을 피한다

카본(탄소섬유) 삼각대를 선택하자! 알루미늄 삼각대는 대체로 카본 삼각대보다 진동에 훨씬 취약하다. 알루미늄은 감쇠 시간이 더 길기 때문에, 진동이 훨씬 빈번하고 삼각대를 통해 더 쉽게 전달된다.

카본의 감쇠 시간은 훨씬 짧아서, 카메라가 움직일 때마다 진동이 제한되고 최소화된다. 가벼운 삼각대가 가격이 더 비싼 편이지만, 그렇다고 해서 꼭 성능이 더 좋은 것은 아니다.

최대 적재량 확인하기

삼각대의 최대 지지 하중은 저가 모델의 경우 1kg에서 4kg이며, 고급 모델은 20kg부터 시작한다.

따라서 자신의 카메라, 가장 무거운 렌즈, 그리고 정기적으로 사용하는 액세서리(필디, 미이그 등)의 무게를 고려해야 한다. 제조사의 하중 표시가 항상 정확하지는 않으므로, 늘 여유 있게 계산하는 것이 좋다.

최대 높이	168cm
최소 높이	44.5cm
지지 하중	13kg
무게	7.3kg
베이스 타입	볼(bowl)

유연 헤드 사용하기

카메라를 고정하는
플레이트

수직축을 잠그는 레버

평형추를
조정하는 휠

수직축의 유동성을
조절하는 휠

수평축의 유동성을
조절하는 휠

수평축을 잠그는 레버

헤드의 수평을 맞추는
기포 수준기(수평계)

헤드를 조이고
균형을 잡는 핸들

모든 삼각대에 유연 헤드(유압식 또는 유체 헤드)가 있는 것은 아니다. 유연 헤드는 말 그대로 카메라를 유연하게 움직이도록 해준다. 고급 헤드 중에는 카메라의 움직임을 완화하고 숏의 흔들림을 방지하기 위한 평형추 시스템을 갖춘 것도 있다.

삼각대 부착용 장치로는 수평 정렬을 조정할 수 있는 볼(bowl)과 볼(ball)로 구성된 것도 있고, 조정이 불가능한 평평한 디스크와 나사로 된 것도 있다. 볼(bowl)이 있는 삼각대가 유연 헤드의 균형을 잡고 수평을 맞추는 데 편리하기 때문에 영화 제작에 더 널리 사용된다. 삼각대에 평평한 받침대만 있는 경우 볼(bowl) 장착용 어댑터를 사용하면 된다.

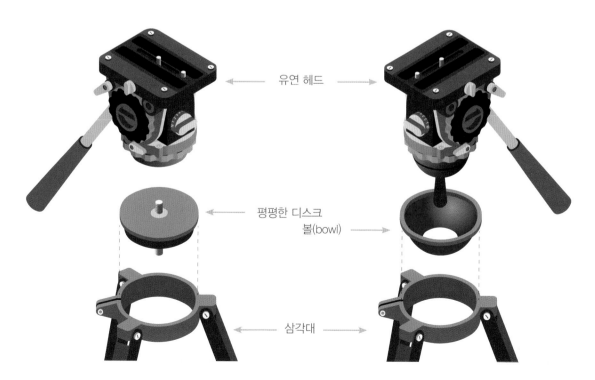

유연 헤드

평평한 디스크

볼(bowl)

삼각대

숄더 리그로 촬영하기

카메라를 지면에 가깝게 잡을 수 있는 핸들(손잡이)

카메라 케이지

숄더 패드 (어깨 거치대)

매트 박스

핸들(핸드 그립)

팔로우 포커스

삼각대가 없으면, 카메라를 손으로 들고 촬영하려는 실수를 저지르곤 한다. 아쉽게도 카메라는 점점 가벼워지는 데다가 손으로 촬영하기에 인체공학적이지도 않아서, 흔들리고 불안정하며 보기에 불편한 영상을 얻고 만다.

이를 방지하려면 카메라에 무게를 더하고 지지점(받침점)도 추가해야 한다.

숄더 리그를 사용하여 카메라를 어깨 위에 얹음으로써 두 손 외에 세 번째 지지점을 추가할 수 있다. 이 장치는 더 안정적이고, 신체의 움직임을 따른다.

어깨가 아닌 복부에 얹어 사용하는 리그도 있다. 손을 조금 더 자유롭게 할 수 있다는 이점이 있지만, 호흡 때문에 떨림이 발생할 수 있으며, 위아래로 촬영하는 것도 더 어렵다.

숄더 리그 선택하기

모든 숄더 리그가 동일한 목적이나 동일한 카메라용으로 만들어진 것은 아니다. 그래서 숄더 리그에 투자하기 전에 고려해야 할 것이 많다.

카메라

숄더 리그에 가해지는 무게를 고려해야 한다. 이것이야말로 가장 중요한 요소일 듯싶다. 숄더 리그는 균형이 잘 잡혀 있어야 한다. 팔로 카메라의 무게를 지탱하는 것처럼 느껴지면 안 된다. 균형이 제대로 잡히지 않으면, 이 장치와 카메라가 합쳐진 무게가 앞으로 쏠리게 되어 안정감이 떨어지고 촬영 중에 금방 지치게 된다. 무거운 카메라를 사용하는 경우에는 평형추를 추가할 수 있는 숄더 리그가 좋다.

편리함

숄더 리그의 균형이 잡혔다면, 그다음으로 먼저 확인해야 할 것은 편리함이다. 옵션으로 패드를 추가할 수도 있지만, 원래 내장되어 있는 것이 더 신뢰감을 준다. 사용의 편의성도 확인하자. 사용자에게 직관적이어야 한다. 전문 매장에서 숄더 리그를 사용해볼 기회가 있다면 망설이지 말자. 이렇게 시험해보면 실제로 촬영할 때 깜짝 놀랄 일은 없을 테니까.

적응성

마이크, 모니터 등 필요한 모든 액세서리를 사용할 수 있는 숄더 리그가 좋다. 이러한 장치들을 바로바로 탈착할 수 있다면, 촬영 경험을 발전시키는 데도 도움이 될 것이다.

숄더 리그 없이 촬영하기

양손을 사용한다

오른손으로 카메라를 쥐고, 왼손바닥으로 몸체와 렌즈를 받친다. 카메라 무게가 양손에 고르게 분산되어야 한다.

무게를 더한다

카메라가 무거울수록 흔들림이 적고 영상이 더 안정적이다. 삼각대를 사용하여 무게를 더하고, 다리를 모아서 들어 올리면 더 나은 영상을 촬영할 수 있다.

스트랩을 팽팽하게 한다

스트랩은 영상을 안정적으로 유지하는 데 매우 유용한 도구이다. 스트랩을 목에 걸치고 최대한 팽팽하게 유지되도록 카메라를 잡는다.

기댈 것을 찾는다

고정된 물체에 기댄다. 그 위에 팔꿈치를 올려놓으면 팔을 안정적으로 유지할 수 있다. 소파 팔걸이, 벤치, 울타리, 쓰레기통 같은 것도 괜찮다.

팔을 가까이 붙인다

카메라가 몸에서 멀어질수록 카메라를 안정적으로 유지하기가 더 어려워진다. 카메라가 흔들리지 않도록 팔꿈치를 허리나 골반 부위에 올려놓는다.

또한 지나친 줌 인(zoom in)은 피하는 것이 좋다. 영상을 확대할수록 아주 미세한 카메라 움직임까지도 더욱 잘 드러난다. 줌 인보다는 가까이 다가가서 촬영하는 편이 좋다. 걸으면서 촬영해야 하는 경우, 무릎을 약간 구부린 채 평소보다 보폭을 크게 하면 움직임을 완화할 수 있다.

촬영 중에 움직임이 과하지 않다면, 편집 과정에서 영상을 쉽게 안정화할 수 있다. 대부분의 편집 소프트웨어는 안정화 도구를 제공한다. 하지만 대개 이러한 도구는 영상의 가장자리를 잘라내고 확대하므로 주의해야 한다. 따라서 촬영할 때 프레임을 약간 넓히고 카메라의 최고 화질로 찍어야 한다.

메모리 카드

요즘 일반 소비자용 카메라에 사용되는 메모리 카드에는 크게 세 가지 유형이 있다.

CF 카드
(Compact Flash)

부피가 약간 크지만 가장 빠르고 성능이 뛰어나다. SD 카드보다 우수한 성능 때문에 주로 고급 카메라나 전문가용 SLR 카메라에 줄곧 사용되어왔다(지금은 두 카드의 성능 격차가 많이 줄었다).

SD 카드
(Secure Digital)

크기는 작지만, 최고급 카드의 성능은 CF 카드에 가깝다. 특히 콤팩트함 때문에 가장 널리 퍼져 있다. 콤팩트 카메라, 브릿지 카메라, 하이브리드 카메라, 초중급자용 SLR 카메라 등 모든 종류의 카메라에 사용되고 있다.

마이크로 SD 카드

SD 카드에서 파생된 포맷 중 가장 작다.

마이크로 SD 카드는 일부 스마트폰뿐만 아니라 드론, 그리고 고프로(GoPro)와 같은 액션캠에도 사용되고 있다.

카드 선택하기

SD와 CF 중에서 어떤 것이 최고의 메모리 카드 포맷인지는 의견이 엇갈리고 있다. 두 카드에는 각기 장단점이 있다. SD 카드는 CF 카드보다 훨씬 저렴한 편이지만, CF 카드는 작고 파손되기 쉬운 SD 카드보다 더 빠르고 내구성이 좋다.

SD 카드는 분실되거나 파손되는 경우가 더 잦기는 하지만, 카드 홀더에 보관하면 문제가 되지 않는다. 현재 SD 카드와 CF 카드 사이에는 실질적인 기술적 차이가 없으므로, 결국 선호도의 문제인 셈이다. 메모리 카드를 구입할 때 고려해야 할 두 가지 중요한 요소는 다음과 같다.

✚ 용량

용량은 카드 앞면에 쉽게 알아볼 수 있게 적혀 있으며, 4GB부터 2TB까지 다양하다. 개인적으로는 512GB 카드 한 개보다 64GB 카드 여러 개를 사용하는 것을 선호한다. 카드 중 하나가 분실되거나 손상될 경우에도 덜 위험하기 때문이다.

SD 카드에는 여러 버전이 있는데, 최대 2GB의 SD 카드, 최소 4GB에서 최대 32GB의 SDHC(Secure Digital High Capacity) 카드, 최소 32GB에서 최대 2TB의 SDXC(Secure Digital eXtended Capacity) 카드 등으로 분류된다.

✚ 속도

반면에 속도는 찾아보기가 더 어려울 수도 있다. 실제로 제조사들은 쓰기 속도(카메라가 카드에 영상을 기록하는 속도)를 보여주는 것보다는 더 빠른 읽기 속도(카메라가 카드의 영상을 읽어 들이는 속도)를 표시하는 것에 더 신경을 쓰는데, 그래야 더 많이 팔리기 때문이다. 하지만 영상 제작자의 관심사는 쓰기 속도이다. 더 중요한 것은 최저 쓰기 속도인데, 메모리 카드는 언제나 같은 속도로 쓰지 않기 때문이다. 카드의 최고 쓰기 속도가 95MB/s라고 해서 그 처리량을 지속적으로 유지할 수 있는 것은 아니다.

따라서 반드시 찾아봐야 할 것은 최저 쓰기 속도인데, 카메라가 카드에 제한 없이 쓸 수 있는 속도를 나타내기 때문이다. 포장 앞면에 아무런 언급이 없다면, 잔글자로 표기된 뒷면을 살펴봐야 한다. 속도를 정직하게 알려주는 제조사가 있는 반면, 신중을 기하며 읽기 속도라는 덜 중요한 정보를 공개하는 데 그치는 회사도 있다. 한편으로 카드의 속도는 사용 중인 해상도와 코덱, 카메라에 따라 달라진다는 점도 유의해야 한다. 예를 들어 1080p보다는 4K로 기록하는 편이 전송 속도는 더 빨라진다.

카드의 기호 읽기

대부분의 CF 카드에는 최저 쓰기 속도가 작은 클래퍼보드 안에 숫자로 적혀 있다. 숫자가 65라면, 최저 쓰기 속도는 65MB/s이다.

카드의 읽기 속도는 보통 MB/s 또는 x로 표시된다. x로 표시된 속도를 MB/s로 환산하려면 6.6666으로 나누면 된다. 예를 들어 CF 카드에 1000x라고 표기되어 있다면, 읽기 속도는 약 150MB/s가 된다.

SD 카드에서 최저 쓰기 속도에 대한 언급을 찾을 수 없는 경우, 카드의 클래스(등급)를 참조하면 된다. 클래스란 일정하게 유지되는 카드의 최저 지속 쓰기 속도를 나타낸다. 클래스는 끊임없이 발전하고 있으므로, 인터넷에서 각 클래스의 의미를 검색해보기 바란다.

클래스 기호에는 여러 종류가 있다. 'C' 자로 둘러싸인 짝수가 적힌 것도 있고, 'U' 자 안의 홀수, 'V'가 붙은 두 자리 숫자도 있다. 이 모든 약어는 모두 '최저 보장 쓰기 속도'라는 동일한 정보를 나타낸다.

① 읽기 속도
② 용량
③ 쓰기 속도
④ 클래스

2 MB/S	4 MB/S	6 MB/S	10 MB/S	30 MB/S	60 MB/S	90 MB/S
		V6	V10	V30	V60	V90
			U1	U3		
C2	C4	C6	C10			

렌즈 선택하기

렌즈 선택하기

카메라인가, 렌즈인가?

좋은 렌즈는 카메라보다 더 비싼 경우도 많다. 걱정할 것 없다. 정상이니까! 렌즈 선택이 카메라 자체보다 더 중요하다고도 할 수 있는데, 그 이유는 다음과 같다.

✚ 카메라는 빠르게 구식이 된다

필름 시대에는 카메라가 그다지 빨리 발전하지 않았기에 그래도 투자할 가치가 있었지만, 지금은 그렇지 않다. 매년 새로운 카메라들이 출시되는 탓에 이전의 카메라들이 쓸모없어진다. 렌즈는 다르다. 모든 카메라에 적용할 수 있고, 몇 년이고 계속 사용할 수 있다. 그래서 카메라는 대여받더라도 렌즈는 구입하는 영상 제작자도 많다. 장기적으로는 그편이 더 나은 투자이니까.

✚ 렌즈의 수명이 더 길다

유리는 변질되는 법이 없으며, 무려 40~50년 된 빈티지 렌즈들이 여전히 사용된다. 카메라는 포맷의 발전(1080p, 4K, 6K, 8K 등), 기술의 진보, 새로운 센서의 등장 등에 따라 순식간에 구식이 되기도 한다.

✚ 렌즈는 호환이 가능하다

렌즈는 여러 카메라에서 사용할 수 있으며, 필요한 경우 어댑터(메타본즈Metabones 제품 등)를 사용하여 마운트를 조정할 수 있다. 예를 들어 동일한 렌즈를 카메라나 캠코더에도 사용할 수 있다. 이와 달리 카메라는 빠르게 구식이 되고 고장이 나면 교체해야 한다. 렌즈는 카메라보다 더 중요하기 때문에, 저렴한 카메라에 고품질 렌즈를 장착하는 것이 반대의 경우보다 더 낫다. 그 이유는 이 장에서 살펴볼 것이다.

✚ 렌즈는 되팔기 쉽다

만약 렌즈를 바꾸고 싶다면, 예를 들어 좀 더 고급 렌즈를 사기 위해 저가형 줌렌즈를 팔고 싶다면, 카메라보다 렌즈를 더 쉽게 팔 수 있을 것이다. 위에서 언급한 모든 이유로 인해, 렌즈는 되팔 때에도 카메라와는 달리 항상 그 가치(가격과 성능 모두)를 유지한다.

렌즈 선택하기

대형 매장에서 판매하는 '카메라 + 렌즈' 세트의 함정에 빠지지 말자. 이런 것들은 대체로 품질이 별로인 렌즈이다. 사용법을 잘 모르는 채로 비싼 렌즈만 구입한다고 해서 더 실력 있는 연출가가 되는 것도 아니다.

기본적인 요소를 모르면, 렌즈를 최대한 활용하지 못하게 된다. 구입하기 전에 확인해야 할 몇 가지 요소도 있다.

내 생각에, 렌즈를 선택하는 데 필수적인 두 가지 요소는 밀리미터 단위로 표시되는 초점 거리, 그리고 최대 조리개 개방 수치이다. 이것들은 일반적으로 렌즈에 명시되어 있다.

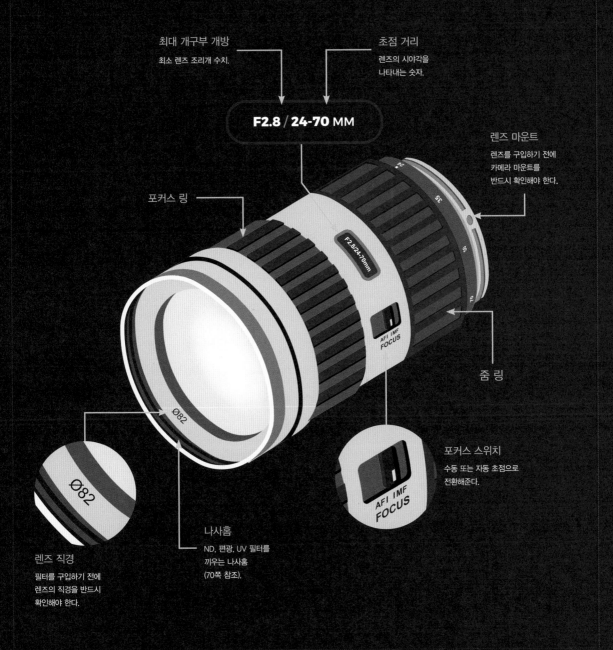

최대 개구부 개방
최소 렌즈 조리개 수치.

초점 거리
렌즈의 시야각을
나타내는 숫자.

F2.8 / 24-70 MM

렌즈 마운트
렌즈를 구입하기 전에
카메라 마운트를
반드시 확인해야 한다.

포커스 링

줌 링

렌즈 직경
필터를 구입하기 전에
렌즈의 직경을 반드시
확인해야 한다.

나사홈
ND, 편광, UV 필터를
끼우는 나사홈
(70쪽 참조).

포커스 스위치
수동 또는 자동 초점으로
전환해준다.

초점 거리

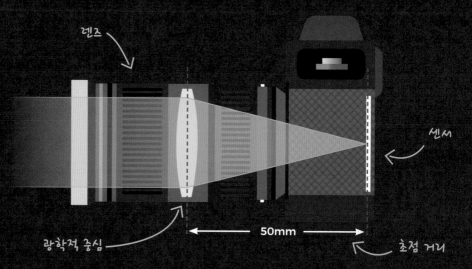

화각(시야각)을 나타내기 위해 렌즈에 부여하는 숫자가 초점 거리이다. 초점 거리['초점 길이' 또는 줄여서 '초점'이라고도 한다 — 옮긴이]는 카메라의 센서와 렌즈의 광학적 중심 사이의 거리이다. 광학적 중심이 센서에 가까울수록 초점 거리가 짧아지고 화각은 넓어진다(반대의 경우도 마찬가지이다).

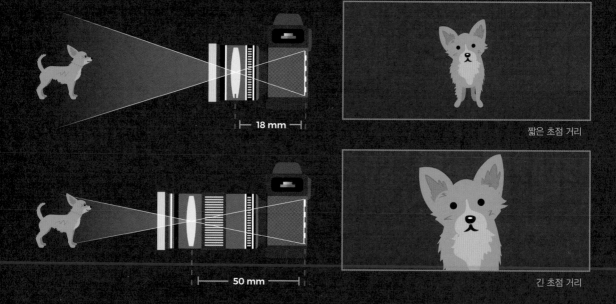

짧은 초점 거리

긴 초점 거리

초점 거리는 렌즈 배럴(통) 부분에 밀리미터 단위로 표시된다. 촬영에 일반적으로 사용되는 초점 거리는 18mm, 25mm, 35mm, 50mm, 85mm이며, 간혹 135mm나 100mm가 추가되기도 한다. 일부 렌즈가 약간 변경되는 경우(35mm 대신 32mm, 85mm 대신 75mm, 또는 단발성으로 65mm, 42mm, 90mm 등을 사용)도 있지만, 이것이 가장 일반적인 초점 거리의 범위이다.

어떤 특정 초점 거리가 다른 초점 거리보다 인기가 더 많은 것은 아니다. 모든 것은 촬영할 때의 필요에 따라 달라진다. 영화에서는 대부분의 숏이 35mm와 50mm로 촬영되지만, 그렇다고 이것이 가이드라인은 아니다. 용도와 영상 스타일에 따라 달라진다.

초점 거리

렌즈의 특성은 초점 거리에 따라 달라진다. 초점 거리가 길어지면 화각이 좁아지고, 초점 거리가 짧아지면 화각은 넓어진다.

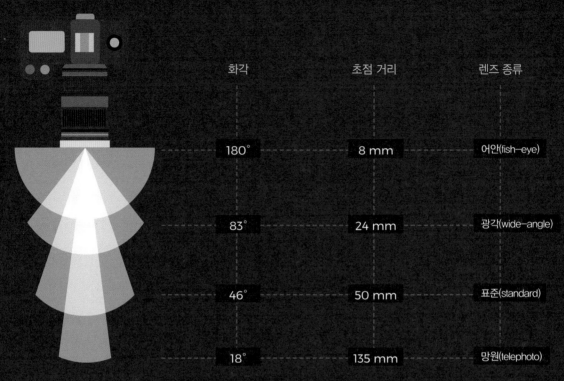

화각	초점 거리	렌즈 종류
180°	8 mm	어안(fish-eye)
83°	24 mm	광각(wide-angle)
46°	50 mm	표준(standard)
18°	135 mm	망원(telephoto)

24mm

➕ 광각 렌즈

14mm에서 35mm 사이의 이 렌즈는 장면 전체를 와이드 숏으로 촬영하거나 좁은 공간에서 가까이 다가가 작업하는 데 매우 유용하다. 다루기 쉽고, 원근감이 극적이며, 피사계 심도가 깊다(영상 속 많은 부분이 동시에 선명하다).

50mm

➕ 표준 렌즈

35mm에서 75mm 사이의 이 렌즈는 자연스러운 원근감을 제공한다. 인간의 시야각이 50mm 정도로 여겨지기 때문에 정상 초점 거리라고도 한다. 한 인물이나 두 인물을 촬영하는 데 적합하다.

135mm

➕ 망원 렌즈

75mm 이상의 망원 렌즈는 배경을 전경에 더 가깝게 당김으로써 원근감을 줄이고, 피사체를 배경으로부터 분리하고, 그래서 멀리 있는 사물이 더 가까워 보이게 할 수 있다. 하지만 이 렌즈는 대개 크고 무거워서 삼각대나 모노포드(단각대)에 얹어 사용해야 한다.

센서 크기

초점 거리가 같더라도 센서의 크기에 따라 프레임의 구도가 달라진다는 사실을 알아두는 것이 중요하다. 예를 들어, 50mm 렌즈를 카메라 센서에 장착하여 얻는 촬영 결과와 스마트폰 센서에 장착할 때의 결과는 서로 다르다.

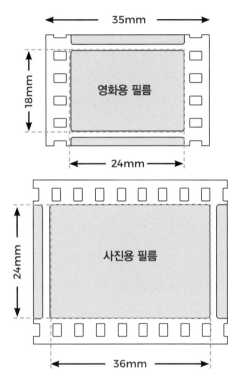

카메라 센서는 감광 표면(플레이트)에 있는 수백만 개의 개별 감광 요소(픽셀)를 통해 빛 신호를 전기 신호로 변환하는 감광성 전자 부품이다.

따라서 이것은 감광 재료로 은을 사용하는 얇은 막(필름)에 해당하는 것이다.

영화에서는 35mm 필름이 가장 많이 사용되었다. 이 포맷은 가로 24mm, 세로 18mm로 4:3 화면비를 제공했다.

영화용 필름이 수직으로 돌아간 반면, 사진용 필름은 수평으로 돌아갔다. 사진 포맷은 가로 36mm(18 × 2), 세로 24mm로 3:2 화면비였다.

논리적으로 디지털 카메라는 이 표준을 채택했어야 하지만, 기술적, 경제적 이유(대형 센서는 소형 센서보다 생산 비용이 더 높다)로 인해 오늘날에는 여러 가지 크기의 센서를 탑재하고 있다.

여러 가지 센서

다음은 시판 중인 센서의 크기를 이해하기 쉽게 정리한 것이다.

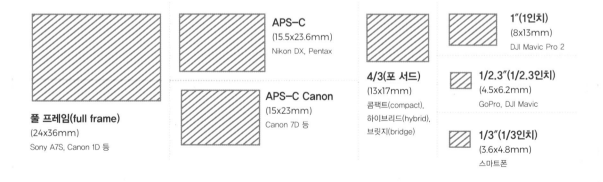

동영상용으로 가장 많이 사용되는 두 가지 센서 크기는 풀 프레임(35mm 필름과 동일한 크기)['풀 사이즈(full size)'라고도 한다 — 옮긴이]과 좀 더 작고 콤팩트한 APS-C이다.

크롭 팩터

카메라 센서의 크기에 따라서는 렌즈가 영상의 전체 프레임을 반드시 포함시키는 것은 아니어서, 시야의 일부가 잘릴 수도 있다.

초점 거리는 렌즈 고유의 특성이기 때문에 센서의 크기에 관계없이 50mm는 50mm로 유지된다. 이 렌즈로 생성되는 영상은 항상 동일하다.

하지만 센서에 따라 기록된 영상의 결과가 달라지기도 한다. 풀 프레임 센서는 전체 프레임을 포함하는 반면, APS-C 센서는 전달된 영상의 중앙 부분만 받아들인다.

따라서 APS-C 센서는 원래 영상의 일부만 사용한다. 마치 영상 편집 소프트웨어의 크롭(Crop)이나 리프레임(Reframe) 기능처럼 작용하는 것이다. 그러므로 동일한 초점 거리에서의 확대 배율, 즉 크롭 팩터(crop factor)는 풀 프레임 센서보다 작은 센서에서 더 커 보인다.

렌즈를 선택할 때는 센서의 크기를 고려하자. 50mm 렌즈는 풀 프레임과 APS-C에서 동일한 화각을 갖지 않으며, APS-C에서는 영상이 1.6배 확대된다.

50mm / 풀 프레임

50mm / APS-C

따라서 렌즈를 선택할 때는 신중해야 한다. APS-C 센서용 렌즈는 풀 프레임 센서 캠코더나 카메라와 반드시 호환되는 것은 아니다. 반대로 풀 프레임 카메라용 렌즈는 더 작은 APS-C 센서 포맷과 항상 호환된다.

대부분의 풀 프레임 카메라는 APS-C로 전환하여 영상을 확대할 수도 있다. 알맞은 렌즈가 없을 때 영상을 확대하려는 경우 유용할 수 있다.

또한 센서의 크기에 관계없이 렌즈의 특성은 변하지 않는다. APS-C 센서에 50mm 렌즈를 사용할 때와 풀 프레임 센서에 50mm 렌즈를 사용할 때의 피사계 심도는 항상 같다.

줌 기교

초점 거리는 프레임 속 사물의 크기에도 영향을 미친다. 줌 인을 할수록 배경이 전경에 더 가까워지는 것처럼 보인다. 긴 초점 거리는 '원근감을 줄이는' 경향이 있는데, 이는 줌이 화각에 영향을 미치기 때문이다. 줌 인을 하면 화각은 좁아진다. 간단히 말하자면, 줌 인을 하면 더 멀리 볼 수 있는 것이 아니라 덜 넓게 보는 것이다.

전경의 변화 없이 배경을 더 크고 가깝게 만들려면, 아래와 같이 뒤로 물러서서 원하는 만큼 줌 인을 하기만 하면 된다.

이 테크닉은 여러 가지로 유용하다. 영상의 원근감을 줄이면 배경을 더 강조할 수 있지만, 세트의 가로 폭을 줄일 수도 있다. 세트가 그리 넓지 않거나, 측면에 있는 요소를 숨기고 싶을 경우, 아래 예시와 같이 그냥 뒤로 물러서서 원하는 만큼 줌 인을 하면 된다.

✛ 폭발 장면

이 기교는 배우 뒤에서 자동차가 폭발하는 장면을 촬영하는 영화에서 흔히 사용되어왔다. 실제로는 배우들이 안전을 위해 매우 멀리 떨어져 있지만, 아주 가까이 있는 것처럼 보인다. 이제 이런 효과는 그린 스크린으로 촬영하는 것이 일반적이다.

✛ 격투 장면

영화의 격투 장면은 대개 숄더 리그를 사용하여 초점 거리가 긴 장초점 렌즈로 촬영한다. 그러면 배우들이 서로 치고받을 때 실제로는 접촉이 없더라도 더 가까이 있는 것처럼 보인다. 카메라를 어깨에 메고 촬영하면 이러한 느낌을 강조하고 카메라의 흔들림에 리듬감을 부여한다.

이것은 〈제이슨 본〉 3부작과 같은 서양 영화에서 자주 사용되는 테크닉이다. 아시아에서는 안무 작업이 더 빈번하게 이루어지고, 간혹 배우들이 실제로 치고받기도 하기 때문에, 숏이 더 넓고 안정적인 경우가 많다.

이것은 여행 중 기념물 앞에서 사진을 찍을 때 유용한 테크닉이다. 사진 속 기념물을 좀 더 인상적으로 보여주려면, 몇 미터 정도 뒤로 물러나서 줌 인을 해야 한다는 것을 기억하자.

광각

망원

시네마틱 효과

초보자라면, 잘 알려진 '시네마틱 효과'를 바로 따라 해보고 싶기 마련이다. 이 효과는 배경을 흐릿하게 만들어 연기자를 돋보이게 하는 것으로, 모든 곳이 선명한 텔레비전 영상과 차별화할 수 있다. 피사체를 배경에서 분리해주는 이 흐릿함은 영화에서 흔히 볼 수 있는 것으로, 얕은 피사계 심도의 결과이다. 피사계 심도란 초점이 맞아 보이는 영역으로, 촬영하려는 피사체를 반드시 그 안에 배치해야 한다.

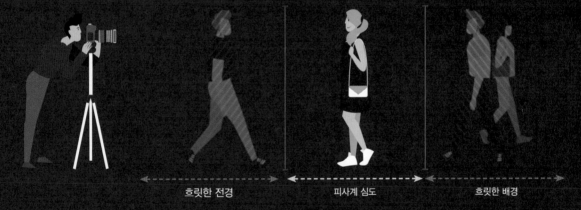

흐릿한 전경   피사계 심도   흐릿한 배경

이 같은 흐릿한 배경 느낌은 렌즈의 조리개 수치와 초점 거리에 따라 증가하거나 감소한다. 아래 예시와 같이, 실제로 동일한 구도의 숏이라도 광각 렌즈가 아닌 망원 렌즈로 구도를 잡으면 배경이 더 흐려 보일 것이다.

15 mm

400 mm

이 기법은 효과가 분명하지만, 항상 실용적인 것은 아니다. 방금 살펴본 것처럼 배경을 가까이 당기려면 카메라를 이동시켜야 하는데, 비좁은 장소에서는 이것이 항상 가능한 것이 아니다. 이런 경우에는 렌즈의 조리개를 조절할 것을 권한다.

조리개 기교

조리개(또는 개구부)는 렌즈를 통과하여 센서에 도달하는 빛의 양을 제어하지만, 초점이 맞아 보이는 영역인 피사계 심도에도 영향을 미친다.

렌즈의 개구부가 커질수록 피사계 심도는 얕아진다. 따라서 조리개 수치가 작을수록 배경의 흐릿함이 더 증가한다. 그렇게 하면 사물이나 연기자를 배경에서 더 쉽게 떼어내어 돋보이게 할 수 있다. 그러면 피사체는 다른 흐릿한 요소들과 분리된다.

그러므로 매우 작은 조리개 수치가 있는 렌즈가 더 비싸다. 야간 촬영을 할 때 조리개를 더 크게 열 수 있을뿐더러 피사계 심도를 얕게 하여 배경의 흐릿함을 증가시킬 수도 있기 때문이다. 두 가지 렌즈 사이에서 망설이고 있다면, 조리개 수치가 작은 렌즈를 선택하는 것이 좋다.

낮은 조리개 수치 유지하기

영상의 노출 과다를 유발하지 않으면서 매우 낮은 조리개 수치를 유지하는 두 가지 테크닉은 다음과 같다.

➕ 셔터

첫 번째는 가장 비용이 적게 들지만, 미적으로는 가장 떨어지는 방법이기도 하다. 바로 조리개 수치를 낮추고 셔터 속도를 높이는 것이다. 이 방법의 단점은 영화 영상 특유의 모션 블러가 손실된다는 것이다. 영상이 텔레비전에서처럼 매우 선명해진다.

➕ ND 필터

두 번째 테크닉은 가변(variable) ND 필터를 구입하여 렌즈 앞에 장착하는 것이다. ND 필터는 조리개 수치와 셔터 속도에 영향을 주지 않으면서 센서에 닿는 빛의 양을 줄여준다(71쪽 참조).

초점 거리 선택하기

촬영하는 동안 연출가가 내려야 하는 수많은 결정 중 하나는 각 숏의 초점 거리이다. 초점 거리는 프레임의 구도를 정하는 데 사용될 뿐만 아니라 영상의 심리적 영향을 변화시키기도 한다. 24mm 렌즈로 연기자를 클로즈업하여 촬영하면, 50mm나 135mm 렌즈로 클로즈업하는 것과는 정서적 반응이 확연히 달라진다. 여기서는 몇 가지 초점 거리의 선택과 그 해석 사례들을 살펴본다.

광각 렌즈

광각 렌즈를 사용하면 사물들이 서로 더 멀리 떨어져 있는 것처럼 보인다. 렌즈의 초점 거리가 짧으면 사물들 사이의 거리감이 과장된다.

✚ 공간을 넓힌다

〈드라이브〉에서 오스카 아이작과 라이언 고슬링이 대화를 나누는 이 장면에서는, 양쪽 숏 모두 광각을 선택하여 두 사람 사이의 공간감을 조성한다. 둘 사이는 멀게 느껴지고, 서로 이어져 있지 않고 맞서는 것처럼 보인다.

하지만 카메라는 두 사람 가까이에 위치하기 때문에, 관객도 마치 그 공간 안에 있는 것처럼 그들과 가까이 있다고 느낀다. 이는 관객을 공간 밖 멀리 위치시키는 망원 렌즈 숏과는 대조적이다.

초점 거리가 짧은 광각 렌즈는 가까운 사물의 크기를 과장하기 때문에, 관객이 영상 속 인물 바로 옆에 있는 것처럼 친밀하게 느낄 수 있다. 초점 거리가 긴 망원 렌즈를 사용하면 원근감이 밋밋해져서, 관객이 함께 사건을 경험하는 것이 아니라 멀리서 지켜보고 있다는 인상을 주게 된다.

✚ 움직임을 과장한다

광각 렌즈는 피사체가 카메라로 다가오거나 카메라에서 멀어질 때 속도감을 증가시킨다. 사물들 사이의 거리가 과장되므로, 가까이 있는 사물이 더 커 보인다. 따라서 렌즈가 광각일수록, 어떤 사물이 카메라에 다가갈 때 영상 속에서 더 빨리 커진다.

따라서 연기자와 가까워지거나 멀어질 때 더 강렬한 효과를 내고자 한다면, 이처럼 카메라와의 거리를 과장하는 광각 렌즈를 사용할 것을 권한다.

✚ 현실을 왜곡한다

초점 거리가 짧은 렌즈의 화각은 인간의 시야각보다 커서, 광각 렌즈는 원근감을 왜곡하고 영상 왜곡을 유발할 수 있다.

얼굴이 가까워질수록
왜곡이 심해진다

광각 렌즈를 사용하면, 얼굴이 바깥쪽으로 왜곡되는 경향이 있어 더 둥글게 보인다. 코는 더 크고 두드러진다. 렌즈에 가까이 다가갈수록 왜곡이 더 커진다. 이것은 테리 길리엄 감독의 영화 〈라스베가스의 공포와 혐오〉에서 사용된 효과이다. 마약에 취한 인물의 방향 감각 상실이 얼굴 매우 가까이에서 광각으로 촬영된 클로즈업으로 강조된다.

망원 렌즈

렌즈의 초점 거리가 길수록 피사체가 배경에서 분리된다. 이러한 원근감은 평소 우리가 세상을 보는 방식과 매우 다르다.

✚ 친밀감을 조성한다

초점 거리가 더 긴 렌즈는 배경을 피사체에 더 가까이 당김으로써 영상을 압축한다. 이를 통해 두 인물을 더 가깝게 만들고, 더 친밀한 숏을 얻을 수 있다.

짧은 초점 렌즈

긴 초점 렌즈

동일한 구도처럼 보여도 심리적 영향은 다르다. 왼쪽의 짧은 초점 렌즈로 촬영한 영상에서는 두 인물이 멀리 떨어져 있고 거리감이 느껴지는 반면, 오른쪽의 긴 초점 렌즈로 찍은 영상에서는 더 가까이 있고 친밀해 보인다.

✚ 엿보는 느낌을 강조한다

긴 초점 거리를 가진 렌즈는 관객에게 자신이 사건 현장에서 멀찌감치 떨어져 있다는 느낌을 준다. 인물이 감시당하고 있다는 인상을 줄 수 있는 것이다. 또는 관객이 은밀한 순간을 목격하고 있는 것처럼 느끼도록 할 수 있다.

약어

동일한 기능이나 기술을 각 제조사마다 자체 약어로 일컫고 있다. 렌즈에 사용하는 명칭이나 약어를 아래 표에 풀이해놓았다.

✦ 마운트

마운트(mount)는 렌즈를 카메라에 연결하는 부분이다. 각 렌즈 제조사마다 자신들만의 마운트가 있으므로, 문제가 복잡해진다. 따라서 선택하려는 렌즈가 카메라와 호환되는지 확인해야 한다. 필요하다면 어댑터 링(메타본즈 제품 등)을 사용할 수도 있지만, 렌즈와 센서 사이의 정보 전달을 늘 정확하게 수행해주는 것은 아니다. 자동 초점이나 조리개와 같은 일부 옵션을 사용하지 못할 수도 있다.

제조사	풀 프레임(및 APS-C)	APS-C
Canon	EF	EF-S
Nikon	약어 없음(FX)	DX
Pentax	D FA	DA
Sigma	DG	DC
Sony	FE(E마운트) / 약어 없음(A마운트)	E(E마운트) / DT(A마운트)
Tamron	DI	DI-II

렌즈를 선택할 때는 센서와 마운트의 크기를 주의 깊게 고려해야 하며, 그러지 않으면 카메라와 호환되지 않는 렌즈를 구입하게 될 수도 있다. 렌즈를 구입할 때 또 다른 결정적 요소 두 가지는 오토포커스와 스태빌라이저이다.

✦ 오토포커스

요즘 대부분의 렌즈에는 자동 초점 조절, 즉 오토포커스(autofocus) 기능이 있다. 하지만 초점 조절 기술이 다양해지면서 새로운 약어들이 추가로 생겨났다.

제조사	약어	의미
Canon	USM / STM	Ultra Sonic Motor / Stepping-Motor
Nikon	AF-S	AutoFocus-Silent
	AutoFocus SWM	AutoFocus Silent Wave Motor
Olympus	SWD-AF	Supersonic Wave Drive Autofocus
Pentax	SDM	Super Direct-drive Motor
Samsung	SSA / VCM	Super-Sonic Actuator / Voice Coil Motor
Sigma	HSM	Hyper Sonic Motor
Sony	SSM	Super Sonic-wave Motor
Tamron	USD / PZD	Ultrasonic Silent Drive / Piezo Drive

스태빌라이저

일부 렌즈에는 어려운 촬영 조건에서 카메라의 흔들림으로 생기는 영상의 흐릿함을 줄이기 위한 옵티컬 이미지 스태빌라이저(stabilizer)가 장착되어 있다. 사진에서 이 기능을 사용하면 2~4단계의 셔터 속도를 절약할 수 있다(2~4배 느린 셔터 속도로 촬영할 수 있다). 제조사마다 각기 사용하는 약어가 있다.

제조사	약어	의미
Canon	IS	Image Stabilizer
Nikon	VR	Vibration Reduction
Olympus	/	/
Panasonic	OIS	Optical Image Stabilizer
Pentax	(SR)	(Shake Reduction)
Samsung	OIS	Optical Image Stabilizer
Sigma	OS	Optical Stabilizer
Sony	OSS	Optical SteadyShot
Tamron	VC	Vibration Compensation

최고급 제품군

대부분의 제조사는 우수한 광학 품질, 정교한 마감, 매우 높은 종합 성능은 물론 악천후(먼지, 얼룩, 습기 등)에 더 강한 내성까지 갖춘 전문가용 최고급 광학 제품을 다양하게 제공한다. 최고 품질임을 나타내는 것은 가격뿐만이 아니다. 고품질 렌즈에는 독특한 표시나 특정한 약어가 붙기도 한다.

제조사	약어	의미	외관의 특징
Canon	L	Luxury	빨간색 테두리(미색 렌즈 배럴 위)
Nikon			금색 테두리(검은색 렌즈 배럴 위)
Olympus	PRO	Professional (optics)	
Pentax	DA*(별표)	/	금색 테두리
Sigma	EX	Excellence(구 제품군) — (Contemporary 제품군이 아닌) Art와 Sports 제품군에만 적용	
Sony	G / GM	Gold / Gold Master	렌즈 배럴 위에 G 표기
Tamron	SP	Super Performance	

여러 가지 렌즈

줌렌즈

초점 거리를 변경할 수 있는 렌즈를 '줌렌즈'라고 한다. 이 렌즈를 사용하면 이동할 필요가 없으며, 줌 링을 조정하는 것만으로 화각을 넓히거나 좁힐 수 있다.

줌렌즈의 종류는 다양해서 광각 줌렌즈(12-24mm, 16-35mm 등), 망원 줌렌즈(70-200mm, 100-400mm, 150-600mm 등), 다기능 줌렌즈(18-300mm, 24-105mm 등) 등이 있다. 하나만 선택해야 한다면, 광각과 망원 렌즈가 결합된 24-70mm 줌렌즈를 추천한다.

이점

➕ 다재다능함

줌렌즈의 주된 장점 한 가지는 렌즈를 교체하지 않고도 초점 거리를 변경할 수 있다는 것으로, 줌 링을 돌리기만 하면 된다. 프레임 구도를 변경해야 하는데 카메라를 이동할 시간이나 기회가 없을 때 특히 도움이 된다. 촬영할 때 조작 시간을 허비하지 않으면서 다양한 프레임 구도를 더 쉽게 시험해볼 수 있다.

➕ 간소함

같은 이유로 줌렌즈는 동일한 초점 거리 범위를 커버하는 여러 개의 고정 초점 렌즈보다 덜 거추장스럽다. 예를 들어 70-200mm 줌렌즈는 85mm, 100mm, 135mm, 200mm와 같이 가장 많이 사용되는 초점 거리 몇 가지를 커버하므로, 네 가지 주요 렌즈가 하나로 합쳐진 셈이다.

➕ 가격

방금 살펴본 것처럼 줌렌즈가 여러 초점 거리를 커버하면, 여러 개의 고정 초점 렌즈를 구입하는 비용을 절약할 수 있다. 계산을 해보면, 500유로짜리 줌렌즈 하나로 70mm에서 200mm 사이의 모든 초점 거리를 사용할 수 있다. 반면에 네 개 이상의 고정 초점 렌즈를 구입한다면 결국 2,000유로 이상을 지출하게 될 수도 있다.

저가형 줌렌즈 중에는 가변 조리개 기능이 달린 것도 있으므로 주의해야 한다. 즉, 줌을 할 때 렌즈의 조리개 수치가 변경된다. 예를 들어, 초점 거리 18mm에서 f/3.5 가 되고, 55mm에서는 f/5.6이 된다.

이런 렌즈는 사용하지 말 것을 강력히 권고한다. 비싸지는 않지만, 사용하기가 정말 번거롭다. 대신 고정 조리개 렌즈를 사용하자.

중고로 구입하자!

고품질 렌즈가 넘쳐나는 중고 시장을 이용하면 큰돈을 절약할 수 있다. 앞에서도 살펴봤듯이 렌즈의 장점 중 하나는 세월이 지나도 계속 사용할 수 있다는 것이다. 카메라가 아무리 진화 해도 렌즈는 항상 적응할 것이다.

그래서 품질이 좋은 오래된 중고 렌즈를 그리 비싸지 않은 가격으로 구할 수 있다. 카메라 전 문점에서는 종종 판매 중인 새 제품과 동일한 제조사의 중고 장비를 취급하기도 한다.

그중 어떤 곳에서는 장비를 판매하기 전에 양호한 상태임을 확인시켜주는 감정서를 제공하 기도 한다. 중고 거래 사이트나 SNS를 통한 구매가 망설여진다면 이러한 전문점을 이용해보는 것도 좋으며, 어떤 곳은 구매 후 보증 기간을 짧게나마 연장해주기도 한다. 중고 가격을 알아보려면 전문 정보지나 사이트를 확인해보자. 일부 사이트에서는 중고 사진 장비의 감정가를 제공한다. 사용 중인 줌렌즈를 보완할 만한 고정 초점 거리 렌즈를 구입할 때 도움이 될 것이다.

고정 초점 렌즈

초점 거리가 고정된 렌즈를 '고정 초점 렌즈'라고 하며, '프라임 렌즈' 또는 '단렌즈'라고도 부른다. 영화 촬영에는 대부분의 경우 줌렌즈보다도 이런 유형의 렌즈가 더 많이 사용되는데, 제조 품질과 낮은 조리개 수치(f/1.2까지 개방할 수 있는 렌즈도 있다) 때문이다.

이러한 고정 초점 렌즈를 사용할 때 프레임 구도를 변경하려면, 현재 위치에서 더 가까이 가거나 멀리 떨어져야 한다. 초점 거리가 고정되어 있기 때문에 렌즈에 줌 링이 없다.

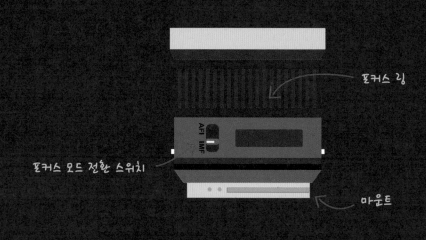

포커스 링

포커스 모드 전환 스위치

마운트

이점

넓은 개구부

단렌즈의 큰 장점은 제법 적당한 비용으로 f/1.8이나 f/1.4와 같은 넓은 개구부를 사용할 수 있다는 것이다. 줌렌즈는 일반적으로 f/2.8 이하로 내려가지 않으므로 밝기가 떨어진다. 따라서 단렌즈는 빛의 양이 적을 때, 특히 야간 촬영에 더욱 효과적이다.

얕은 피사계 심도

같은 이유로 넓은 개구부를 사용하면 더 큰 '보케(bokeh)' 효과를 낼 수 있는데, 이는 피사체의 초점은 선명한 반면 배경과 전경의 초점이 흐릿해져 있는 상태를 말한다. 영상 제작자가 자주 구현하고자 하는 시네마틱 효과는 단렌즈로 더 쉽게 낼 수 있다(64쪽 참소).

좋은 화질

단렌즈 내부에는 각각 특정 역할을 수행하도록 배치된 렌즈의 수효가 적다. 바로 이것 때문에 고정 초점 거리 렌즈는 색 수치의 렌즈 왜곡 등의 광학적 결함을 덜 발생시키고, 결국 화질이 더 좋아진다. 이른바 '렌즈 샤프니스'라고 불리는 선명도는 줌렌즈보다 단렌즈가 더 높다. 그러나 해가 갈수록 줌렌즈의 제조 품질도 향상되고 있다.

시네 렌즈의 경우, 조리개 개방 수치를 정의하는 데 렌즈의 T수치를 사용한다. T수치는 실제 빛의 양을 1/3스톱 단위로 결정하므로 더 정확하다. 따라서 시네 렌즈가 T3.0(포토 렌즈의 f/2.8과 동일)의 개방을 나타내는 경우 이것이 실제 값임을 알아야 한다.

그러므로 촬영 중에 조명 조건이 변경되는 경우에도 눈에 띄지 않게 조리개를 조정할 수 있다. 게다가 시네 렌즈에는 조리개 변경을 수동으로(또는 소형 원격 모터를 사용하여) 제어하는 조리개 링이 있다.

✚ 톱니 링

포커스와 조리개 링에는 원격 제어를 위한 팔로우 포커스(35쪽 참조)와 같은 장치를 부착하는 톱니(기어)가 있다. 또한 포커스 링은 양극점간(또는 '초점 이동')의 거리가 길고 물리적인 제동 장치가 있는 반면, 자동 초점을 사용하도록 설계된 포토 렌즈의 포커스 링은 양극점간의 거리가 짧고 제동 장치가 없다.

✚ 제조 방식

포토 렌즈는 초점 거리에 따라 같은 제조사의 렌즈들이라도 직경, 무게, 디자인이 달라진다. 영화에서는 효율성이 중요하고 단 1초도 놓치지 않아야 하며, 이것이 바로 시네 렌즈가 일반적으로 직경, 무게, 디자인이 동일한 이유이다.

이러한 표준화는 영화의 모든 숏 간에 촬영의 연속성을 보장한다. 콘트라스트, 색도, 수차는 조금씩 다를 수 있다. 몸체와 무게는 같은 렌즈 시리즈 내에서 동일하며, 이는 촬영 시 초점 거리의 변화를 최적화한다. 예를 들어 스테디캠 기사가 렌즈를 교체할 때마다 스테디캠의 균형을 재조정할 필요가 없다(246쪽 참조).

특수 렌즈

틸트–시프트 렌즈

틸트–시프트 렌즈(tilt–shift lens)는 센서 면에 비스듬해지도록 기울이거나 중심에서 벗어나도록 움직일 수 있는 렌즈이다. 이 렌즈는 뷰카메라(view camera)[주름상자를 이용하여 필름 면과 렌즈의 지지체를 자유롭게 조작할 수 있는 대형 카메라 — 옮긴이]처럼 렌즈 부분의 기울기나 위치 조작이 (제한적으로나마) 가능하여 특히 원근감이나 피사계 심도를 제어할 수 있다.

시소(틸트)

틸트는 렌즈의 앞부분이 광축에 대해서 수평 또는 수직 방향으로 기울어지는 것이다. 이렇게 하면 와이드 숏에서 배경을 간단히 흐리게 만들 수 있어 축소 모형이나 미니어처 효과를 낼 수 있다.

오프센터(시프트)

시프트는 렌즈가 광축을 기준으로 수직 또는 수평으로 이동하는 것으로, 숏의 구도를 미세하게 변경할 수 있다.

틸트–시프트 렌즈를 사용하면 촬영할 때 다양한 기교를 부릴 수 있다. 2010년 〈소셜 네트워크〉의 촬영장에서 데이비드 핀처 감독은 윙클보스 형제가 참가하는 '헨리 로열 레가타' 조정 경기 장면을 촬영하려고 했다.

하지만 안타깝게도 촬영 장소를 사용할 수 있는 시간이 너무 빠듯했다. 그래서 핀처 감독은 헨리 지역의 템스강과는 전혀 닮지 않은 인공호수가 있는 이튼에서 클로즈업을 촬영하기로 결정하고, 가급적 장소를 알아볼 수 없도록 배경을 흐리게 만들었다. 촬영 대상이 같은 거리에 있더라도 감독의 선택에 따라 흐릿하거나 선명하게 만들 수 있는 것이다.

어안 렌즈

어안 렌즈(fish-eye lens)는 광각 렌즈와 비슷하지만 화각이 훨씬 더 넓다. 렌즈의 모양으로 인해 카메라가 극도의 시각적 왜곡을 사용하여 생성한 영상은 반구형이나 매우 넓은 파노라마 형태로 나타난다. 이 렌즈의 이름은 1906년에 붙여졌는데, 물리학자이자 발명가인 로버트 우드가 물고기가 물 밑에서 수면을 올려다보면 어떻게 보일지 상상한 데서 유래한 것이다.

영화에서 어안 렌즈는 인물의 방향 감각 상실이라든가, 도어스코프(door scope)로 보이는 광경, 로봇의 시선을 표현하기 위해 가끔 사용된다. 예를 들면 〈2001 스페이스 오디세이〉에 등장하는 우주선 디스커버리 1호의 관리자인 인공지능 HAL 9000의 시선이라든가, 〈암흑가의 세 사람〉에서 관찰당하는 알랭 들롱의 모습 등이 있다.

매크로 렌즈

매크로 렌즈(macro lens)는 무한대에서 1:1 배율까지 초점을 맞출 수 있는데, 배율이 1:1이라는 것은 실제 피사체의 크기와 센서에 재현된 영상의 크기가 동일하다는 뜻이다. 배율은 카메라 센서에 투사된 영상이 피사체의 실제 크기와 비교하여 어느 정도인지를 알려준다.

따라서 배율이 1:2인 렌즈는 피사체 크기의 최대 절반까지 센서에 영상을 투사할 수 있는 반면, 배율이 5:1인 렌즈는 피사체보다 다섯 배 큰 영상을 투사할 수 있다. 매크로 렌즈는 또한 일반 렌즈보다 더 가까운 초점 조절 거리(focusing distance)를 사용할 수 있다. 예를 들어 〈레퀴엠〉(2001)에서 이 영화를 유명하게 만든 마약 복용 장면의 클로즈업은 매크로 렌즈를 사용하여 촬영되었다.

 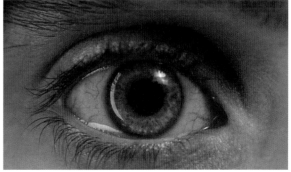

일반 렌즈(30-50mm)를 거꾸로 뒤집어 앞부분이 센서를 향하도록 개퍼 테이프(gaffer tape)로 고정하거나, 렌즈 앞에 단순히 확대경만 부착해도 이 같은 효과를 조작할 수 있다.

애너모픽 렌즈

원래 영화의 공인 포맷은 4:3(또는 4를 3으로 나눈 1.33)이었는데, 이것은 초창기 무성 영화의 포맷이었다.

1950년대에 텔레비전이 등장하자 영화관이 텅텅 비기 시작했고, 이로 인해 미국의 메이저 스튜디오(영화제작사)들은 영화 체험을 혁신함으로써 사람들이 다시 영화관을 찾고 싶어 하도록 만들려고 했다.

1920년대에 애너모픽 렌즈(anamorphic lens)의 원형 격인 이페르고나르(Hypergonar)를 발명한 앙리 크레티앵은 1953년 '20세기 폭스'에 자신의 발명 특허를 영화에 상업적으로 이용하도록 양도했다. 이렇게 하여 시네마스코프 포맷이 탄생했다.

원리는 간단하다. 애너모픽 렌즈를 사용하여 영상의 너비가 필름의 너비와 일치하도록 '압축'하여 촬영한다. 그런 다음 포스트프로덕션(후반 작업)이나 상영을 할 때 압축된 영상을 좌우로 늘려 원래 의도한 화면 비율(화면비)로 보게 한다.

카메라 앞에 장착된 이페르고나르

구면 렌즈

애너모픽 렌즈

센서에 기록된 영상

편집/상영 때 보이는 영상

전통적으로 필름을 사용할 때 애너모픽 렌즈의 압축률은 2x였다. 즉, 이 렌즈가 구면 렌즈(앞서 살펴본 여러 가지 렌즈)보다 두 배 많은 수평 정보를 포착했다는 뜻이다.

다시 말하지만 4:3 포맷의 화면 비율은 1.33이다. 2x 애너모픽 렌즈로 영상을 두 배로 늘리면 비율은 당연히 2.66(1.33 × 2 = 2.66)이 되지만, 당시 영화 필름의 가장자리에 옵티컬 사운드트랙을 배치하기 위해 비율을 2.35로 줄이게 되었다. 이것이 바로 오늘날 애너모픽 포맷(2.35 포맷)에 대한 의견이 분분한 이유이다.

특징

애너모픽 렌즈로 촬영된 영화는 매우 넓은 포맷뿐만 아니라 매우 특징적인 촬영 결과로도 분간할 수 있다. 특유의 타원형 렌즈로 인한 결함으로 애너모픽 영화임을 알아차릴 수 있는 것이다.

플레어

점으로 보이는 작은 광원이 '플레어(flare)'라는 매우 두드러진 파란색 선을 만들어낸다. 기술적으로 플레어는 조리개의 개구부 크기가 감소하면 증가한다. 따라서 높은 조도의 영상에서 플레어가 더 쉽게 나타난다.

애너모픽 렌즈 · 구면 렌즈

흐림

배경의 흐림이 타원형을 띠며, 구면 렌즈로 촬영된 배경보다 더 부각되어 보인다. 피사계 심도도 영향을 받는다. 애너모픽 렌즈와 구면 렌즈는 기술적으로 동일한 피사계 심도를 갖지만, 실제로는 애너모픽 렌즈로 동일한 화각을 얻으려면 더 긴 초점 거리를 사용해야 한다. 따라서 동일한 피사체 배율에서 애너모픽 렌즈는 더 얕고 영화적인 피사계 심도를 만들어낸다.

애너모픽 렌즈 · 구면 렌즈

플레어 기교

영상에 애너모픽 플레어 효과를 추가하려면, 렌즈 앞이나 뒤에 투명한 낚싯줄을 고무 밴드로 부착한다. 컬러 플레어를 만들고 싶다면, 원하는 색상의 매직펜으로 낚싯줄을 색칠하기만 하면 된다. 색칠하지 않고 그대로 두면, 플레어는 광원과 같은 색이 된다.

낚싯줄

고무 밴드

필터

· ·

w사식 필터

렌즈의 w사홈

대부분의 렌즈에는 필터를 돌려서 끼울 수 있는 마운트가 있다. 렌즈마다 직경이 다르기 때문에 필터를 구입하기 전에 렌즈의 직경을 잘 확인하자. 예를 들어 소니 24-70mm 렌즈의 직경은 82mm이지만, 소니 16-35mm 렌즈는 72mm이다.

필요한 경우 직경이 작은 렌즈에 더 큰 필터를 장착할 수 있는 어댑터 링이 있지만, 그 반대는 안 된다. 필요한 직경이 얼마인지 확인하려면 렌즈를 살펴보면서, 앞에 'Ø' 기호가 달린 숫자를 찾으면 된다.

나사식 필터는 편리하다는 장점이 있다. 돌려서 빠르게 끼우거나 뺄 수 있고, 렌즈 캡을 그 위에 끼울 수도 있다. 하지만 나사식 필터 여러 개를 겹치는 것은 불가능하다. 그렇게 하려면 매트 박스에 있는 필터 홀더를 사용해야 한다(1장 34쪽 참조).

필터에는 여러 종류가 있는데, 그중에서 주로 사용하는 세 가지만 여기서 소개한다.

편광 필터

편광 필터 미사용

편광 필터 사용

렌즈 보호 필터나 UV 필터와 달리, 편광 필터(polarizing filter)는 영상을 일부 변경하고, 물이나 유리 같은 비금속 표면의 반사를 제거한다. 예를 들어, 차에 탄 사람을 외부에서 촬영할 때 앞유리의 반사를 제거하는 데 매우 유용하다.

이 필터는 두 가지 링으로 구성되어 있다. 하나는 렌즈에 부착하는 링이고, 또 하나는 조금씩 돌리면서 반사의 제거 정도를 조절하는 링이다. 하지만 편광 필터를 사용하면 영상의 콘트라스트가 약간 감소할 수 있으며, 1~2스톱 손실이 발생할 수 있으므로 주의해야 한다. 따라서 조도가 낮은 조건에서는 권상뇌시 않는나.

ND 필터

F11, ND 필터 미사용

F2.8, 가변 ND 필터 사용

배경이 흐릿하다

회색을 띤 이 필터를 사용하면 셔터 속도, 조리개, ISO 설정을 조정하지 않고도 영상의 노출을 줄일 수 있다. 앞에서 살펴봤듯이, 영상의 노출 과다를 유발하지 않으면서 조리개를 열 수 있기 때문에 매우 실용적이다.

종류별로 어둡게 하는 정도가 달라지는데, ND2는 1스톱을 어둡게 하고, ND4는 2스톱을 어둡게 하는 식이다. 한편 편광 필터와 마찬가지로 두 개의 링으로 작동하는 가변 ND 필터라는 것도 있다. 이 필터를 사용하면 필터를 돌리는 것만으로 밝기를 줄일 수 있다. 내가 가장 자주 사용하는 필터이다.

단, 가변 ND 필터는 촬영할 때 가장 쉽고 빠르게 사용할 수 있지만, 종종 화질이 떨어지고 영상에 약간의 색조가 나타날 수도 있다는 점을 주의해야 한다.

UV 필터

UV 필터 미사용

UV 필터 사용

UV 필터는 자외선을 흡수하거나 차단하므로 대기의 연무를 줄이는 데 도움이 된다. 이 필터는 무색이라 색상에 변화를 주지 않기에, 중성 보호 필터로 사용될 때가 많다.

요즘 대부분의 카메라에는 UV 필터가 사실상 필요하지 않다. 그러므로 긁힘이나 먼지로부터 렌즈를 보호하는 용도로만 사용되며, 대개 나사식 필터를 영구적으로 끼워둔다. 렌즈를 보호하는 또 다른 방법은 렌즈 후드를 끼워두는 것인데, 이렇게 하면 충격을 방지하고 햇빛으로 인한 렌즈 플레어를 줄일 수 있다.

3

녹음하기

• • • • • • • • • • • • • • • • •

• • • • • • • • • • • • • • • • •

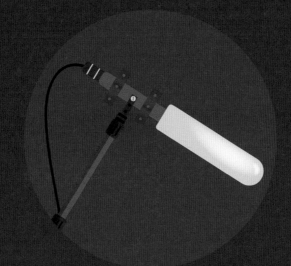

마이크

마이크

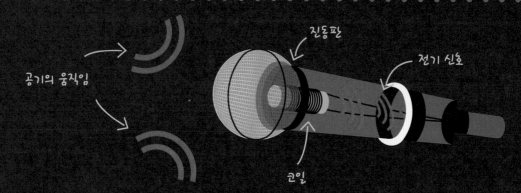

진동판

전기 신호

공기의 움직임

코일

마이크로폰(microphone)은 음파를 전기 신호로 변환하는 장치이다. 마이크 내부에서는 공기의 움직임으로 진동판이 움직이며, 이 기계적 현상은 코일에 의해 전기 신호로 변환된다. 마이크에는 기술, 모양, 지향성 등 세 가지 측면의 특성이 있다.

➕ 동전기 기술

다이내믹(dynamic) 마이크(동전형 마이크)는 전원 공급이 필요 없다. 그다지 민감하지 않으나, 폭발이나 콘서트와 같이 매우 강한 소리를 포화(로 인한 왜곡) 없이 녹음할 수 있다. 마이크의 이동 소음은 매우 작지만, 아주 약한 전기 신호로 인한 배경 잡음은 최적이라 할 수 없다.

가격이 저렴하고, 안정성과 내구성이 우수하다고 알려져 있지만, S/N비, 즉 신호 대 잡음비(signal-to-noise ratio: 녹음되는 소리와 마이크 전자 장치의 배경 잡음 사이의 비율)는 매우 형편없다. 멀리서 나는 소리에 대한 낮은 민감도 덕분에 마이크에 가까이 있는 목소리를 쉽게 분리할 수 있기 때문에 콘서트나 TV 무대에서 일반적으로 사용된다.

➕ 정전기 기술

콘덴서(condenser) 마이크(정전형 마이크)는 감도가 높고 S/N비(신호 대 잡음비)가 매우 높아 충실한 소리 재생이 가능하기 때문에, 촬영할 때나 스튜디오에서 자주 사용된다. 습기에 강하지 않고 아주 쉽게 고장이 나는 데다 구입하기엔 너무 비쌀 수도 있다. 여유가 없다면 촬영할 때만 대여받으면 된다.

이동이나 조작 소음에 매우 민감한 이러한 유형의 마이크에는 매다는 도구를 사용해야 한다(매다는 도구를 직접 만드는 방법은 84쪽 참조). 마이크의 높은 감도로 인해, 마이크와 스피커가 가까워지면 발생하는 오디오 피드백 잡음에 매우 취약하다. 스피커에서 나오는 소리가 마이크로 들어가면 동시에 그 소리가 증폭되어 다시 스피커를 통해 나오는 식의 사운드 루프가 만들어져서 '라르센'[오디오 피드백이라는 물리적 현상을 최초로 규명한 덴마크 물리학자 쇠렌 라르센의 이름을 따서 '라르센 효과'라고도 한다 — 옮긴이]이라는 하울링 소음을 일으킨다.

48v
Line
Dyn

팬텀 전원

전원이 필요 없는 다이내믹 마이크와 달리 내부분의 콘덴서 마이크는 포착되는 소리를 증폭하기 위해 전력이 필요하다. 팬텀 전원(phantom power)은 카메라(충전지 또는 건전지)나 녹음기에서 나오며, XLR 케이블을 통해 전송된다. 일반적으로 카메라나 외부 녹음기에 +48V로 표시되어 있다.

여러 모양의 마이크

건 마이크

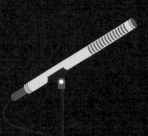

촬영할 때 대화나 특정 소리를 녹음하는 데에 가장 많이 사용되는 마이크이다. 일반적으로 마이크의 길이가 길수록 지향성이 커져서 특정 영역을 조준할 수 있다.

콘덴서 마이크이므로 작동하려면 건전지나 팬텀 전원이 필요하다. 이 전원은 외부 녹음기나 믹서에서 공급할 수 있다. 이런 유형의 마이크에는 대개 XLR 단자가 있다.

핀 또는 라발리에 마이크

촬영할 때 대화를 녹음하는 데에 건 마이크 다음으로 많이 사용되는 마이크이다. '목에 거는 펜던트형 보석'을 뜻하는 라발리에(lavalier)라는 이름에서 알 수 있듯이, 주로 연기자의 목 주변에, 즉 티셔츠나 윗옷의 깃에 부착하여 사용한다. 이 마이크는 작기 때문에, 부착하는 위치를 잘 잡으면 영상에 비치지 않게 된다.

대부분의 경우 핀 마이크는 'HF(high frequency)', 즉 고주파수의 송신기와 수신기가 함께 사용되기 때문에 연기자는 오디오 케이블에 구애받지 않아도 된다(자세한 내용은 80쪽 참조).

스튜디오 마이크

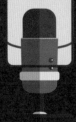

스튜디오 마이크에는 큰 진동판이 붙어 있어서 목소리나 악기 소리를 세세한 부분까지 녹음할 수 있다. 특히 'p'와 'b' 같은 파열음이 생성하는 팝 노이즈(pop noise)를 완화해주는 팝 방지 필터를 사용할 것을 강력히 권한다(340쪽 참조). XLR 단자가 있는 스튜디오 마이크도 있지만, USB 단자가 있는 마이크는 컴퓨터에 직접 연결할 수도 있다.

핸드(헬드) 마이크

핸드헬드 또는 핸드 마이크는 대부분 다이내믹 마이크로, 대개 콘서트나 거리 인터뷰 등에 사용된다. 실제로 낮은 감도 덕분에, 제어할 수 없는 잡음(지나가는 차, 경적 등)은 마이크 바로 앞에서 잡힌 목소리에 비해 아주 작게 재생된다.

카메라에 바로 연결하는 것도 가능하지만, 소리에 대한 분별력이 부족하여 영화 촬영에는 거의 사용되지 않는다. 그보다는 음악 그룹이나 TV 진행자가 사용하는 편이다. 핀 마이크와 마찬가지로 유선과 무선이 있다.

지향성

지향성이란 음원의 방향에 따른 마이크 센서의 감도이다. 이는 마이크가 가장 민감하게 반응하는 진동판 주변의 영역을 규정한다. 이 영역을 벗어나면 마이크 성능이 떨어진다. 음질이 좋지 않아지며, '세기'가 약해지는 것이다. 촬영에는 대체로 카디오이드(cardioid), 하이퍼카디오이드(hypercardioid), 샷건(shotgun) 등의 지향성 마이크가 사용된다. 하나만 선택해야 한다면, 지향성과 사용 편의성 사이의 좋은 절충안인 하이퍼카디오이드를 추천한다.

카디오이드

이 마이크는 앞쪽에서 나는 소리만 포착한다. 마이크 앞에 있는 모든 음원이나 목소리가 녹음된다. 노래를 부르는 데 자주 사용된다. 가장 널리 사용되는 지향성 마이크이다. 이 마이크는 캡슐 앞쪽에 위치한 음원을 포착하도록 설계되었다. 커버하는 각도는 약 130°이다.

하이퍼카디오이드

하이퍼카디오이드는 카디오이드보다 좁다. 카디오이드와 매우 유사하고 조금 더 지향성이 강하지만, 센서 뒤편의 소리는 약간만 포착한다. 커버 각도는 약 115°이다.

샷건

붐 또는 붐 폴(boom pole)에 매달아 녹음할 때 사용하는 마이크로, '붐 마이크'라고도 한다. 대화 소리를 바로 조준할 수 있다. 또한 특정 소음이나 소리를 분리하는 데 도움이 된다. 캡슐 앞쪽에 대한 지향성이 대단히 강하다. 커버 각도는 약 105°이다. 낮은 진동수에 거의 반응하지 않는 이 마이크는 멀리서 나는 소리를 포착하도록 설계되었다. 마이크가 카메라의 시야에 들어오지 않은 채 연기자의 목소리를 포착할 목적으로 영화에서 널리 사용된다.

무지향성 또는 전지향성

이 마이크는 특정 방향에 치우치지 않고 360° 전 방향의 모든 소리를 균일하게 수신한다. 일반적으로 앰비언트 사운드(ambient sound)라고 하는 주변 소리에 사용되는 전형적인 마이크이다. 이론상으로는 마이크 주변의 음원의 위치에 관계없이 고르게 포착하도록 설계되어있다. 커버 각도는 360°이다.

양지향성

이 마이크는 캡슐의 앞쪽과 뒤쪽 소리를 모두 포착한다. 따라서 예를 들어 교회 안에서 말하는 소리와 공간의 반향을 동시에 녹음하려고 할 때 목소리 포착용으로 사용할 수 있다.

커넥터

케이블과 커넥터(접속 단자)는 밸런스 케이블(balanced cable)과 언밸런스 케이블(unbalanced cable)의 두 가지 범주로 나 뉜다. 밸런스 케이블은 전파, 전자기기 등의 간섭 소음에 비교적 강하기 때문에 전문 오디오 업계의 기준이 된다. 쉽게 설명하 자면, 케이블은 안테나처럼 작용한다. 케이블이 길수록 더 많은 간섭을 받고, 그럴수록 밸런스 접속이 더 중요해진다.

XLR

마이크와 라인에 사용하는 가장 일반적인 전문가용 접 속 단자이다. 밸런스 접속 방식이며, 예기치 않은 분리를 방지하는 안전 클립이 달려 있다. XLR[국내에서는 캐논 잭이라고도 한다 — 옮긴이]은 전문적이고 보편적인 오 디오 포맷으로 간주된다.

RCA

RCA사에서 개발한 언밸런스 접속 방식의 동축 단자이다. 대부분의 소비자용 전자제품에서 '라인' 접속에 사용되는 단자이다. 이 단자는 'RCA 잭'이라고도 불린다.

폰 잭

헤드폰이나 마이크 전용의 언밸런스 접속 단자이다. 직 경은 6.35mm로, '1/4인치 잭'이라고도 불린다.

미니 잭

폰 잭과 비슷하지만 직경이 더 작아서(3.5mm) '미니 잭'이 라고 불리는 이 단자는 주로 스마트폰이나 카메라에 사용 된다. '미니 잭'은 콤팩트하지만 특히 잘 망가진다.

케이블 감기

1

2

3

촬영 중에 시간을 절약하고 케이블을 풀 때 절대 엉키지 않도록 하려면, 케이블을 올바로 감는 법을 배워야 한다. 팔에 감지 않도록 주의하자. 케이블이 비틀려서 쉽게 손상될 수 있다.

무선 마이크

녹음 기사는 촬영할 때 무선 마이크를 선호한다. 붐이 카메라에 잡히는 것을 확실하게 방지하고, 붐을 배치할 수 없는 상황(자동차 안, 붐을 사용하기에 너무 넓은 와이드 숏 등)에서 소리를 딸 수 있게 해준다.

무선 마이크는 건 마이크 다음으로 촬영할 때 사용 빈도가 높다. 무선 핀 마이크는 마이크와 믹서의 위치가 너무 멀리 떨어져 있는 숏에서 사용된다. 또한 주변 소리에 묻혀 있는 목소리를 되살려준다.

녹음 기사가 무선 마이크에만 만족하는 경우는 매우 드문데, 소리가 너무 먹먹해지는 경우가 많아서이다. 이는 목소리의 저음역이 주로 들리기 때문이다. 붐 마이크가 음원에 최대한 가깝게 다가가는 것이 가장 자연스러운 소리 포착 방법이다.

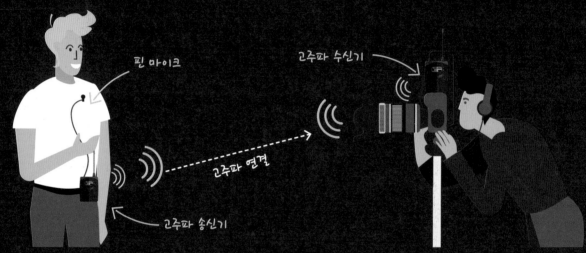

대개는 연기자와 녹음 기사 사이에 케이블을 연결하지 않아도 되도록 무선 핀 마이크를 사용한다. 고주파 송신기와 수신기를 사용하는데, 수신기는 카메라나 녹음 기사의 믹서(91쪽 참조)에 연결하고, 송신기는 연기자의 주머니 속에 숨긴다. 송신기는 셔츠나 잠바의 접힌 부분에 부착된 마이크와 연결한다. 물론 여러 대의 무선 마이크를 사용하는 경우, 송신기가 다른 무선 마이크의 주파수를 방해하지 않도록 여러 가지 주파수가 있는지 확인한다.

무선 마이크 구별하기

각 송신기는 동일한 주파수로 조정된 수신기에 연결된다. 이것들을 구별하기 쉽도록, 짝을 이루는 기기에 같은 색상의 물방울 스티커를 붙여두면 좋다. 그러면 동일한 주파수로 연결된 송수신기 쌍을 한눈에 다시 찾아 맞출 수 있다, 촬영을 준비할 때 시간을 크게 절약하는 방법이다.

핀 마이크 부착 방법

핀 마이크는 차 속 대화, 차를 타거나 내릴 때, 야외든 실내든… 다양한 상황에 이상적인 장비이다. 하지만 잡음을 쉽게 발생시키는데, 연기자에게 직접 부착하면 마찰음을 최소화할 수 있다.

옷감에 쓸리는 소리가 나지 않도록 마이크의 위치 선정에 주의를 기울여야 한다. 목에 너무 가까이 두는 것은 소리가 먹먹해질 수 있으므로 피하고, 가슴 한가운데에 고정하는 것이 가장 좋다.

좋은 위치 / 나쁜 위치

고정 도구

악어 클립   부틸 테이프   개퍼 테이프   보디 마운트   드라큘라 클립

악어 클립, 보디 마운트, 케이지, 드라큘라 클립 등 여러 가지 고정 도구[국내에서는 '핀 마이크' 테이프, 패드, 집게, 클립, 홀더 등으로 검색하면 다양한 제품을 찾을 수 있다 — 옮긴이]가 있다. 핀 마이크 세트를 구입하면 으레 이런 작은 품목들이 들어 있는 작은 박스가 딸려 온다. 하지만 이 같은 (고정용) 액세서리가 제공되지 않아서 별도로 구입해야 하는 경우도 있다.

무선 마이크를 스카치테이프로 부착하는 것은 피해야 하는데, 떼어낼 때 소리가 나기 때문이다. 고정 점토를 사용할 수도 있지만, 잘게 부스러지기 때문에 권장하지 않는다. 끈적거리지만 부스러지지 않는 점착제인 부틸 테이프를 사용하는 것이 가장 좋다.

스마트폰에서 사용하기

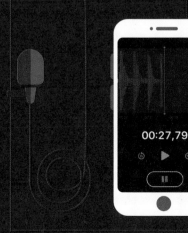

00:27,79

최근 스마트폰용 핀 마이크가 출시되었다. 휴대폰 잭에 직접(또는 필요에 따라 어댑터를 사용하여) 연결하고, 녹음 애플리케이션을 다운로드해야 한다.

우선은 iOS와 안드로이드 모두에서 호환되는 로드(Rode)사의 탁월한 스마트라브+(SmartLav+)를 사용해볼 것을 추천한다. '로드 렉(Rode Rec)'이라는 앱을 다운로드한 다음 녹음하고 저장하면 된다. SC3 케이블(옵션으로 구입 가능)을 사용하면 이 핀 마이크를 카메라에 연결할 수도 있다.

붐

붐은 대개 탄소섬유로 만들어져 매우 가볍다. 장시간 팔을 위로 치켜들고 있어야 할 때 무시할 수 없는 요소이다.

붐을 사용하면 카메라의 시야에 들어가지 않고도 연기자의 대화 소리를 녹음할 수 있다. 케이블이 프레임에 걸리지 않도록 케이블을 붐에 감는 것을 잊지 말자.

마이크를 45° 기울인다

인물과 인물 사이를 쉽게 왔다 갔다 하려면, 마이크를 45° 정도로 기울이는 것이 좋다. 그런 다음 목소리의 울림을 포착하기 위해 마이크를 입 쪽으로 향하게 한다. 입과 마이크가 일직선상에 놓임으로써 목소리가 마이크에 곧바로 들어오게 된다.

낭랑한 목소리는 연기자의 목소리가 마이크의 방향과 완벽하게 일치한다는 것을 나타낸다. 울림을 포착한다는 것은 목소리의 모든 진동수를 포착하는 것이다. 예를 들어 마이크의 위치가 너무 낮으면 주로 낮은 진동수, 즉 목소리의 저음역만 들릴 위험이 있다.

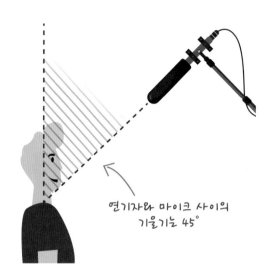

연기자와 마이크 사이의
기울기는 45°

위쪽에 자리 잡는다

프레임에 들어가지 않고 최대한 가까이 가는 것이 목표이다. 따라서 대개 위쪽에 자리 잡도록 한다. 프레임 안에서 얼굴 위쪽 공간이 아래쪽보다 좁고, 무대 장치, 가구, 소품 등의 장애물도 더 적기 때문이다.

붐 마이크는 지향성이 매우 커서, 높은 곳에 위치한 마이크로 바닥 쪽을 겨냥할 수 있고, 보통은 연기자의 위쪽에 배치되는 조명기의 잡음을 피할 수도 있다. 마이크가 아래쪽에 위치하면 목소리가 덜 자연스럽게 들리고, 천장의 반향(천장에 부딪혀 반사되는 소리)도 잡힌다.

프레임 경계에 선다

영상의 가장자리, 즉 '프레임 경계'에 가까이 있는 것을 두려워하지 말자. 녹음의 질을 결정하는 것은 마이크의 위치이다. 밤에나 어두운 배경에서 촬영하는 경우, 프레임 안으로 들어온 붐을 찾을 수 있도록 마이크 커버(윈드스크린)에 흰색 테이프를 붙인다.

마이크 그림자를 피한다

조명기 앞에 위치한 붐의 그림자에도 주의하자. 촬영하기 전에 연기자 주위로 붐을 움직여보면서 얼굴이나 배경에 그림자가 비치지 않는지 확인하자.

편한 자세를 찾는다

프레임 속에 나타나지 않도록 항상 팔을 높이 든다. 피로해지면 등에 기대놓을 수 있다. 붐과 수직이 되게 서서 몸을 돌리지 말고 머리만 돌려 장면을 바라보자. 붐 오퍼레이터는 하루 종일 아주 오랫동안 버틸 수 있는 자세를 찾는다.

마이크 보호하기

바람은 실외에서 늘 겪곤 하는 문젯거리이지만, 붐을 빠르게 움직여야 하는 경우에는 실내에서도 마찬가지이다. 이를 해결하기 위해 촬영 조건에 따라 여러 유형의 마이크 커버가 사용된다. 다양한 크기가 있으니, 선택한 제품이 사용할 마이크에 적합한지 반드시 확인해야 한다.

스펀지 타입 커버
실내용

주로 마이크와 함께 판매되는 기본 보호 커버는 스펀지(폼foam) 윈드스크린이다.

정말 기본적일 뿐 성능이 뛰어나지는 않지만, 실내에서나 약한 바람이 불 때 최소한의 보호 기능을 제공하고 마이크의 이동 소음을 줄여준다. 야외에서 촬영할 때는 유용하지 않다.

퍼 타입 커버
실외용

가성비가 좋은 중간급의 보호 커버로, 벌집 모양 폼(foam)으로 만들어진 윈드스크린을 퍼(인조 모피)로 감싼 것이다. 어지간한 바람은 견딜 수 있지만, 강풍이 불 때는 마이크가 커버에 직접 닿기 때문에 마찰음이 들릴 수 있다.

케이지 타입 커버

더 나아가 최고 성능의 보호 커버는 케이지 타입 윈드스크린[마치 비행선을 닮았다고 해서 '블림프(blimp)'라고 부른다 — 옮긴이]이다. 마이크를 붐에 매다는 서스펜션까지 완전히 갖추어진 세트를 사용하면, 큰 케이지가 마이크를 감싸면서도 전혀 접촉하지 않는다. 전체를 털이 긴 인조 모피로 덮는다. 강한 바람을 완벽하게 막아주지만, 비용이 상당히 많이 든다.

진동 방지하기

진동을 피하고 붐 자체의 소음과 조작 소음으로부터 보호하기 위해 서스펜션이 사용된다. 서스펜션은 충격뿐만 아니라 붐 자체에서 전달되는 진동과 붐 오퍼레이터의 조작 소음도 흡수한다. 고급 윈드스크린에 함께 들어 있으며, 녹음할 때 소음 발생의 위험을 최소화하기 위해 항상 필수적인 장비이다. 다음 쪽에서 만드는 법을 소개하겠다.

마이크 붐 만들기

전문가용 붐의 가격이 매우 높기 때문에(300~600유로), 초보자는 대개 붐 없이 작업하는 편을 택한다. 하지만 간단한 DIY를 통해 30유로 이하로 직접 만들 수 있다!

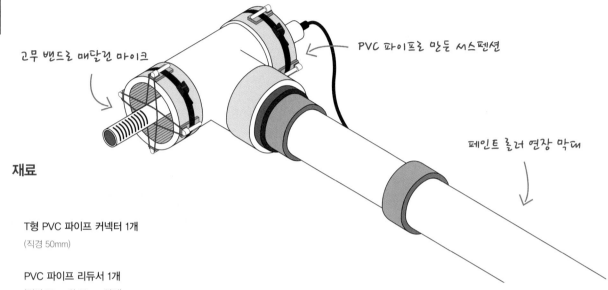

고무 밴드로 매단 마이크

PVC 파이프로 만든 써스펜션

페인트 롤러 연장 막대

재료

T형 PVC 파이프 커넥터 1개
(직경 50mm)

PVC 파이프 리듀서 1개
(직경 50mm와 32mm 연결)

고무마개 1개
(직경 32mm)

접착 후크 8개
(커튼 와이어 고정용)

케이블 타이 2개
(최소 25cm)

고무 밴드 4개

붐은 카메라 시야에 들어오지 않는 먼 거리에서 대화를 포착할 수 있도록 해준다. 따라서 (연기자와 카메라 사이의 거리에 따라) 원하는 길이로 조절할 수 있는 긴(최소 2m) 막대를 찾아야 한다.

다행인 점은 페인트 롤러 연장 막대가 두 가지 조건을 완벽하게 충족한다는 것이다! 마이크 써스펜션을 제작하고 막대 끝에 연결하는 순서는 다음과 같다.

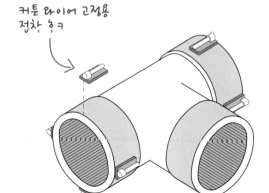

커튼 와이어 고정용
접착 후크

접착 후크 붙이기

직경 50mm짜리 T형 PVC 파이프 커넥터를 구입하고, 그 양 끝에 90° 간격으로 작은 접착식 커튼 와이어 후크를 붙인다.

이 부착물은 가벼우면서도 고무 밴드의 탄력을 지탱할 수 있을 만큼 튼튼하며, PVC에 고정할 수 있는 접착력이 있다는 장점이 있다.

후크 조이기

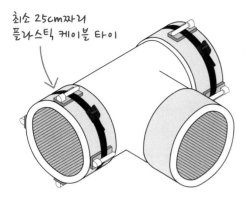

최소 25cm짜리
플라스틱 케이블 타이

후크는 접착식이지만, PVC 커넥터 표면이 평평하지 않으므로 부착물을 단단히 고정하는 것이 좋다. 양쪽 끝에 붙인 후크들 주위에 케이블 타이를 감아 최대한 단단히 조인다.

고무 밴드 교차시키기

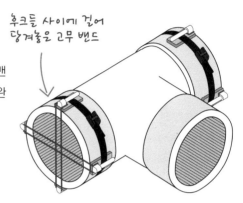

후크들 사이에 걸어
당겨놓은 고무 밴드

후크에 고무 밴드를 걸어 파이프 중앙에서 교차되도록 한다. 이 고무 밴드들이 서스펜션 속의 마이크를 지탱하면서 충격, 진동, 조작 소음을 완화해줄 것이다.

연장 막대 부착하기

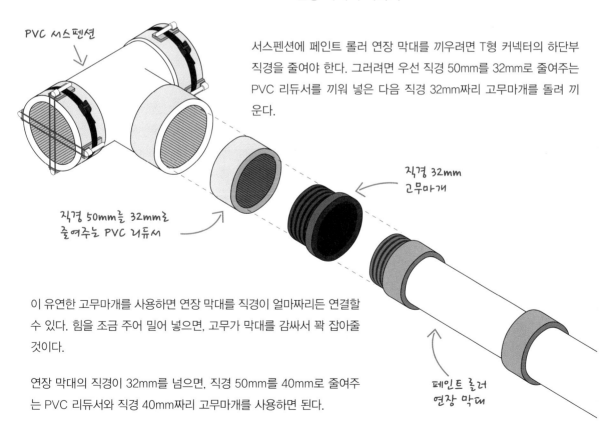

PVC 서스펜션

직경 50mm를 32mm로
줄여주는 PVC 리듀서

직경 32mm
고무마개

페인트 롤러
연장 막대

서스펜션에 페인트 롤러 연장 막대를 끼우려면 T형 커넥터의 하단부 직경을 줄여야 한다. 그러려면 우선 직경 50mm를 32mm로 줄여주는 PVC 리듀서를 끼워 넣은 다음 직경 32mm짜리 고무마개를 돌려 끼운다.

이 유연한 고무마개를 사용하면 연장 막대를 직경이 얼마짜리든 연결할 수 있다. 힘을 조금 주어 밀어 넣으면, 고무가 막대를 감싸서 꽉 잡아줄 것이다.

연장 막대의 직경이 32mm를 넘으면, 직경 50mm를 40mm로 줄여주는 PVC 리듀서와 직경 40mm짜리 고무마개를 사용하면 된다.

클래퍼보드

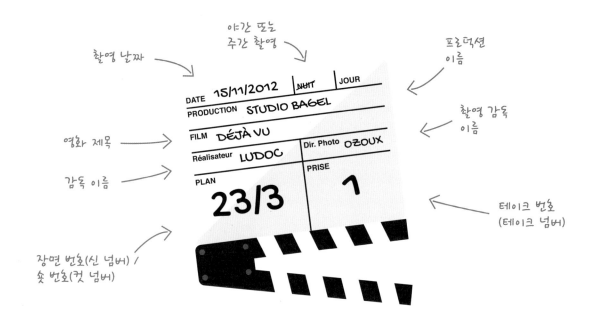

클래퍼보드(clapperboard)는 촬영할 때 다음과 같은 두 가지 역할을 한다.

테이크를 식별한다

편집자가 자신이 불러온 촬영 소스(러시)가 어느 장면, 어느 숏에 해당하는지를 알 수 있도록 각 테이크를 식별할 수 있게 해준다. 클래퍼보드의 보드(슬레이트) 부분에는 장면 번호, 테이크 번호, 날짜 등 몇 가지 정보가 표시된다.

영상을 동기화한다

앞에서 살펴봤듯이 촬영할 때 각기 별도로 기록되는 영상과 소리를 동기화할 수 있게 해준다. 정보가 적힌 보드에 한쪽 끝을 붙였다 떼었다 할 수 있는 막대를 빠르게 부딪치면 '딱' 하는 날카로운 소리가 난다. 편집할 때는 소리의 파형(웨이브 폼wave form)에서 '딱' 소리에 해당하는 피크를 찾아서 보드와 막대가 맞닿는 순간의 영상 프레임과 동기화한다. 서로 맞닿는 클래퍼보드의 두 부분은 양쪽 모두에 검은색과 흰색 줄무늬가 있어, 움직임이 정지된 순간의 정확한 영상을 쉽게 찾을 수 있다(10장 318쪽에 있는 다양한 동기화 기법 참조).

클래퍼보드는 절대로 잊지 말자!

1972년에 어리사 프랭클린의 콘서트를 촬영한 다큐멘터리 영화 〈어메이징 그레이스〉의 개봉이 46년이나 늦어진 것은 당시 젊은 감독이었던 시드니 폴락이 촬영할 때 클래퍼보드를 깜박 잊고 사용하지 않은 탓이었다. 그래서 20시간 분량의 촬영 소스를 편집할 때 동기화할 수 없었던 것이다.

이 영화는 상자 안에 처박혀 있다가, 2007년 편집되지 않은 필름을 구입한 프로듀서 앨런 엘리엇이 새로운 디지털 기술을 이용하여 소리와 영상을 동기화하는 데 성공했다. 영화는 마침내 2018년에 개봉되었다.

클래퍼보드의 종류

클래퍼보드는 나라에 따라 다르다. 프랑스식 클래퍼보드는 줄무늬가 아래쪽에 있는 반면, 미국식은 줄무늬가 위쪽에 있고 정보가 아래쪽에 있다. 영상의 각 프레임에 할당된 시간 기준(타임 코드)이 일련의 숫자로 표시되는 전자 클래퍼보드도 있다.

스마트폰이나 태블릿용 가상 클래퍼보드 애플리케이션도 있는데, 'slate' 또는 '슬레이트'로 검색하면 찾을 수 있다. 예를 들어 '무비슬레이트(MovieSlate)'라는 앱을 사용하면 클래퍼보드 소리를 낼 수 있고, 내장된 메모장에 스크립트 일지를 저장할 수도 있다. 이 밖에 손쉽게 시작할 수 있는 단순한 기능의 무료 애플리케이션도 많이 있다.

클래퍼보드 용어

슬레이트!

신 23, 컷 3, 테이크 1!

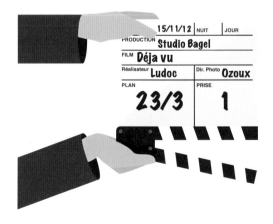

클래퍼보드는 테이크를 시작할 때 조감독이 "슬레이트"라고 말하면 카메라 시야 속으로 들어간다. 테이크를 시작할 때 깜박하고 잊은 경우(또는 감독이 숏을 빨리 찍고 싶어 하는 경우)에는 '테일 슬레이트(tail slate)'를 넣어야 하는데, 테이크가 끝날 때 클래퍼보드를 거꾸로 들고 카메라에 비춘다.

클래퍼보드를 치기 전에 정해진 규칙에 따라 숏 번호를 알려주는데, 이렇게 하면 영상이 없는 상태에서 테이크의 소리를 찾는 편집자의 작업이 한결 수월해진다. 보통 숏 번호는 '23/3'이라고 쓰고, 테이크 번호까지 포함하여 "신 23, 컷 3, 테이크 1"이라고 말한다.

소리를 녹음하지 않는 숏의 경우, 클래퍼보드가 닫힌 상태로 유지된다. 이것은 단순히 테이크에 대한 정보를 보여줄 목적으로 사용되며, 'MOS'[Motor Only Sync 또는 Motor Only Shot의 약자로 (소리 녹음 없이) 카메라 모터만 동기화하거나 작동한다는 뜻 — 옮긴이]라고 표기한다. 한편 'P/U'는 'Pick-Up(숏의 일부만 찍음)', 'R'은 'Retake(다시 찍은 테이크)'를 의미한다.

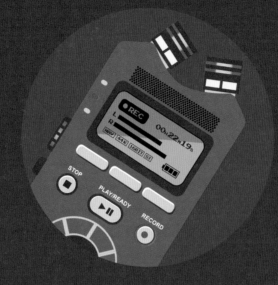

녹음하기

세 종류의 녹음 방법

내장 마이크 사용

카메라의 내장 마이크는 절대로 사용하면 안 된다. 우선, 연기자와의 거리가 멀어지면 연기자들이 하는 말을 제대로 들을 수 없기 때문이다. 다음으로, 카메라 내장 마이크의 품질은 매우 형편없기 때문이다.

마지막으로, 내장 마이크는 카메라에 매우 가까이 있거나 심지어 카메라 내부에 있는 경우도 많기 때문이다. 따라서 오토포커스 모터, 카메라 냉각 팬 등의 작은 조작 및 기계 소음까지 모두 기록된다. 그러니 사용해서는 안 된다. 내장 마이크로 녹음된 소리는 외부 마이크로 녹음된 소리를 편집할 때 영상과 동기화하기 위한 가이드라인(참고용)으로만 사용된다.

외부 마이크 사용

외부 마이크를 연결하여 카메라에 직접 녹음하는 방법도 있다.

장점

내장 마이크와는 달리 음질이 더 나으며, 지향성 덕분에 마이크가 카메라 방향의 음원만 포착하고 모터의 냉각 팬이나 조작 소음과 같은 주위의 잡음을 피한다. 두 번째 장점은 소리와 영상이 자동으로 동기화된다는 것이다.

단점

마이크의 위치가 카메라의 위치에 따라 달라진다. 그러므로 연기자가 카메라에서 멀어지면 더 이상 목소리가 들리지 않는다. 두 번째 단점은 카메라는 채널 수가 제한되어 있어서 하나의 오디오 트랙만 녹음한다는 것이다.

여러 연기자의 목소리를 분리하기 위해 여러 개의 마이크로 녹음하려는 경우, 둘 이상의 마이크를 연결하고 편집 과정에서 믹스할 수 있도록 트랙을 분리하는 것은 불가능하다.

따라서 예를 들어 무선 마이크를 장착한 두 명 이상의 연기자가 카메라에서 멀리 떨어져 있다면, 이들의 목소리를 녹음하는 것은 불가능하다.

녹음기 사용

세 번째 녹음 방법은 카메라에서 완전히 분리된 외부 녹음기를 사용하는 것이다. 이것이 바로 전문적인 촬영 현장에서 사용되는 최상의 방법이다. 녹음 기사는 카메라를 거치지 않고 영상의 소리를 따로 녹음한다. 그러면 촬영할 때 영상과 소리를 분리한 다음, 편집할 때 다시 동기화해야 하는 이유는 무엇일까? 이 방법에는 몇 가지 이점이 있다.

연기자와 거리를 둔다

녹음 기사는 카메라와는 별개로 자신의 마이크를 가지고 원하는 위치에 자리 잡을 수 있다. 이렇게 하면 연기자는 굳이 목소리를 녹음하기 위해 카메라 근처에 있을 필요가 없기 때문에 자유로워진다.

두 개 이상의 트랙을 녹음한다

외부 녹음기를 사용하면 오디오 채널의 수가 제한되지 않는다. 실제로 녹음기에는 여러 개의 입력 단자가 있으므로, 여러 연기자의 목소리를 동시에 각기 다른 채널에서 녹음할 수 있다. 요즘 전문가용 녹음기에는 최대 24개의 녹음 채널이 있다. 핸드헬드(핸디) 녹음기는 사용자가 선택하는 구성에 따라 2~8개의 채널을 갖출 수 있다(자세한 내용은 93쪽 참조).

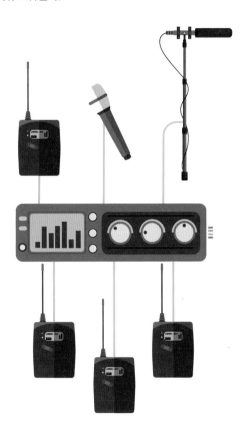

편집자의 타임 라인에 수많은 트랙이 나타나지 않도록, 녹음 기사는 촬영할 때 사운드 트랙을 프리믹스(premix)해서 하나의 스테레오 오디오 파일을 편집용으로 추출한다. 그런 다음 믹싱 작업 중에 각각의 오디오 트랙을 복구하면(350쪽 참조), 믹싱 기사가 활용할 수 있는 폭이 더 넓어진다.

내장 앰프

외부 녹음기를 사용하면 카메라 프리앰프도 사용할 필요가 없다.
프리앰프는 마이크의 약한 신호를 증폭하는 데 사용되지만, 대체로 일반 소비자용 캠코더나 카메라의 프리앰프는 전문적인 녹음에 최적화되어 있지 않다. S/N비(신호 대 잡음비)가 상당히 실망스럽고 배경 소음으로 지속적인 잡음이 들릴 위험이 있어, 청취와 녹음 품질이 떨어진다.

외부 녹음기의 프리앰프는 온전히 전문 녹음용으로 설계된 것이다. 대부분의 기기가 사전 녹음, 자동 녹음, 이중 녹음과 같이 카메라에 없는 기능을 제공하여, 확실한 녹음을 보장하고 음질을 최적화하게 해준다. 또한 대부분의 녹음기에는 48V짜리 팬텀 전원 공급 장치가 있으므로, 건 마이크와 같은 콘덴서 마이크를 사용할 수 있다.

핸드헬드(핸디) 녹음기

오랫동안, 촬영 중 녹음에는 비싸고 커다란 전문 녹음기만 사용되었다. 지금은 100유로로 구입할 수 있는 손바닥만 한 기기로 전문가 수준의 녹음이 가능하다.

이러한 핸드헬드 녹음기는 마이크, 디스플레이, 저장 장치가 모두 하나의 기기에 완비되어 있고, 무엇보다도 사용이 간편하다는 장점이 있다. 전문적인 녹음을 경험해보고자 하는 초보 영상 제작자에게 안성맞춤이다.

녹음기 사용하기

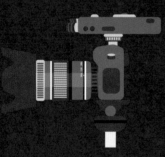

➕ 카메라 위에 설치한다

혼자서 촬영하는 경우, 예를 들어 다양한 무선 핀 마이크들이 연결된 녹음기를 카메라 위에 장착한다. 이렇게 하면 촬영하는 동안 소리의 파형을 확인할 수 있다.

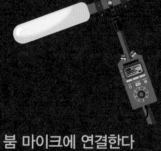

➕ 붐 마이크에 연결한다

동료와 함께 있는 경우, 녹음기가 부착된 붐을 동료에게 건네준다. 그러면 필요에 따라 건 마이크나 무선 마이크를 연결할 수 있다.

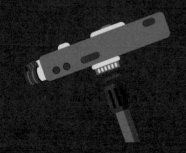

➕ 붐에 장착한다

건 마이크가 없는 경우, 녹음기를 직접 붐에 장착해서 내장 스테레오 콘덴서 마이크를 사용할 수 있다.

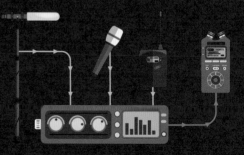

➕ 믹서에 연결한다

녹음 기사와 함께 있는 경우, 핸드헬드 녹음기를 믹서에 연결하여 여기에 연결된 다양한 마이크의 소리를 녹음할 수 있다.

✚ 채널 수

촬영 중에 몇 개의 마이크를 사용하는지에 따라서 녹음기에 접속하는 채널 수가 달라진다. 프레임 안에 있는 연기자들의 목소리는 각기 따로 녹음해야 한다. 그러므로 이들의 목소리를 분리하기 위해 녹음기에 연기자 수만큼의 채널이 있어야 한다.

가장 기본적인 대부분의 촬영에는 대개 건 마이크와 핀 마이크의 두 채널이 필요하므로, 최소 두 개의 마이크 입력 단자가 있는 녹음기를 선택하는 것이 좋다. 더 많은 채널이 필요한 경우, 핸드헬드 녹음기 중에는 최대 여덟 개의 입력 단자가 있는 것도 있다.

✚ 커넥터

XLR 입력 단자가 있는 녹음기를 선택하는 것이 좋다. 대부분의 마이크는 물론 심지어 최고급 마이크도 연결할 수 있기 때문이다. 하지만 폰 케이블이 있는 마이크만 있는 경우, 녹음기에도 이 유형의 입력 단자가 있는지 확인해야 한다. 또한 전원이 필요한 콘덴서 마이크를 사용하는 경우, 76쪽에서 설명한 대로 녹음기에 팬텀 전원이 있는지 확인하자.

✚ 기능

필요에 따라, 녹음기에 갖추어진 몇 가지 기능이 유용할 수도 있다. 예를 들어, 사전 녹음('프리리코딩' 또는 'pre-REC')은 녹음 버튼을 누르기 몇 초 전부터 녹음할 수 있는 편리한 옵션이다. 만약 녹음을 시작하는 타이밍을 놓치더라도 이 옵션을 사용하면 만회할 수 있다.

또한 첫 번째 트랙보다 12dB 낮게 두 번째 트랙을 병렬로 녹음해주는 백업 녹음 기능을 이용하면 포화를 방지할 수 있다.

핸드헬드(핸디) 녹음기

ZOOM H5
XLR 입력 단자 2개

ZOOM H6
XLR 입력 단자 4개

TASCAM DR-40X
XLR 입력 단자 2개

ZOOM H4N
XLR 입력 단자 2개

사운드 설정하기

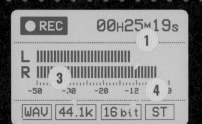

녹음 결과의 성패는 마이크의 성능이나 위치, 방향에만 달려 있는 것이 아니다. 카메라나 외부 녹음기에 가장 적합한 오디오 설정을 선택하는 것 또한 중요하다. 녹음할 때 고려해야 할 몇 가지 요소는 다음과 같다.

1 사운드 레벨

촬영을 시작하기 전에 마이크의 사운드 레벨을 테스트하자. 연기자가 말해보도록 하면서 목소리가 dB(FS) 표시부에서 레벨 0에 도달하지 않는지 확인한다.

디지털에서는 'dB(FS)'가 음량이 포화되기 직전의 한계를 나타내는 데 사용된다. 'FS'는 풀 스케일(Full Scale)을 의미하며, 0dBFS는 디지털 오디오 파일로 표현 가능한 최대치이다. 이것을 넘어가면 신호는 포화 상태가 되어 복구할 수 없다. 따라서 0dB(FS)에 도달하지 않도록 해야 한다.

이를 위해 적당하다고 여겨지는 평균 음성 녹음 레벨은 약 −18dB(FS)이다. 이 값은 0dB(FS)를 넘는 포화가 일어나지 않도록 안전 범위를 제공한다. 이 설정을 사용하면, 좋은 S/N비(신호 대 잡음비)가 나오는 −12dB(FS)에서 −24dB(FS) 정도의 음성 레벨을 얻을 수 있다. 리허설 도중 음성이 −12dB(FS)를 넘는다면, 녹음 중에 포화 한계치에 도달하지 않도록 사운드 레벨을 줄이는 것을 잊지 말자.

녹음이 포화 한계치인 0dBFS에 도달하면 안 된다

dBFS

0
−6
−10
−18
−24

−60

➕ 데시벨

dB(FS)와 dB(A)를 혼동하지 않도록 주의하자. dB(A)는 인간의 최소 가청 한계인 0dB(A)에서 우리 주변의 일반적인 소음의 상한인 약 120dB(A)까지의 범위에서 데시벨로 표현되는 소리의 강도를 나타낸다. 3dB(A)가 증가하면 소리는 두 배 크게 느껴진다. 귀로 감지되는 데시벨의 척도는 아래와 같다.

녹음실	나지막한 대화		혼잡한 도로		오디오 스피커	나이트 클럽	전투기

dB(A)

0 10 20 30 40 50 60 70 80 90 100 110 120

| 최소 가청 한계 | | 수면 한계 | | 불쾌한 소음 | | 유해한 소음 | | 위험한 소음 | 고통스러운 한계 |

2　포맷

MP3 포맷보다는 WAV 포맷을 선택하자! WAV 파일은 무손실, 비압축이므로 원본 녹음 품질이 유지된다. 따라서 편집 소프트웨어로 파일을 편집하고 처리하기 쉬워진다. 반면에 MP3 파일은 압축되어 음질이 손상된다.

원래 MP3를 개발한 목적은 사람이 차이를 인지하지 못하는 선에서 CD 음질을 훨씬 더 작은 파일 크기로 재생하는 것이었다. 이 변환을 통해 오디오 파일은 33MB에서 3MB로 압축된다. 따라서 MP3 포맷은 원본 녹음의 일부 정보가 삭제되는 손실 포맷이다.

3　샘플링 레이트

영상의 프레임 레이트와 마찬가지로, 샘플링 레이트(sampling rate)란 사운드의 초당 샘플 수이다. 헤르츠(Hz) 또는 킬로헤르츠(kHz)로 표시된다. 전 세계 CD와 디지털 표준은 44,100Hz이다. 즉, 매초 44,100개의 샘플이 처리된다. 샘플링 레이트가 높을수록 사운드가 세련되고 자연스러워진다. 따라서 카메라나 외부 녹음기에 녹음할 때는 가장 높은 샘플링 레이트를 선택하자.

4　비트레이트

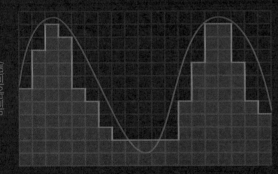

비트레이트(bitrate)(또는 양자화)는 비트(bit)로 표현된다. 샘플 측정을 기록하는 데 사용되는 비트 수를 비트 심도라고 한다. 비트 심도가 높을수록 가능한 진폭의 범위를 점점 더 작은 조각으로 분할하여 진폭의 변화를 더욱 정확하게 반영한다. 양자화 값이 클수록 측정이 원래 신호에 더 충실해진다.

양자화 값을 높이면, 측정의 정확도가 높아져 기록의 충실도가 증가한다. 비트레이트가 높으면, 신호의 충실도가 우리 몸의 청각 시스템으로 듣는 것에 훨씬 더 가까워진다. 녹음기나 카메라에서 허용된다면, 24비트짜리 비트레이트를 망설이지 말고 사용하자. 더 많은 데이터가 포함되기 때문에 파일이 무거워지지만, 음질은 더 좋아진다.

사운드	샘플링 레이트	비트레이트
영화	48,000Hz	24bit
유튜브	48,000Hz	16bit
CD 오디오	44,100Hz	16bit
전화	8,000Hz	8bit

실전 팁

소리만을 녹음한다

사운드 온리(sound only: SO)는 촬영 중에 카메라 없이, 즉 영상 없이 소리만 녹음하는 것이다. 영화 촬영의 경우, 각 장면의 촬영이 끝날 때마다 녹음 기사는 촬영 현장에 침묵을 요청하고 몇 가지 소리를 따로 녹음한다. 이러한 녹음은 두 가지 이유로 유용하다.

우선, 배경(군중, 거리, 식당 등)의 앰비언트 사운드를 녹음하면, 편집할 때 대화의 단절로 인한 소리 공백을 메울 수 있다.

그런 다음, 문이 쾅 닫히는 소리, 동전 떨어지는 소리, 자동차 지나가는 소리 등 사운드 편집에 도움이 될 만한 소리를 녹음한다. 이런 소리를 촬영 현장에서 직접 녹음하면, 촬영 장소의 음향과 반향을 연결할 수 있다. 인터넷에서 다운로드한 효과음은 결코 같은 음향을 갖지 못하며, 편집에 사용할 경우 가짜처럼 들릴 수도 있다.

따라서 촬영이 끝날 때마다 소리만을 따로 녹음하는 것을 잊지 말자. 편집할 때 엄청난 시간이 절약된다.

소리가 겹치지 않도록 한다

일반적으로, 대화를 방해할 만한 주변 소음을 모두 제거하여 대화 내용을 최대한 깨끗하게 녹음하는 것이 우선이다. 두 연기자 사이의 대화를 촬영하고 있는데 그중 한 사람이 프레임에 잡히지 않는다면, 즉 전경을 등지고 있다든지 단순히 시야 밖에 있다면, 촬영 중에 서로 대화할 때 겹치지 않는지 확인하여, 편집할 때 촬영된 영상을 한 번에 문제없이 자를 수 있도록 한다. 이를 위해 연기자들이 대사와 대사 사이에서 잠시 멈출 수도 있다.

큰 격납고처럼 반향과 울림이 많은 장소에서 촬영하는 경우, 연기자에게 "액션"을 듣고 나서 몇 초 기다린 다음 대화를 시작하도록 요청하여 "액션"이라는 목소리의 반향 끝이 대사의 시작 부분과 겹치지 않게 한다. 같은 원리로, 대사가 끝난 후 몇 초 기다린 다음 "컷"을 하면 목소리의 반향 끝을 남길 수 있다.

마지막으로, 화면 밖의 불필요한 소리가 연기자의 목소리와 겹치지 않도록 영상에 보이지 않는 소음을 제거해야 한다. 예를 들어, 연기자가 테이블에 앉아 식사를 하고 있는데 구도가 좁아서 접시, 포크, 나이프 등이 보이지 않는 경우, 접시 소리가 나지 않도록 음식을 자르는 시늉만 하도록 요청한다.

영화의 레스토랑이나 파티 장면에서는 엑스트라들은 말하는 척만 하고, 연기자의 대화에 깔아놓을 앰비언트 사운드만 촬영 후에 녹음한다. 이 같은 장면에서는 그 장소가 정말 소란스러운 것처럼 큰 소리로 말하도록 연기자에게 요청하는 것을 잊지 말자.

헤드폰을 사용한다

단순한 헤드폰은 녹음 제어에 사용하기에 충분하지 않으므로, 귀를 덮어서 주변 소리를 완전히 차단하여 음질, 음량, 소리의 방향을 확인할 수 있는 밀폐형 헤드폰을 선택해야 한다. 촬영 중에든 후에든 녹음된 내용을 들을 때는 주변에서 발생하는 소리를 최대한 적게 들으면서 완전히 몰입할 수 있어야 한다.

헤드폰은 밀폐되어 완벽하게 방음이 될 뿐만 아니라 소리를 중립적으로 구현해야 한다. 일부 소비자용 헤드폰은 음악을 들을 때 저음을 강조하는 경향이 있기 때문에, 이런 헤드폰은 피하는 것이 좋다. 소리 재생은 녹음한 내용에 충실해야 한다.

재녹음을 망설이지 않는다

촬영할 때 테이크의 컷을 요청할 수 있는 사람은 감독, 촬영 기사(영상 담당), 녹음 기사, 이 세 명뿐이다. 촬영 중에 잡음(자동차, 경적, 비행기 등)이 들어갔다 싶으면 망설이지 말고 다시 촬영하고 녹음하도록 한다. 그러지 않으면 편집할 때 후회하게 될지도 모른다.

연기자가 와이드 숏 안에 있거나 카메라를 등지고 있을 경우, 필요하다면 특정 대사가 확실히 들리도록 대화 소리만(사운드 온리)을 다시 녹음할 수 있다.

촬영 장소를 답사한다

촬영 중에 예기치 않은 소음에 놀라지 않으려면, 촬영 장소를 체계적으로 답사해야 한다. 예를 들어 거리에서 촬영해야 하는 경우, 차량이 지나갈 때까지 기다리느라 시간을 허비하지 않으려면 교통량이 적은 지역이 좋다.

가능하다면 로케이션 헌팅 때 카메라와 마이크를 가져가서, 헤드폰을 착용하고 문제가 될 만한 소음원이 있는지 확인한다. 마이크를 통해 듣는 소리는 귀로 들을 수 있는 소리와 전혀 다른 경우가 많다. 실내의 에어컨 소리를 헤드폰으로 들으면 훨씬 크게 들릴 수도 있다.

카펫을 깐다

이 장에서 가장 이상한 팁일 수도 있지만, 아마도 촬영할 때 가장 유용한 팁 중 하나일 것이다. 앞에서 말했듯이, 연기자의 액션 중 일부가 프레임 밖에서 일어나는 경우, 대화와 겹칠 수 있는 소리를 최대한 배제하자.

프레임에 상체만 보이는 상태로 연기자가 복도를 걸으며 대화를 나누고 있다면, 발소리나 마룻바닥에서 삐걱거리는 소리가 나지 않도록 카펫이나 매트를 바닥에 깔아놓는다. 또 다른 팁으로, 여자 연기자를 와이드 숏으로 찍는 경우, 테이블 다리 밑에 붙이는 마루 보호 패드를 구두 뒷굽 밑에 붙일 수 있다.

조명하기

화이트 밸런스

3200 K   5600 K   8000 K

흰색은 어떤 빛이 비추는가에 따라 색조가 바뀐다. 예를 들어 흰색 침대 시트는 대낮에 햇빛을 받으면 청백색 색조를, 침대 머리맡 램프를 켜면 주황색 색조를 띠게 된다. 우리 눈은 이른바 '화이트 밸런스(white balance)'를 자동으로 수행하기 때문에 이런 미묘한 차이를 눈으로 포착하기 어렵지만, 카메라의 경우는 다르다.

화이트 밸런스는 촬영에 사용하는 조명의 흰색 색조와 카메라의 흰색 색조를 일치시키기 위해 조정하는 것이다. 이렇게 조정할 때 화이트 밸런스를 계량화하기 위한 것이 바로 '색온도(color temperature)'이다.

색온도

색온도는 광원이 겉으로 보이는 색이다. 촛불의 주홍빛에서부터 카메라 플래시의 푸르스름한 색조까지 다양하다. 색온도는 K(켈빈) 또는 °K로 표기한다.

촛불	백열등	텅스텐 조명	백색 형광등	맑은 날	흐린 날
1900K	2200K	3200K	4400K	5600K	7500K

이 측정법은 1848년에 영국의 물리학자 켈빈이 고안했다. 켈빈은 태양광의 색 변화를 고온으로 가열되는 금속과 같은 흑체(black body)의 색 변화와 비교했다. 온도가 높아질수록 금속은 흰색이나 심지어 파란색으로 변했고, 온도가 낮아질수록 빨간색, 주황색으로 변했다.

낮은 온도,
주황 색조

높은 온도,
푸른 색조

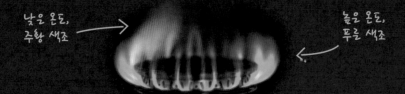

필름 카메라 시대에는, 고유의 화이트 밸런스를 가진 두 가지 타입의 필름, 즉 주광용 필름과 텅스텐용 필름 중에서 선택할 수 있었다. 오늘날에는 영상을 촬영할 때 모든 색온도를 설정해서 사용할 수 있지만, 이런 '주광/텅스텐'의 구분이 아직 남아 있다. 카메라를 사용할 때 기억해둬야 할 두 가지 주요 색온도는 다음과 같다.

 5600K

태양의 색온도로, '주광'이나 '자연광', '데이라이트'라고도 한다. 카메라에는 태양 심벌로 표시되어 있다.

 3200K

필름 카메라 시대에 주로 사용되던 인공조명인 텅스텐 조명의 색온도로, 카메라에는 전구 심벌로 표시되어 있다.

디지털 덕분에 화이트 밸런스는 이 두 가지에만 국한되지 않는다. 설정 메뉴에서 선택할 수 있는 여섯 가지 사전 설정 옵션은 아래와 같다.

 자동 조정
카메라가 자동으로 화이트 밸런스를 조정한다.

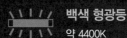 **백색 형광등**
약 4400K

 흐린 날
약 6000K

 플래시
약 5500K

 그늘
약 7000K

 수동 조정
2000~10000K

자동 모드는 절대 사용해서는 안 된다! 카메라가 영상에 들어 있는 색상들의 평균을 계산하므로, 프레이밍이 바뀔 때마다 화이트 밸런스도 바뀐다. 따라서 색조가 왜곡된 영상을 얻지 않도록 조명의 색온도로 카메라를 보정해야 한다. 편집 과정에서는 왜곡된 색조를 수정하기 어렵다.

빛: 5600K / 카메라: 3200K

빛: 5600K / 카메라: 5600K

화이트 밸런스가 좋으면 중간 색조의 영상을 얻을 수 있다. 이렇게 하면 너무 푸른빛이나 주황빛이 돌지 않고, 너무 차갑거나 따뜻하지도 않다. 따라서 색 보정이 더 쉬워진다(344쪽 참조). 선택한 색온도는 전체 촬영 시퀀스에서 동일하게 유지되어야 한다.

광원 혼합하기

동일한 장면을 촬영할 때 여러 가지 색온도의 광원들을 섞어서 사용해서는 안 된다. 잘못된 색조의 불균형한 화이트 밸런스를 얻게 된다. 예를 들어 5600K의 조명기를 사용한다면, 다른 조명기도 색온도가 동일해야 한다.

영화에서는 일부러 다른 광원을 섞는 경우도 있다. 예를 들어 창문을 통해 들어오는 5600K의 태양광과 방 뒤편에 있는 3200K의 텅스텐 조명을 조합하기도 한다. 이런 혼합이 영상에 잘 어울리기만 한다면 가능하다. 또한 조명이 항상 합당한 근거를 가질 필요는 없으며, 빛이 어디서 오는지 관객이 이해할 수만 있다면 창문을 화면 안에 반드시 보여주지 않아도 된다.

해결책

보유한 조명기들의 색온도가 동일하지 않은 경우, 화이트 밸런스를 맞추기 위한 해결책으로 다음 세 가지 방법을 이용할 수 있다.

우세한 색온도로 설정한다

화이트 밸런스를 우세한 색온도로 설정한다. 예를 들어 야외에서 인공조명 몇 대를 사용하는 경우에는 5600K로 설정한다.

중간 색온도를 선택한다

4400K 같은 중간 색온도를 선택하면, 필요한 경우 색 보정 작업을 하면서 마스크로 색을 보완할 수 있다.

젤라틴을 사용한다

과도한 색 보정 작업을 피하는 가장 좋은 해결책은 조명기 앞에 젤라틴을 설치하여 색온도를 보정하는 것이다.

이런 투명 컬러 시트는 조명기의 반 도어(barn door)에 나무 집게나 금속 집게로 매달아 사용한다(다음 쪽 참조).

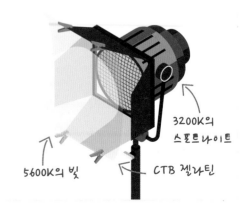

3200K의
스포트라이트

5600K의 빛

CTB 젤라틴

젤라틴

이 투명 컬러 시트를 나무 집게나 금속 집게(특히 열에 녹는 플라스틱 집게나 스카치테이프, 개퍼 테이프 등은 안 된다)로 조명기의 반 도어에 부착한다. 예전에는 착색한 젤라틴으로 만들었으나 지금은 플라스틱 재료를 사용하며, 얇은 시트여서 쉽게 자를 수 있다. 이 플라스틱 필름의 색상은 수명이 제한되어 있다.

젤라틴은 불투명도에 따라 몇 가지 강도로 분류하는데, 일반적으로 '풀(full)', 1/2, 1/4, 1/8 등이 있다. 촬영 현장에서는 줄여서 '젤'이라고도 부르는 젤라틴의 종류는 다음과 같다.

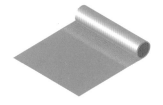

CTO

'Color Temperature Orange'의 약자로, 주황색 젤라틴이다. 풀 CTO를 5600K의 조명기에 설치하면 색온도를 3200K로 변환할 수 있다.

CTB

'Color Temperature Blue'의 약자로, 파란색 젤라틴이다. CTO와는 반대로 3200K의 광선을 5600K로 변환할 수 있다.

색조 보정 젤라틴

이 장 뒷부분에서 살펴보겠지만, 어떤 조명기는 오래되면 색조가 변하기도 한다. 이러한 색조를 보정하는 젤라틴으로는, 조명의 녹색 색조를 줄여주는 마젠타(자홍색) 색상의 젤라틴인 마이너스 그린(minus green), 자홍색 색조를 줄여주는 플러스 그린(plus green)이 있다.

ND 젤라틴

ND 필터와 마찬가지로 ND 젤라틴은 빛의 강도를 줄인다. 렌즈와 마찬가지로, ND3, ND6, ND9 등의 젤라틴이 있다. ND3 젤라틴은 1스톱, ND6은 2스톱이 떨어지는 식이다.

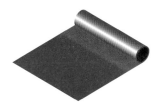

색상 효과 젤라틴

컬러 젤라틴은 거리에서 파란색과 빨간색으로 반짝이는 경찰차의 경광등이나, 섬뜩한 실험실 분위기를 자아내는 녹색 조명 등과 같은 컬러 캐스트 효과를 내는 데 사용된다.

데이 포 나이트

영화를 필름으로 촬영하던 시절에는 감독이 '데이 포 나이트(day for night)' 기술을 사용하면서 장면의 화이트 밸런스를 의도적으로 왜곡하곤 했다. '아메리칸 나이트(American night)'라고도 하는 이 기술 덕분에 밤에 촬영해야 할 야외 장면을 대낮에 촬영할 수 있었다. 영상은 의도적으로 노출 부족이 되도록 했고, 렌즈 앞에는 진한 파란색 필터를 장착했다.

오늘날에는 현장에서 데이 포 나이트로 촬영하는 경우가 드물다. 조지 밀러 감독의 2015년 영화 〈매드 맥스: 분노의 도로〉에서처럼 포스트프로덕션(후반 작업)에서 이 효과를 만들어내는 쪽을 선호하기 때문이다. 야간 장면은 나미브 사막에서 대낮에 촬영한 후 포스트프로덕션에서 데이 포 나이트 효과를 더한 것이다.

조명을 절약한다

1 데이 포 나이트 촬영

2 야간 촬영

3 야간 촬영

미적 관점에서가 아닌 경제적인 이유로 데이 포 나이트를 사용하는 경우가 많다. 넓은 공간을 야간 조명으로 채우는 것은 설치하는 데 비용과 시간이 너무 많이 든다.

데이 포 나이트는 야간에 아주 넓은 범위의 와이드 숏을 촬영할 때 좋은 비용 절감책이다. 〈007 카지노 로얄〉의 이 장면처럼, 야간에 적은 양의 조명으로도 촬영할 수 있는 인물 위주의 타이트 숏을 이런 와이드 숏에 이어서 편집한다.

첫 번째 와이드 숏은 대낮에 촬영한 다음 야간 효과가 나도록 수정한 것이다. 자동차의 헤드라이트 불빛은 나중에 추가되었다.

두 번째와 세 번째 숏은 조명으로 밝힐 수 있을 만한 타이트 숏이어서 실제로 밤에 촬영했다.

실전 팁

햇빛을 피한다

밤에는 달빛이 부드럽게 확산되는 빛을 만들어낸다. 따라서 하늘이 흐릴 때 촬영하는 것이 이상적인데, 햇빛이 분산되므로 영상에 그림자가 생기지 않기 때문이다. 마찬가지 이유로, 햇빛이 비스듬히 비치는 아침과 저녁 시간대는 피하는 것이 좋다.

태양이 연기자들 머리 위에 떠 있는 한낮에 촬영할 수도 있다. 그림자는 지면에 드리우기 때문에 대체로 화면 밖에 있지만, 연기자의 얼굴에는 달갑지 않은 그림자가 진다. 이러면 눈 밑의 처진 살이 더 도드라져 보일 우려가 있다.

아니면 역광으로 촬영한다

꼭 화창한 날에 촬영해야 한다면, 태양이 연기자 뒤편에 위치하게 한다(물론 프레임에는 태양이 보이지 않도록 해야 한다). 이렇게 하면 얼굴에 닿는 빛이 부드러워지면서 그림자가 생기지도 않고, 맞은편에서 비추는 햇빛으로 인해 연기자의 실루엣이 드러난다.

맞은편에서 비추는 햇빛은 달빛과 비슷하다

편광 필터를 사용한다

2장 70쪽에서 살펴봤듯이, 편광 필터는 물이나 자동차 앞유리 같은 물체에서 반사되는 빛을 제거한다. 편광 필터를 사용하면 창문에 반사되는 눈부신 햇빛을 차단하고 하늘을 어둡게 만들 수도 있다.

효과를 조절한다

영상의 색을 보정하여 훌륭한 데이 포 나이트를 얻는 기법은 여러 가지가 있다. 노출을 바꾼다든가, 높은 조도(하이라이트) 부분을 줄이거나, 콘트라스트를 높이거나, 채도를 낮출 수도 있고, 하늘을 통째로 갈아 끼워야 할 수도 있다.

요컨대 기적과 같은 해결책은 없으며, 수정해야 할 요소는 촬영하려는 숏에 따라 다르다. 따라서 원하는 효과를 얻으려거든 서두르지 말고 여러 가지 필터를 테스트해보자.

인터넷에는 훌륭한 데이 포 나이트 만드는 법을 배울 수 있는 튜토리얼이 많이 있다. 그래픽 디자이너마다 자신만의 기술을 가지고 있으므로 여러 가지를 살펴보자.

색

조명이 영화의 미적인 성공을 좌우하는 유일한 요소는 아니다. 색 또는 색 영역에 대한 작업 또한 감정을 강조하고 영상의 톤을 설정할 수 있다. 스타일링, 장식, 소품 등에 대한 작업을 앞서 진행한다면, 프로젝트에 예술적인 방향을 제시하여 영상과 조명의 완성도를 한층 끌어올릴 수 있다.

한 장면의 색은 엇비슷한 색조와 조화를 이룰 수도 있고, 반대되는 색들과 함께 놓여 긴장을 고조시킬 수도 있다. 튀는 색으로 중요한 요소에 눈길을 끌어올 수도 있다.

〈아멜리에〉의 장면 하나하나는 색조를 잘 구사한 한 폭의 그림 같다. 벽 색깔도 오드레 토투가 연기한 인물의 스타일링과 무관하지 않다. 램프가 녹색 침대 시트와 같은 색조를 띠는 등, 소품들의 색이 서로 맞추어져 있다. 분위기는 따뜻하고 차분하다.

〈뜨거운 녀석들〉의 이 장면에서는 스타일링과 소품들이 다 같이 녹청색 색조여서 영상이 칙칙하고 슬퍼 보인다. 사이먼 페그가 좌천되어 어쩔 수 없이 전근을 가게 되는 드라마틱한 장면이다. 어떠한 요소도 도드라지지 않으며, 주변 엑스트라들의 의상보다 더 밝은 조끼를 입은 중앙의 주인공만 눈에 띈다.

색의 조화는 장면의 분위기를 설정하고, 관객이 미처 깨닫지 못하는 사이 감정에 영향을 미칠 수 있다(다음 쪽 참조). 〈더 울프 오브 월 스트리트〉의 이 장면 속 분위기는 분홍색으로, 이 색은 순수함, 아름다움, 레오나르도 디카프리오와 마고 로비 사이의 애정 행각을 연상시킨다.

〈매트릭스〉의 이 장면처럼 극명하게 차이 나는 색을 배치함으로써 세부 사항을 더 쉽게 강조할 수 있다. 엑스트라들의 스타일링이나 프레임 왼쪽의 가방 같은 소품은 상당히 단조롭고 채도가 낮으며 어둡다. 그래서 여성의 매우 밝은 빨간색 드레스가 이런 슬픈 색조 속에서 더욱 돋보인다.

색은 방금 살펴본 것처럼 심미적으로 사용할 수도 있지만, 관객이 모르는 사이에 감정이나 심리에 영향을 미치도록 활용할 수도 있다. 사실 우리의 감정은 연관된 색에 의해 '조작'될 수도 있는 것이다.

슬픔이나 행복, 두려움을 전달하는 방법으로 어떤 것이 맞고 틀린지는 정답이 없듯이, 파란색이나 녹색, 주황색 등을 사용하는 방법에도 정답은 없다. 하지만 관객의 잠재의식에 있는 기본적인 감정은 색을 적절하게 사용하여 자극할 수 있다. 연출 과정에서 내리는 이런저런 결정과 마찬가지로, 스토리에 도움이 되고 관객을 몰입시킬 만한 색을 확인해보자.

어떤 장면의 주된 색에 따라 적용해볼 수 있는 해석은 다음과 같다.

빨강
사랑, 정열, 폭력, 위험, 분노, 권력, 욕망, 낭만, 격노, 공격성, 색욕, 열기

분홍
순수, 감미로움, 여성성, 장난기, 공감, 아름다움, 부드러움

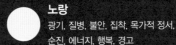

주황
따뜻함, 사교성, 우정, 행복, 이국적인 느낌, 젊음, 기쁨, 열정, 창의성, 신중

노랑
광기, 질병, 불안, 집착, 목가적 정서, 순진, 에너지, 행복, 경고

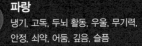

초록
자연, 미성숙, 부패, 불길한 징조, 어둠, 위험, 탐욕, 성장, 부유함

파랑
냉기, 고독, 두뇌 활동, 우울, 무기력, 안정, 쇠약, 어둠, 깊음, 슬픔

광원

광원

텅스텐 조명

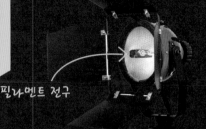

필라멘트 전구

텅스텐 필라멘트 전구로 3200K의 주황빛을 낸다. 전력 소모가 크고 발열이 심한 조명기로 실내 촬영에서 사용하기가 어렵다. 화상을 입을 위험이 있기 때문에 장갑을 끼고 조작해야 한다. 가격이 저렴하고, 시간이 지나도 색온도가 변하지 않고 안정적이라는 장점이 있다.

텅스텐이나 할로겐 조명기를 대여받거나 구입할 여유가 없다면, 집에 있는 할로겐램프도 꽤 쓸 만하다는 것을 알아두자. 조명을 제어하기가 편리하다고는 할 수 없지만 제법 도움이 된다. 더 밝은 조명이 필요하다면, 꽤 강력한 작업장용 할로겐램프도 이용할 수 있다.

HMI 조명

HMI 전구

금속 할로겐화물(metal halide)을 주입한 방전등으로 5600K의 파란빛을 내는 전기 아크를 생성한다. 텅스텐 조명보다 훨씬 적은 전력으로 동일한 밝기의 빛을 만들어낼 수 있다. 발열량도 훨씬 적지만, 텅스텐 조명에 비해 대여나 구입 비용이 더 비싸다.

HMI는 다량의 자외선을 방출하기 때문에 전구가 항상 자외선 차단 유리로 덮여 있으며, 사용할 때는 반드시 화상이나 눈 손상을 일으킬 위험에 대비해야 한다.

전기 아크로 생성되는 빛은 깜박거리므로, 빠른 셔터 속도를 사용할 경우 영상이 깜박일 수 있다는 점을 유의하자. 이 깜박임을 '플리커(flicker)'라고 한다. 전원을 켜면 방전이 발생하면서 아주 밝은 섬광을 일으키므로, 전원을 켤 때는 조명을 쳐다보지 말아야 한다. 또한 온도가 최대치로 올라가 있을 때 HMI 조명기를 꺼서는 안 된다. 내부 가스의 반응이 너무 급작스럽게 중단되면 수명이 크게 단축될 위험이 있다.

안정기

조명기와 전원 사이에는 헤더 케이블(header cable)과 함께 안정기(밸러스트ballast)가 필요하다. 안정기에는 유도식과 전자식의 두 종류가 있다. 전자식 안정기는 플리커를 억제할 수 있으므로, 빠른 셔터 속도로 아주 느린 동작(슬로 모션)을 촬영하는 데 유용하다.

안정기는 작동 중에 윙윙거리는 작은 소음을 발생시킬 수 있으니 주의해야 한다. 녹음에 방해되지 않도록 촬영 현장에서 최대한 멀리 떨어진 곳에 두도록 하자.

형광관 조명

충전된 가스가 전기 방전으로 전리(이온화)되면서 형광빛을 내는 관(튜브)이다. HMI와 마찬가지로 소비 전력이 적으며, 셔터 속도가 아주 빠르지만 않다면 플리커도 생기지 않는다. 이 조명에도 안정기와 헤더 케이블이 필요하다. 오랫동안 사용하다 보면 녹색 또는 심한 경우 자홍색을 띠기도 한다.

이 조명은 프레임 없이 관만 따로 분리해서 촬영 현장 안의 다른 장소에 배치할 수 있기 때문에 매우 실용적이다. 예를 들어 높이가 높은 가구에 관을 설치하여 장식 영역을 조명하는 데 편리하다. 3200K, 4300K, 5600K의 네온등이 있으며, 색온도는 대개 관에 적혀 있다.

✛ 키노 플로

미국의 제조사 키노 플로(Kino Flo)는 다양한 조합의 관을 제공하며 형광관 시장을 장악하고 있다. 예를 들어 2개 또는 4개짜리 키노 플로 60cm, 120cm 제품 등이 있다. 3200K 관의 끝부분은 주황색, 5600K 관은 파란색으로 표시되어 있다.

다이오드

LED 조명

3200K과 5600K의 다이오드(diode)들로 이루어진 조명으로, 두 가지 색온도를 번갈아 사용할 수 있으며, 원하는 색온도를 설정할 수 있는 제품도 있다. 일부 LED는 세 가지 색을 갖추고 있어 RGB(Red, Green, Blue) 색상을 사용할 수 있다. 대부분의 LED는 조명의 강도를 조절할 수 있다.

소비 전력이 매우 적고, 배터리로 쉽게 전력을 공급할 수 있으며, 별도의 안정기나 무거운 배선이 필요하지 않다. 작고 콤팩트한 패널부터 큰 패널까지 있어서 다양한 상황에 대응할 수 있다. 충격과 진동에 강하고 수명도 텅스텐 조명보다 길다. 매우 가벼워서 쉽게 운반할 수 있으며, 심지어 일부 제품은 유연한 패널로 만들어져 어디에나 설치할 수 있기 때문에 촬영에 매우 실용적이다. 하지만 LED의 색 품질에 편차가 있으므로, 색 재현 능력이 낮은 저가 제품을 사용할 경우 영상의 색조를 왜곡시킬 수 있다는 점을 유의해야 한다.

✛ 연색 지수

연색 지수(color rendering index: CRI)란 색조의 변화 없이 가시광선의 다양한 색을 재현하는 광원의 능력을 말한다. 연색 지수는 0에서 100 사이의 값으로 나타낸다. 최대치인 100은 주광(daylight)에 해당한다.

스크린에 색을 정확히 재현하려면 CRI가 85 이상이어야 한다. 따라서 LED 조명을 구입하기 전에 이 지수를 확인해야 한다.

CRI 70   CRI 95

조명 스탠드

조명 스탠드를 절대 간과해서는 안 된다. 조명의 무게에 따라 스탠드를 바꿔주어야 한다. 레드헤드(redhead) 스포트라이트나 LED 조명 등에 사용하는 가벼운 알루미늄 스탠드, 대형 프레넬(Fresnel) 스포트라이트나 형광관 조명을 지탱하는 무거운 강철 스탠드가 있으며, 나사를 사용하지 않고 조명을 장착할 수 있는 소형 크랭크가 달린 와인드업(wind-up) 스탠드도 있다.

가벼운 스탠드

알루미늄 소재
최대 하중 10kg

가벼운 LED 패널 조명이나 레드 헤드 텅스텐 조명에 사용.

무거운 스탠드

강철 소재
최대 하중 40kg

무거운 HMI, 형광관, 블론드 (blonde) 텅스텐 조명 등에 사용.

와인드업

강철 소재
최대 하중 80kg

케이블로 구동되는 랙(톱니 궤도) 시스템을 이용하여 조명을 들어 올리는 크랭크가 달린 스탠드.

스탠드 고정하기

스탠드를 고정할 때는 위쪽 나사(1)만 풀고 아래쪽 나사(2)는 절대 풀지 않도록 조심하자. 스탠드를 제대로 안정시키려면 가급적 높이를 낮춰야 한다.

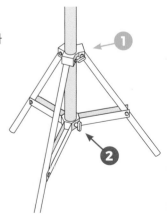

1 스탠드 다리를 지면에 펼친 다음 이 나사를 조인다.

2 이 나사는 절대 풀면 안 된다.

액세서리

시네포일

내열성의 무광 검은색 알루미늄 포일로, 금속 집게나 나무 집게로 반 도어에 부착하여 빛이 새는 것을 막거나 빛줄기를 만들어낼 수 있다.

반 도어

개방형(오픈 페이스) 조명과 프레넬 조명의 빛을 제어하여 빛이 새는 것을 방지한다.

슬링

안전을 위해 조명이 떨어지지 않도록 거는 데 사용하는 끈.

플래그

조명 앞에 그립 헤드로 고정하여, 빛을 '끊고' 조명 영역을 명확히 설정할 수 있게 해준다.

그립 헤드

스탠드에 플래그를 고정하고 방향을 조정할 수 있게 해주는 연결 부품.

테니스공

바닥이 손상되지 않도록, 낡은 테니스공에 구멍을 내서 스탠드 다리 끝에 끼운다.

스피곳

오픈 페이스 조명(레드헤드, 블론드 등)과 특정 조명 스탠드를 연결하는 금속제 부품.

개퍼 테이프

쉽게 떼어낼 수 있는 대형 테이프로, 시네포일이나 암막 천을 붙이거나, 케이블을 지면에 고정시켜 발이 걸리는 것을 방지한다.

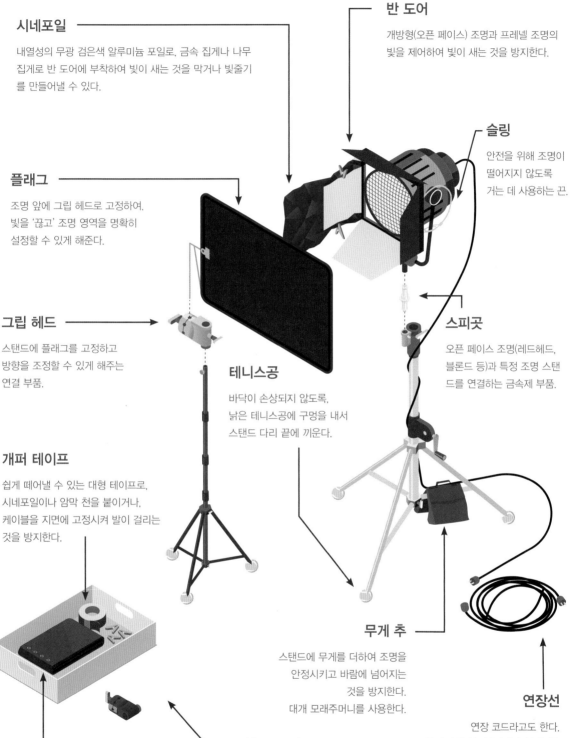

무게 추

스탠드에 무게를 더하여 조명을 안정시키고 바람에 넘어지는 것을 방지한다. 대개 모래주머니를 사용한다.

연장선

연장 코드라고도 한다. 소음이 발생하는 발전기나 안정기를 촬영 장소에서 멀리 배치하는 데 유용하다.

암막 천

창문 등으로 들어오는 빛을 차단하는 데 사용하는 불투명한 검은색 천.

그립 암(고보 암)

그립 헤드(고보 헤드)가 부착된 긴 막대로, 스탠드에서 조금 떨어진 위치에 조명을 설치할 수 있게 해준다.

조명 스탠드 만들기

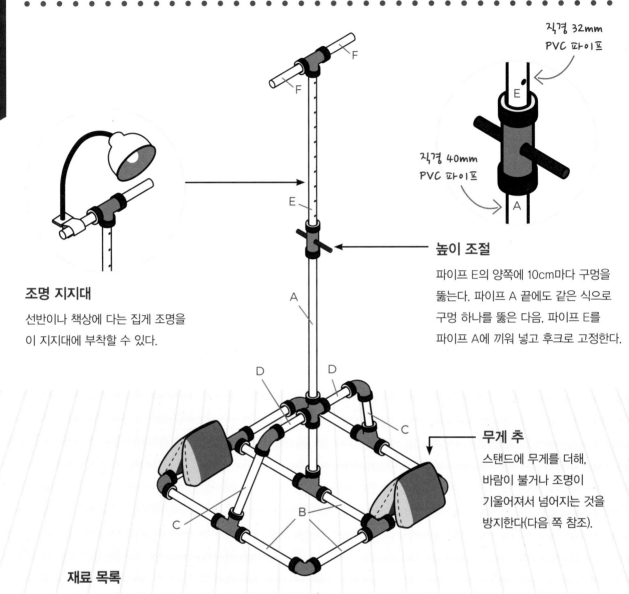

직경 32mm
PVC 파이프

직경 40mm
PVC 파이프

조명 지지대

선반이나 책상에 다는 집게 조명을
이 지지대에 부착할 수 있다.

높이 조절

파이프 E의 양쪽에 10cm마다 구멍을
뚫는다. 파이프 A 끝에도 같은 식으로
구멍 하나를 뚫은 다음, 파이프 E를
파이프 A에 끼워 넣고 후크로 고정한다.

무게 추

스탠드에 무게를 더해,
바람이 불거나 조명이
기울어져서 넘어지는 것을
방지한다(다음 쪽 참조).

재료 목록

PVC(직경 40mm)

A 150cm 파이프 1개

B 20cm 파이프 10개

C 15cm 파이프 2개

D 8cm 파이프 2개

T형 커넥터 5개

90° 엘보 커넥터 4개

45° 엘보 커넥터 2개

크로스 커넥터 1개

스트레이트 커넥터 1개

PVC(직경 32mm)

E 150cm 파이프 1개

F 10cm 파이프 2개

T형 커넥터 1개

무게 추 만들기

낡은 청바지의 샅 아래 다리 부분을 잘라낸다. 그런 다음 이 다리 부분의
가운데를 잘라서 4조각을 만든다. 각 조각의 크기는 가로 20~25cm,
세로 25~30cm 정도가 가장 좋다.

이때 반드시 좋은 가위를 사용해야 한다. 값싼 가위는
이런 천을 자를 때 금방 망가져버린다.

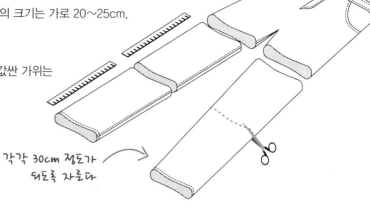

각각 30cm 정도가
되도록 자른다

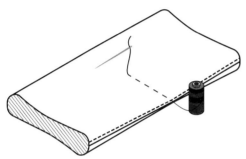

잘라낸 조각을 바느질하기 전에 최대한 평평해지도록
다림질한다. 그런 다음 조각의 중간 부분(양 끝에서 15cm
정도)에 선을 긋고 바늘이나 재봉틀로 꿰맨다.

무게 추 하나당 냉동용 지퍼 백 2개씩을 구입해서, 각각 모래 1~2kg을 채운다.
비닐봉지도 괜찮다.

지퍼 백을 꼼꼼하게 닫고, 잘 말아서 테이프로 밀봉한다.
이것을 청바지 조각 양쪽에 하나씩 넣는다.

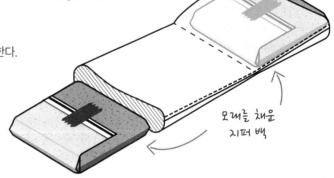

모래를 채운
지퍼 백

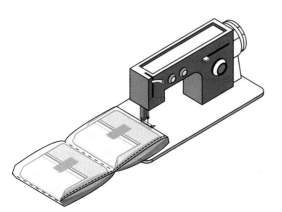

이제 양쪽 끝을 꿰매어 봉하면 된다. 재봉틀을 사용할 때는
지퍼 백이 손상되지 않도록 바늘에서 멀리 떨어뜨려야 한다.

완벽을 기하려면, 촬영장에서 쉽게 잡을 수 있도록 무게 추
한가운데에 손잡이를 꿰매어 달 수도 있다.

전력

흔히 조명은 전력 소모량이 매우 크다. 최대 허용 전력을 확인하지 않고 같은 콘센트에 여러 대의 조명을 연결하면 위험하며, 차단기가 꺼질 수도 있다. 다음은 촬영장에서 전기의 작동 원리를 이해하기 위한 몇 가지 전제 조건이다. 조명의 전력은 와트로 표시한다. 이것은 전압과 전류를 곱한 값이다.

전압	X	**전류**	=	**전력**
볼트(V)		암페어(A)		와트(W)

주택이나 아파트에는 여러 개의 전기 회로가 있다(방당 하나 또는 방 2~3개당 하나). 각 회로는 암페어(16A, 12A 등)로 표시되는 정격 용량을 지닌 회로 차단기에 연결되어 있다. 모든 차단기는 분전반 안에 있으며, 여기를 살펴보면 사용 가능한 다양한 암페어 수치를 확인할 수 있다.

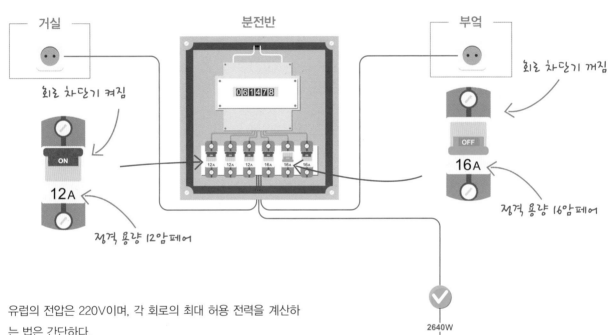

유럽의 전압은 220V이며, 각 회로의 최대 허용 전력을 계산하는 법은 간단하다.

예를 들어 전압이 220V이고 전류가 12A인 경우 그 콘센트에서 사용할 수 있는 최대 허용 전력은 12 × 220 = 2640W이다.

따라서 이 회로의 최대 허용 전력은 2640W이다. 레드헤드 텅스텐 조명에 필요한 전력은 대개 800W이므로 최대 3대까지 연결할 수 있다(3 × 800 = 2400W).

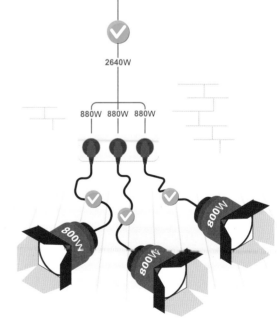

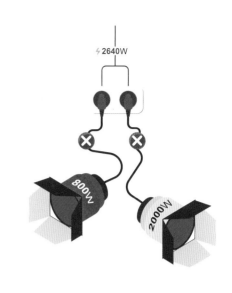

조명 배분하기

이 모든 규칙을 따르지 않으면 회로 하나 또는 집 전체의 회로가 끊길 위험이 있다. 따라서 조명을 사용할 때는 콘센트에 플러그를 꽂기 전에 요구 전력을 확인하여 회로 차단기가 끊어지지 않도록 하자.

예를 들어 레드헤드(800W)와 블론드(2kW)를 12A의 콘센트에 연결하면 요구 전력(2800W)이 공급 전력(2640W)보다 높아진다. 이 경우 회로 차단기가 작동하여 두 조명 모두 꺼지게 된다.

이 문제를 해결하는 방법에는 두 가지가 있다. 첫 번째는 다른 회로의 콘센트에 조명을 배분하여 연결하는 것이다.

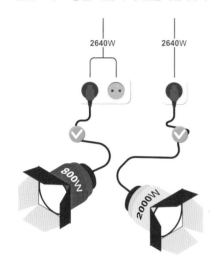

우선 각 콘센트가 동일한 회로 차단기에 연결되어 있지 않은지 확인하자. 한 차단기가 같은 방에 있는 여러 콘센트에 전원을 공급하기도 하기 때문이다. 각 차단기의 담당 구역은 대개 분전반에 표시되어 있다.

두 번째 해결책은 암페어가 더 높은 회로에 연결하는 것이다. 예를 들어 16A 회로 차단기의 공급 전력은 220(볼트) × 16(암페어) = 3520W이므로, 요구 전력의 합이 2800W인 레드헤드와 블론드를 하나씩 연결하기에 충분하다.

발전기

야외 촬영을 할 때 콘센트가 어디에도 없는 경우에는 발전기를 이용해서 전기를 공급한다. 발전기는 휘발유로 작동하는데, 발전 용량은 모델에 따라 다르다.

이 장비는 소음이 매우 심하므로, 녹음에 방해가 되지 않도록 촬영 현장에서 멀리 떨어진 곳에 두어야 한다. 초보자의 경우 발전기보다는 배터리로 작동되는 조명을 사용하는 편이 좋은데, 발전기는 사용법을 모르면 위험하기 때문이다.

연료 탱크

전기 콘센트

조명 조절

광량 조절하기

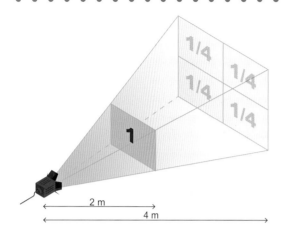

광량(빛의 양)을 조절하는 기본적인 방법 한 가지는 단순히 조명과 세트 또는 연기자 사이의 거리를 조정하는 것이다. 조명에서 멀어질수록 밝기가 줄어든다.

조도(조명의 강도)는 거리의 제곱에 반비례한다(역제곱 법칙). 4m 거리에서 광선이 비추는 영역은 2m에서 비출 때보다 4배 더 크다. 따라서 각 단위 면적은 2m일 때에 비해 1/4의 빛을 받는다.

조명을 이동하면 두 가지 이점이 있다. 방금 살펴봤듯이 조도가 줄어드는 동시에 연기자의 연기 공간이 확장된다. 조명이 멀어지면 조도가 급속히 약해졌다가 안정되어, 동일한 광도가 유지되면서 연기자가 더 자유롭게 움직일 수 있게 된다.

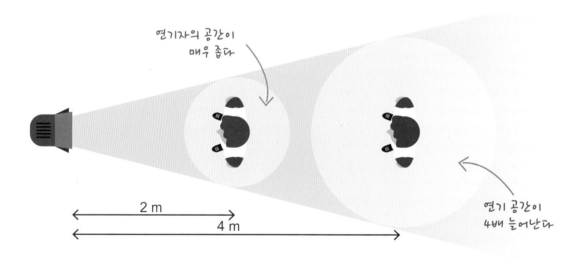

촬영할 때 세트에 그림자가 많이 생기지 않도록 조명을 높은 곳에 설치하는 것이 좋다. 이렇게 하면 그림자는 프레임 안으로 좀처럼 들어올 일이 없는 지면에 드리운다.

또한 쓸데없이 많은 조명을 사용하면 여러 겹의 그림자가 생겨 제어하지 못하게 될 위험이 있다. 현명하게 따져보고 적절한 조명을 선택하자. 비싸지만 강력한 조명 하나를 잘 배치하는 것이, 저렴하지만 성능이 좋지 않은 조명 다섯 대를 놓는 것보다 낫다.

ND 젤라틴

ND(Neutral Density: 중립 농도) 젤라틴은 불투명도에 따라 광도를 감소시킬 수 있다. ND3 젤라틴은 1스톱, ND6은 2스톱을 줄이는 식이다. 숫자가 높을수록 젤라틴이 진해지고 광도가 약해진다.

ND 젤은 세트 속 침대 머리맡 램프와 같이 영상에 비치는 강한 빛을 줄이는 데 사용할 수 있다. 작은 젤라틴 조각을 잘라내어 전구에 직접 닿지 않도록 전구를 감싼다.

또한 창문으로 들어오는 태양광을 줄이는 데도 유용하다. 창문 크기에 맞게 잘라서 창 외부에 붙인다.

디머 사용하기

요즘 대부분의 LED 조명에는 조명의 색조나 색온도에 영향을 주지 않는 디머(dimmer)가 내장되어 있다. 또한 형광관 조명은 점등되는 형광관의 수를 4개에서 2개로 줄이면 광도가 약해진다.

텅스텐 조명의 경우 아래와 같이 전원 공급 장치와 광원 사이에 외부 디머를 추가할 수 있다.

주의할 점은 텅스텐 조명의 광도가 약해질수록 색온도가 더 따뜻해진다는 것이다. 그리고 소리에도 유의해야 한다. 디머에서 윙윙거리는 작은 소리가 나기 때문에 녹음에 방해가 될 수도 있다. 필요하다면 연장 코드를 사용해서 촬영 장소에서 멀리 두는 것이 좋다.

디머를 사용하면 벽난로나 텔레비전, 아니면 마치 자동차가 주행 중인 듯 나무 사이로 비치는 햇살과 같이 불규칙한 광원을 흉내 낼 수도 있다. 이 같은 효과를 구현할 디머가 없는 경우, 조명을 반사판(리플렉터)으로 향하게 하고 그 반사판을 가볍게 움직여주면 된다. 그러면 반사판의 움직임에 따라 광도가 분산된다(128쪽 다양한 반사 방법 참조).

광질

여기서 광질이란 빛이 좋은지 나쁜지가 아니라 촬영 중인 피사체와 어떻게 상호작용하는지에 따라 결정되는 것이다. 광질에는 집중광(하드 라이트)과 확산광(소프트 라이트) 등 두 가지가 있다.

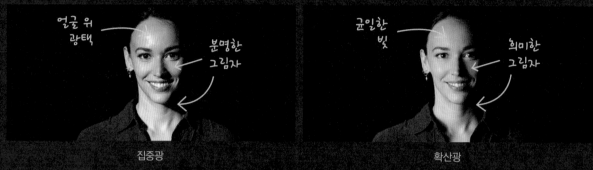

얼굴 위 광택 / 분명한 그림자

집중광

균일한 빛 / 희미한 그림자

확산광

빛이 확산되거나 집중되는 것은 발광 표면의 상대적인 크기에 달려 있다. 표면이 작을수록 빛은 더 집중된다. 태양을 예로 들어 보자. 화창한 날에 그림자가 뚜렷이 나타나는 것은 광원이 하늘에 비해 (상대적으로) 작기 때문이다. 흐린 날에는 햇빛이 구름을 거쳐 흘러나오므로 그림자가 부드러워진다.

집중광

집중광(하드 라이트)은 매우 강한 그림자를 생성하고 영상의 특정 부분에 눈길을 끌어온다. 얼굴에 강하고 날카로운 콘트라스트를 만들어 피부결, 주름, 여드름을 부각하면서 얼굴의 온갖 결점을 드러낸다.

광원이 조명 대상에서 멀어질수록 그림자가 더 선명해지고, 가까워지면 그림자는 희미해진다. 라이언 고슬링이 주연한 〈라라랜드〉(2016)의 이 장면처럼, 영화에서 집중광은 대개 인물의 실루엣을 그려내어 인물을 배경 속에서 돋보이게 하는 역광으로 사용된다.

인물을 비추는 집중광으로 인해 명암의 경계가 뚜렷하다

이 영상은 콘트라스트가 매우 강하며, 시선이 프레임 오른쪽으로 끌린다 확산광(소프트 라이트)은 더 부드럽고 덜 공격적이며, 그림자가 거의 없거나 흐릿하고 확산되어 있어 방향성이 덜하다. 주름을 없애고 피부를 매끄럽게 하며 얼굴의 결점을 가려주기 때문에 연기자를 우아하고 근사하게 만드는 조명이다.

확산광은 일반적으로 아름다움, 순수함, 매력, 행복감 등을 전달하려는 장면에서 사용된다. 그런가 하면 집중광으로 인한 강한 그림자는 콘트라스트를 강조하여 영상을 극적으로 만들곤 하기 때문에, 연출자가 보다 중립적인 톤을 설정하려는 경우에도 확산광을 사용할 수 있다.

확산광은 정의상 모든 방향으로 확산되기 때문에 방향을 잡기가 더 어렵다. 조명의 반 도어를 이용하거나, 반 도어에 시네포일을 달거나, 조명 앞에 플래그를 놓아서 확산광을 유도할 수 있다.

일단 확산되면 광도가 약해지기도 하거니와 와이드 숏에서는 확산이 눈에 잘 띄지 않기 때문에, 와이드 숏은 집중광으로 비추고 더 타이트한 얼굴 숏은 확산광으로 비출 수도 있다.

빛의 부드러움을 결정하는 두 가지 요소는 광원에서 피사체까지의 거리와 피사체를 기준으로 한 발광 표면의 크기이다. 광원이 피사체에 가까울수록 빛이 더 부드러워진다. 그리고 피사체를 향한 광원의 면적이 클수록 빛은 더 부드러워진다. 따라서 조명을 이동하면서 빛의 확산을 제어하는 법을 알아두자. 빛의 방향(후면, 정면, 측면 등) 또한 입체감과 콘트라스트에 영향을 줄 수 있다(132쪽 참조).

LED나 형광관 조명은 넓은 발광 표면으로 인해 확산광을 내보내지만, 초보자는 대개 침대 머리맡 램프 같은 텅스텐 조명을 사용하는 경우가 많은데 이런 집중광은 매력이 다소 떨어진다.

이런 빛을 부드럽게 만드는 기법이 두 가지 있다. 디퓨전 프레임(diffusion frame)이나 소프트박스(softbox) 같은 디퓨저(diffuser)를 사용하거나(126쪽 참조), 흰색 벽이나 천장 같은 반사면을 이용하는 것이다(128쪽 반사 기법 참조).

확산광 만들기

젤라틴을 사용한다

디퓨전(확산) 젤라틴을 나무 집게나 금속 집게로 조명기의 반 도어에 직접 부착한다. 젤라틴의 불투명도 (풀, 1/2, 1/4, 1/8)에 따라 빛의 확산과 강도를 늘릴 수 있다.

산광 도구를 사용한다

소프트박스, 라이트 박스, 한지 전등갓, 루버(비늘살) 또는 심지어 벌집과 같은 산광 도구를 조명기에 부착하여 사용한다. 다양한 유형의 저렴한 소프트박스를 시중에서 구입할 수 있다.

디퓨전 프레임을 사용한다

조명 스탠드에 디퓨전 프레임을 장착해서 조명기 앞에 배치한다. 이런 디퓨전 프레임은 특히 야외에서 햇빛을 부드럽게 하고 확산시키는 데 사용된다. 60 × 60cm부터 6 × 6m까지 다양한 크기의 프레임이 있다. 그립 헤드로 스탠드에 장착하여 프레임의 기울기를 조절한다.

디퓨전 프레임을 사용하면 이 자체가 광원이 된다. 따라서 프레임을 조명기에 너무 바싹 붙이지 않는 것이 중요하다. 왜냐하면 발광 표면을 넓히는 것이 목적이기 때문이다.

빛을 반사시킨다

조명을 흰색 벽, 천장 또는 흰색 반사판 쪽으로 향하게 하여 빛을 확산시킬 수 있다. 빛은 이런 표면에 반사되거나 튕겨 나와 보조 광원을 생성하며, 이 확산광으로 피사체를 비춘다(다음 쪽의 다양한 반사 표면 이용법 참조).

디퓨전 프레임 만들기

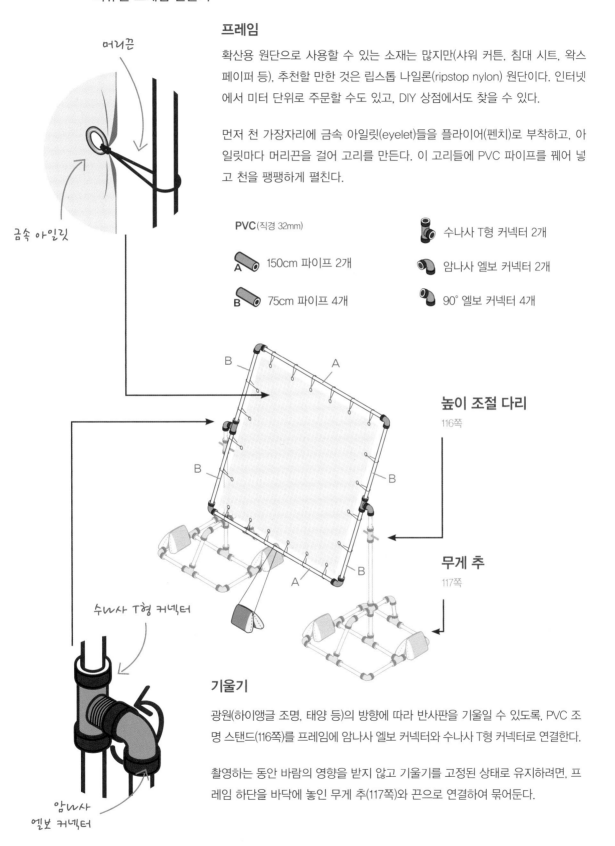

머리끈

금속 아일릿

프레임

확산용 원단으로 사용할 수 있는 소재는 많지만(샤워 커튼, 침대 시트, 왁스 페이퍼 등), 추천할 만한 것은 립스톱 나일론(ripstop nylon) 원단이다. 인터넷에서 미터 단위로 주문할 수도 있고, DIY 상점에서도 찾을 수 있다.

먼저 천 가장자리에 금속 아일릿(eyelet)들을 플라이어(펜치)로 부착하고, 아일릿마다 머리끈을 걸어 고리를 만든다. 이 고리들에 PVC 파이프를 꿰어 넣고 천을 팽팽하게 펼친다.

PVC (직경 32mm)

A   150cm 파이프 2개

B   75cm 파이프 4개

수나사 T형 커넥터 2개

암나사 엘보 커넥터 2개

90° 엘보 커넥터 4개

높이 조절 다리
116쪽

무게 추
117쪽

수나사 T형 커넥터

암나사 엘보 커넥터

기울기

광원(하이앵글 조명, 태양 등)의 방향에 따라 반사판을 기울일 수 있도록, PVC 조명 스탠드(116쪽)를 프레임에 암나사 엘보 커넥터와 수나사 T형 커넥터로 연결한다.

촬영하는 동안 바람의 영향을 받지 않고 기울기를 고정된 상태로 유지하려면, 프레임 하단을 바닥에 놓인 무게 추(117쪽)와 끈으로 연결하여 묶어둔다.

빛의 반사

5-IN-1 반사판을 사용한다

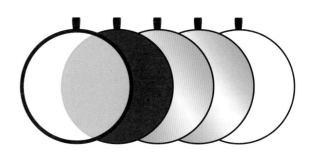

5-in-1 반사판은 저렴하고 다용도로 사용할 수 있다는 장점이 있다. 일단 펼치면 사용하는 커버에 따라 반사면 (흰색, 은색, 금색) 또는 흡수면(검은색)으로도, 커버를 벗기면 확산면(반투명)으로도 쓸 수 있다.

은색 표면은 색상의 변화 없이 빛을 반사하고, 금색 표면은 따뜻한 색감의 빛을 반사한다. 흰색 표면은 부드럽고 자연스러운 색상의 반사를 일으킨다. 검은색 표면은 불필요한 빛 반사를 제거하는 차단막 역할을 한다. 반투명 표면은 광원 앞에 배치되어 빛을 확산시킨다.

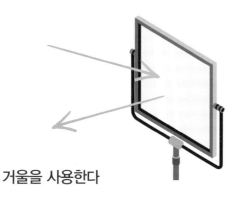

거울을 사용한다

야외에서 촬영할 때 거울은 빛을 반사하거나 햇빛의 방향을 바꾸는 데에 아주 유용하다.

하지만 주의할 점은 거울은 빛을 확산시키지 않고 반사하기만 한다는 것이다. 따라서 거울 앞에 디퓨전 프레임을 두지 않은 채 햇빛의 방향을 바꿔 연기자를 직접 비추면 집중광이 될 수 있다.

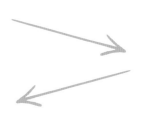

폴리스티렌 시트를 사용한다

폴리스티렌(polystyrene) 시트는 영화 촬영에 가장 많이 사용되는 반사판으로, 크기가 대체로 1 × 2m이지만 두께는 다양하다. 조명 스탠드에 그립 암과 헤드로 설치해서 방향을 조정한다.

이런 폴리스티렌은 DIY 상점에서 10유로 이하에 쉽게 구할 수 있다.

흰색 벽이나 천장을 이용한다

대부분의 집에서 찾을 수 있는 흰색 벽과 천장은 훌륭한 반사판이다. 조명을 벽이나 천장에서 가까이 또는 멀리 두면서 연기자에게 닿는 빛의 세기를 조절할 수 있다.

야외 조명

어떤 조명도 햇빛만 한 것은 없다. 따라서 화창한 날 한낮에 실외 장면을 비추기 위해서라면 조명을 사용할 필요가 없다. 햇빛이 비추는 상황에서는 태양을 움직일 수 없는 조명이라고 생각하자.

화창한 날에 촬영하는 첫 번째 요령은 태양을 연기자 뒤에 있는 조명으로 간주하는 것이다(촬영자가 마주하지 않도록 태양이 연기자의 3/4 또는 45° 후면에 있는 것이 가장 좋다). 그렇게 하면 태양은 연기자의 머리나 등에 빛의 실루엣을 그려내어 연기자와 배경을 구분시켜줄 것이다.

그런 다음 완전한 역광을 피하면서 연기자를 돋보이게 하려면, 폴리스티렌 반사판이나 5-in-1 반사판의 흰색 표면을 사용하여 햇빛을 연기자에게 반사하고 확산시킨다. 〈스타워즈: 라스트 제다이〉의 이 장면처럼 영화에서 흔히 사용되는 기법이다.

촬영자가 태양을 등지는 것은 피하자. 연기자가 태양을 마주하면 눈부셔서 눈을 제대로 뜰 수 없고, 피부가 기름져 보이며, 얼굴에 강한 그림자가 생기게 된다. 이것은 연기자에게 좋지 않을 뿐 아니라, 영상에도 좋지 않은 결과를 낳을 것이다. 만약 연기자가 반드시 태양을 마주한 채 촬영해야 한다면, 태양과 연기자 사이에 디퓨전 프레임을 배치해서 강한 햇빛을 완화할 수 있다.

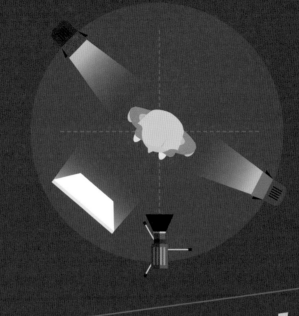

장면 조명

방향

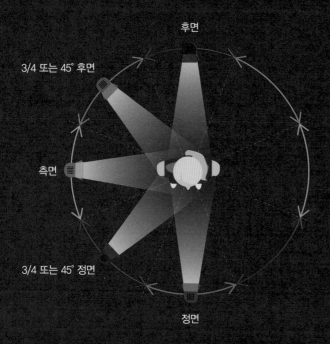

후면

3/4 또는 45° 후면

측면

3/4 또는 45° 정면

정면

조명의 위치나 높이에 따라 빛의 방향은 얼굴의 입체감과 콘트라스트에 영향을 미친다. 연기자에게 빛을 어느 방향에서 비추는지에 따라 관객이 느끼는 감정이 전혀 달라지기도 한다.

예를 들어 연기자를 정면에서 비추는 빛은 주름을 감추고 보기 좋게 만들어준다. 반면 측면에서 비추는 빛은 얼굴의 그림자와 이목구비를 부각하는데, 이렇게 명암 대비가 뚜렷한 조명은 드라마틱한 분위기를 만들어낸다.

얼굴의 밝은 부분과 어두운 부분 간의 콘트라스트는 다양한 해석을 낳는다. 다음은 촬영할 때 주로 사용되는 일곱 가지 조명 기법이다.

렘브란트 조명

렘브란트 조명은 회화, 사진, 영화 등에서 수시로 사용된다. 피사체의 얼굴 반대쪽에 빛의 작은 삼각형이 생기는 것이 특징이다.

빛의 삼각형

이를 구현하려면 조명을 연기자 위쪽에 높게 배치하고 3/4 또는 45~60° 정면에서 비춘다. 이렇게 하면 콘트라스트가 강해져서 인물이 인생의 암흑기에 빠져 있다는 것을 강조할 수 있다. 렘브란트 조명이 너무 어둡게 느껴진다면, 반사판을 사용하여 그림자를 약하게 할 수 있다.

이 기법은 단 한 대의 조명으로 자연스러우면서도 강렬해 보이는 냉상을 만들 수 있기 때문에 많이들 채덱힌다. 네덜란드의 화가 렘브란트가 초상화를 그릴 때 이런 조명을 자주 사용했기 때문에 이 명칭이 붙었다.

측면 조명

반사판으로 그림자를 부각한다

오늘날 할리우드에서 가장 많이 사용되는 조명 설정은 아마도 측면 조명일 것이다.

조명이 카메라의 반대쪽 얼굴 측면을 비추어 영상에 그림자가 확연히 드러난다. 이 기법은 피사체가 고개를 카메라와 일직선이 되지 않도록 살짝 틀 때 가장 효과적이다. 흰색 폴리스티렌 반사판으로 빛을 반사시켜 카메라 쪽을 향하는 측면 그림자를 부각함으로써 얼굴에 생기는 과도한 콘트라스트를 완화한다.

이런 조명은 카메라 쪽을 향하는 그림자를 부각하면서 얼굴의 형태와 입체감을 강조하여 연기자를 매우 돋보이게 만든다. 또한 빛이 피사체와 배경 사이에 콘트라스트를 만들어주므로 후면 조명의 필요성이 최소화된다.

네거티브 측면 조명

그림자가 막혀 있다

연기자의 측면 수직 방향에서 빛을 비추되 반대편의 주변광(ambient light)으로 균형을 맞추지 않는 조명 방법이다. 이렇게 하면 연기자의 얼굴에 매우 강한 콘트라스트가 나타나는데, 이처럼 명암 대비가 뚜렷한 조명으로 드라마틱한 분위기를 연출할 수 있다.

벽이 빛을 반사할 수 있으므로, 연기자를 비추는 모든 불필요한 반사를 차단하여 분명한 콘트라스트를 얻어내려면 조명 맞은편에 검은색 반사판을 추가하는 것이 좋다[네거티브 필(negative fill) 기법이라고도 한다 — 옮긴이].

후면 조명

후면 조명 역시 할리우드에서 자주 사용하는 조명 기법이며, 단 한 대의 조명과 반사판으로 구현할 수 있다.

이 조명 기법은 연기자 뒤에 배치된 집중광(하드 라이트)을 역광(백라이트)으로 사용하여 연기자의 실루엣을 그려낸다. 그리고 맞은편의 카메라 위나 아래에 반사판을 배치하여 조명의 균형을 맞추고 전경을 약간 부각한다. 반사판이 피사체에 가까울수록 반사 강도가 커져 실루엣 효과가 줄어든다.

좁은 방 안이나 벽 근처에서 촬영할 경우, 벽에 반사되는 빛이 충분한 주변광을 만들어 전경의 균형을 맞출 수 있기 때문에 반사판을 사용할 필요가 없다.

정면 조명

조명이 카메라 위쪽에서 연기자를 정면으로 비춘다. 이런 조명은 얼굴의 모든 콘트라스트를 제거한다. 그림자와 빛의 극적 대비가 없어 안정감을 주지만, 그다지 심미적인 조명은 아니다.

이 조명은 광고나 미용 분야 촬영에 얼굴의 그림자를 모두 제거할 목적으로 사용된다. 영화에서는 위의 〈돈 존〉 장면에서처럼 등장인물이 TV 모니터나 영화관 스크린의 빛만 받는 경우에 사용되곤 한다.

수직 조명

위에서 샤워기처럼 비추는 조명은 천장에 조명 기구가 달린 대부분의 실내 공간에 잘 어울린다. 하지만 이 조명은 한낮의 태양 같은 집중광으로 얼굴에 길고 짙은 그림자를 만들 수 있다. 인물의 앙각 촬영(로우 앵글 숏low-angle shot)과 함께 사용하면, 〈노인을 위한 나라는 없다〉의 이 장면처럼 공포감을 불러일으키기도 한다. 이 같은 효과를 원치 않을 경우에는, 빛을 확산시켜 피사체가 더 보기 좋게 나오도록 하거나, 배우 앞에 흰색 반사판을 놓아 위쪽에서 비추는 빛을 반사시켜주면 된다.

이 기법은 흐린 날 야외 촬영에 흔히 사용되며, 연기자 위에 디퓨전 프레임을 배치하여 햇빛을 분산시키는 경우에도 사용된다. 이 경우에는 피사체의 한쪽 빛을 차단하고 얼굴에 멋진 콘트라스트를 만들기 위해 검은색 반사판을 사용하는 것이 좋다(139쪽 참조).

정면 조명

피사체 아래쪽에서 비추는 방식은 공포 영화에서 가장 자주 사용하는 조명 유형이다. 친구가 우리를 놀라게 하려고 자기 턱 밑에서 손전등을 비추는 장난을 누구나 본 적이 있을 것이다. 이런 빛은 얼굴을 일그러뜨리고 눈 주위에 인상적인 그림자를 만든다.

현실 세계에서는 지면에서 솟아나는 빛이 없기 때문에 이런 빛이 자연스러워 보이지 않는다. 상징적으로 보면, 아래쪽에서 비추는 조명은 지하의 어둠 속에서 뿜어져 나오는 빛을 연상시킨다.

3점 조명

지금까지 살펴보았듯이 촬영 감독에 따라 장면을 조명하는
방법에는 여러 가지가 있으며, 감독이 전달하고자 하는 감정
에 따라서도 조명 방법이 달라진다.

3점 조명(three-point lighting)은 학교나 책에서 흔히 가르
쳐주는 기법이다. 반드시 따라야 하는 규칙은 아니지만, 조명
을 이제 막 배우기 시작하는 단계에서 주광, 보조광, 역광 등
여러 유형의 광원을 익히는 데 좋은 지침이 된다.

균형 잡힌 역동적 조명을 만드는 이 방법은 간단하면서도 널
리 사용된다.

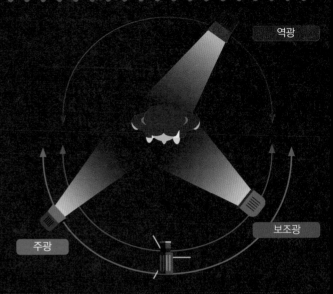

주광

주된 조명으로 키 라이트(key light)라고 하며, 이 조명을 기준으로 해서 다른 조명을 조절한
다. 연기자를 정면, 3/4 정면, 또는 왼쪽이나 오른쪽 측면에서 집중광이나 확산광으로 비춘
다. 가장 먼저 설치하고 전원을 켜는 첫 번째 조명기이다. 연기자의 시선축이 카메라의 축과
일치하지 않을 경우, 일반적으로 키 라이트를 연기자의 정면에 또는 카메라 축에서 30° 정도
떨어진 곳에 배치하여 얼굴을 정면이나 3/4 정면에서 비춘다. 너무 강한 콘트라스트가 만들
어지지 않도록 측면은 피한다.

보조광

채워주는 조명으로 필 라이트(fill light)라고 하며, 키 라이트에 의해 생기는 그림자를 부드럽
게 해준다. 조명의 균형을 잡기 위해 보통은 키 라이트의 반대편에 배치된다. 대개 키 라이
트보다 강도가 약하고, 그림자를 제거하기 위해 키 라이트보다 낮은 위치, 즉 얼굴 정도의 높
이에 설치되는 경우가 많다. 필 라이트는 정면과 후면에서 오는 빛을 반사해주는 반사판으
로 대체할 수 있다.

역광

연기자의 뒤에 위치하는 백라이트(backlight)로, 일반적으로 3/4 후면에 배치되지만 때로는
완전히 후면에 배치될 수도 있다. 카메라와 맞닿지 않게 배치되며, 연기자의 등이나 머리에
빛의 실루엣을 만들어 배경과 구분되게 한다. 이 조명이 없다면 피사체가 배경과 섞여 잘 드
러나지 않을 수도 있다. 백라이트에는 콘트라스트와 방향성을 높여주기 위해 대개 집중광을
사용하지만, 확산광을 쓸 수도 있다.

반사판

키 라이트에 의해 만들어지는 그림자를 완화하는 데 사용되는 필 라이트는 키 라이트와 백라이트를 반사하는 반사판으로 대체할 수 있다.

폴리스티렌 시트는 대개 키 라이트의 반대편에 배치한다. 이 기법은 야외에서 햇빛을 반사하고 확산시키기 위해 자주 사용된다(129쪽 참조).

반사 강도를 제어하려면, 단순히 반사판을 연기자 쪽으로 가깝게 이동하여 강도를 높이거나 멀리 이동하여 강도를 낮추면 된다.

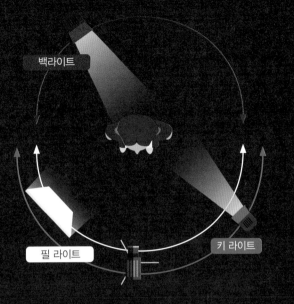

영화에서는

3점 조명은 조 라이트 감독의 〈안나 카레니나〉, 마이클 베이 감독의 〈트랜스포머〉 속 이런 장면들처럼 영화에서 자주 사용된다.

콘트라스트

콘트라스트는 흰색과 검은색, 다시 말해 장면 속 밝은 부분과 어두운 부분의 비율이다. 콘트라스트가 강한 조명은 장면을 더 긴장감 있거나 신비로운 분위기로 만들 수 있으며, 콘트라스트가 약한 조명은 장면을 더 차분하고 유쾌한 분위기로 만들 수 있다.

아래 영상들은 콘트라스트가 어떻게 장면의 분위기를 극적으로 바꿀 수 있는지에 대한 완벽한 예이다. 인물을 비추는 조명은 똑같으며, 앞서 살펴본 것처럼 백라이트, 키 라이트, 그리고 키 라이트의 균형을 맞추는 필 라이트를 사용한 3점 조명이다.

하지만 배경 조명은 다르다. 〈아멜리에〉의 세트 조명은 부드럽고 균일하여 영상을 단조롭게 만드는 경향이 있다. 입체감이 없고 콘트라스트가 약하다. 반면 〈파이트 클럽〉의 장면에서는 배경에 조명이 비추어지지 않아 〈아멜리에〉의 장면과 명확하게 구분된다. 콘트라스트가 강하기 때문에 브래드 피트는 어두운 배경에 대비되어 두드러져 보인다.

약한 콘트라스트

강한 콘트라스트

피사체를 돋보이게 하기 위해 얕은 피사계 심도로 콘트라스트를 강화할 수 있지만, 아트 디렉션으로도 강화할 수 있다. 색, 소품, 스타일링, 세트의 선택은 영화의 톤을 결정할 수 있다. 어두운 색의 의상, 소품, 벽면 등은 대비되는 조명으로 강조되어 드라마틱한 톤을 설정할 수 있다. 촬영을 시작하기 전에 항상 프로젝트의 예술적 방향성에 대해 생각하는 시간을 가져보자.

플래그

촬영할 때 배경의 조도를 낮추고 콘트라스트를 만들고 싶다면, 플래그를 사용하여 연기자를 비추기 위한 키 라이트가 배경에 투사하는 빛을 차단하는 것이 좋다. 하지만 플래그가 조명에서 너무 떨어져 있으면, 부자연스럽고 매력이 떨어지는 짙은 그림자를 만들 것이다.

스티븐 스필버그가 감독한 〈스파이 브릿지〉의 이 장면에서 플래그는 창문으로 들어오는 빛을 차단하여 인물만 비추도록 한다. 배경의 희미한 조명이 영상의 콘트라스트를 높여준다.

어두운 배경

빛을 조절하는
플래그

네거티브 조명 작업

상황에 따라서는 빛을 제어하고 조절하기가 어렵거나 불가능하기도 하다. 예를 들어 흐린 날 야외에서는 햇빛이 너무 확산되어 연기자의 얼굴에 그림자가 나타나지 않는다. 이럴 때 콘트라스트를 더하려면 조명을 제거하고 네거티브 조명 작업이라는 것을 해야 한다.

이를 위해서는, 검은 면이 있는 폴리스티렌 시트, 암막 천, 검은 캔버스 프레임 등 차단성이 높은 소재를 연기자 근처에 배치해서 빛의 반사를 없애고 방향성을 되살려 얼굴에 콘트라스트를 만들 수 있다. 예를 들어 〈매드 맥스: 분노의 도로〉의 이 장면에서는, 모래사장에 반사된 햇빛이 사방으로 흩어지는 상황에서 네거티브 조명 작업을 통해 샤를리즈 테론의 얼굴 한쪽 면의 광도를 감소시켰다.

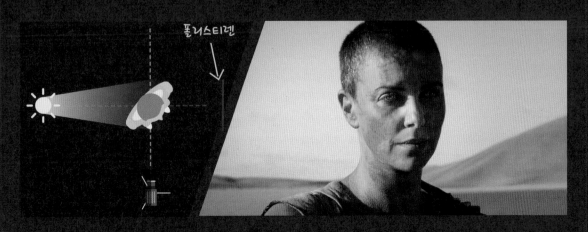

폴리스티렌

그린 스크린 조명하기

그린 스크린 조명은 두 단계로 이루어진다. 먼저 형광관이나 LED 조명 같은 확산광으로 그린 스크린을 조명한 다음 연기자를 조명한다.

연기자의 조명은 배경에 넣을 영상의 조명과 일치해야 한다. 더 그럴듯한 합성을 해내려면 배경 조명의 광질(집중광 또는 확산광), 색, 방향 등을 맞춰야 한다. 따라서 배경과 동일한 화이트 밸런스를 사용하고, 배경의 그림자를 관찰하여 조명이 집중광인지 확산광인지를 결정해야 한다. 만약 합성 영상에서 키 라이트가 오른쪽에서 비춰진다면 연기자에게도 같은 방향으로 향하게 한다. 그러지 않으면 그림자가 배경과 같은 방향으로 생기지 않게 된다.

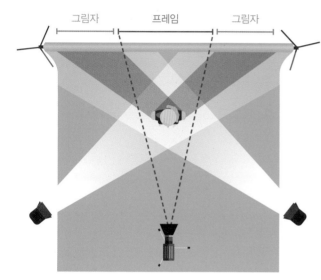

연기자를 앞으로 나오게 한다

연기자를 배경에서 분리시켜 키 라이트로 생기는 불필요한 그림자가 그린 스크린에 비치지 않도록 하고, 옷과 머리카락에 초록색이 반사되는 것을 줄인다. 필요하다면 그림자가 프레임에 나타나지 않도록 조명을 이동시킨다.

주름을 편다

그린 스크린을 잘 펴거나 다림질하여, 편집할 때 주름이 보이거나 합성 영상에 어두운 부분이 생기지 않도록 한다. 그린 스크린을 부착한 다음 증기다리미를 사용하여 더 매끄럽게 만들 수 있다.

필 라이트를 확산시킨다

편집할 때 보정이 어려운 그러데이션이 생기지 않도록 그린 스크린을 균일하게 조명해야 한다. 따라서 디퓨전 프레임과 젤라틴을 사용하여 배경을 비추는 조명기의 빛을 최대한 확산시켜야 한다(126쪽 참조).

셔터 속도를 높인다

흐릿함은 합성의 적이다. 따라서 셔터 속도를 높여(최소한 1/100) 모션 블러를 줄이고, 연기자가 어떤 움직임을 보이든 윤곽을 선명하게 만들어야 한다. 모션 블러 효과는 영상을 삽입한 이후 언제든 추가할 수 있다.

트래킹 포인트를 붙인다

카메라가 이동하는 경우, 편집할 때 움직임을 추적하기 위해 그린 스크린에 트래킹 포인트를 붙이는 것이 좋다. 그렇게 하면 카메라의 움직임에 따라 이동하는 배경을 좇을 수 있게 된다(330쪽 참조).

LOG 모드로 촬영한다

영상에 최대한 많은 정보를 기록하기 위해 최저 압축률과 최고 비트레이트로 촬영하자. 카메라의 일반 프로파일이 아닌 LOG 영상 프로파일로 설정하는 것이 좋다(29쪽 참조).

어떤 스크린을 선택할 것인가?

대부분의 경우 사람의 피부 톤과 가장 동떨어진 그린 또는 블루 스크린으로 촬영한다. 스크린의 색은 촬영하려는 장면의 유형이나 삽입하려는 연기자의 유형에 따라 선택한다. 예를 들어 연기자가 금발인 경우 블루 스크린을 선택하고, 청바지를 입은 경우 다리가 블루 스크린에 묻혀 사라지지 않도록 그린 스크린을 선택하는 것이 좋다.

영상에서 녹색은 파란색보다 더 밝기 때문에 조명하는 데 더 적은 광량이 필요하므로, 예산이 한정되어 있을 때 유용하다. 하지만 같은 이유로 녹색은 더 밝아서 연기자에게 더 많은 광량을 반사시킨다. 따라서 연기자를 그린 스크린에서 충분히 떨어뜨려놓아야 한다. 그린 스크린은 일반적으로 낮 장면, 블루 스크린은 밤 장면의 합성에 사용된다.

그린 스크린 만들기

자신만의 그린 스크린을 누구나 간단히 만들 수 있다(약 1시간 소요).

구조물은 PVC 파이프로 만든다. 가격이 저렴하고, 가벼워서 그린 스크린을 쉽게 운반할 수 있다. 필요하다면 긴 파이프를 사용해서 크게 만드는 것도 가능하다.

높이는 2.5m, 폭은 최소 2m로 하는 것이 좋다. 이렇게 하면 연기자의 머리에서 발끝까지는 물론, 좌우로도 팔을 벌릴 수 있는 공간을 충분히 확보할 수 있다.

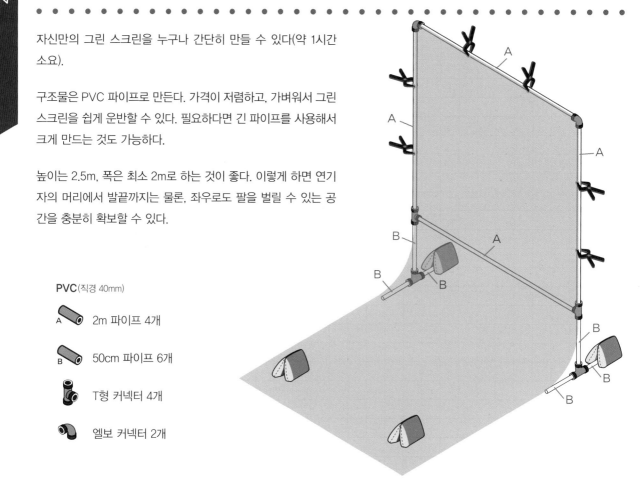

PVC(직경 40mm)

A 2m 파이프 4개

B 50cm 파이프 6개

T형 커넥터 4개

엘보 커넥터 2개

파이프를 자르려면 활톱이나 쇠톱, 또는 가는 톱니가 있는 반원형 날이 달린 멀티툴을 사용한다.

그린 스크린을 더 넓게 만들고 싶다면, 위쪽 파이프에 T형 커넥터를, 아래쪽 파이프에 크로스 커넥터를 추가하여 두 번째 구조물을 부착한다.

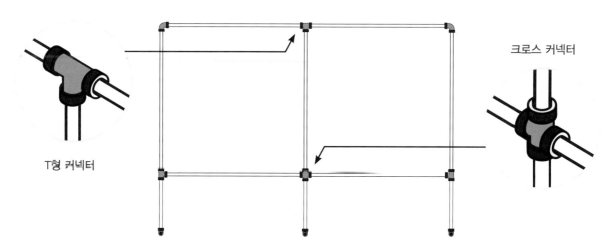

T형 커넥터

크로스 커넥터

천

최소 폭 2m의 천을 2~3m 이상 구입한다. 천을 조사할 때는 소재의 종류를 확인하자.

두꺼운 천은 잘 걸리고 견고한 배경막이 되지만 주름과 구김이 생기기 쉽다. 가볍고 신축성이 있는 천은 구김에는 강하지만 쉽게 찢어질 수 있다.

비치는 천은 피하자. 그린 스크린은 그 너머에 있는 것들이 보이지 않도록 불투명해야 한다. 또한 스크린 앞에 위치하는 연기자에게 조명을 반사하는 폴리에스테르 새틴과 같이 광택이 있는 천도 피하자.

구김이나 주름이 생기지 않도록 천을 다림질하고 구조물에 잘 당겨 붙이자. 최상의 합성을 보장하려면 스크린에 주름이 전혀 없어야 한다.

스크린 부착하기

천을 장착하는 방법에는 여러 가지가 있다.

스프링 클램프

스프링 클램프로 천을 당길 수 있다. 우선 천을 프레임의 위쪽 파이프에 고정한 다음, 바닥으로 늘어뜨리고 스프링 클램프를 사용하여 양옆으로 당겨준다.

벨크로 테이프

섬유용 벨크로 테이프를 스크린의 가장자리와 구조물의 PVC 파이프에 붙여 사용할 수 있다.

고무줄 밴드

천 가장자리에 고무줄 밴드를 꿰맬 수도 있다. 고리의 크기는 PVC 파이프가 통과할 수 있을 정도면 된다.

파이프에 꿰기

PVC 파이프를 두르게끔 천을 꿰맬 수도 있다. 해체할 때 쉽게 빼낼 수 있도록 약간 여유를 둔다.

사용할 때마다 천을 떼어내지 않으려면, 해체하거나 보관하기 전에 프레임의 위쪽 파이프에 천을 말아놓으면 된다. 이렇게 하면 천에 구김이 생기는 것을 방지할 수 있다. 천이 풀리지 않도록 끝부분에 끈이나 고무줄을 감아놓을 수 있다.

5장을 동영상으로 시청하세요(한국어 자막)

HTTPS://LESBIDOUILLES.COM/KR/CHAPTER-5

5

시나리오 분석하기

· · · · · · · · · · · · · · ·

· · · · · · · · · · · · · · ·

문서 작업

시나리오

시나리오는 코드화된 문서이다. 즉, 프리프로덕션과 촬영에 참여하는 다양한 사람들이 쉽게 읽을 수 있도록 서식이 표준화되어 있다.

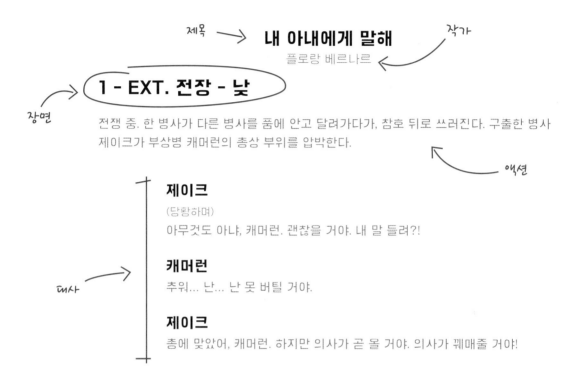

장면

시나리오는 신(scene), 즉 장면으로 구성되며, 새로운 설정이 시작되면 새로운 장면이 필요하다. 각각의 새로운 장면 이 벌어지는 시간과 장소 정보가 담긴 '장면 제목'(신 헤딩scene heading)을 볼드체 대문자로 작성한다.

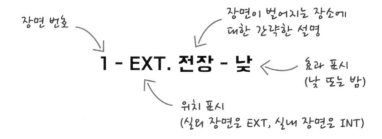

장면 제목에는 더 이상 표시할 것이 없으며, 별도의 제목을 넣을 필요도 없다. 반면에 시제의 변화가 있는 경우 플래시 백(FB), 플래시 포워드(FF), 꿈 등의 용어나 약어로 지정해주는 것이 좋다.

액션

액션과 묘사(지문)는 표준 줄 간격 1.0(최대 1.15), 글자 크기 12로 작성한다. 이렇게 하면 한 쪽에 해당하는 시간을 표준화할 수 있으며, 시나리오 한 쪽이 영화 1분 분량에 해당하는 것으로 간주된다.

또한 읽기에 쉽도록 문단의 모양을 가지런히 맞춰 전체 레이아웃을 구성하는 것이 좋다. 문서의 서식은 내러티브의 설정, 심지어 리듬까지도 제시할 수 있다. 예를 들면, 새로운 단락을 만들어 새로운 숏(또는 컷)을 제시할 수 있다.

등장인물이 어떤 행동을 하거나 어떤 사건이 발생한다면, 그 순간을 묘사해야 한다. 하지만 소설이 아니므로 비유를 사용할 필요는 없다. 그저 보이고 들리는 것을 묘사해야 한다. 액션은 현재 시제로 쓰며, 시나리오를 읽는 시간이 영화를 보는 시간과 가급적 비슷해야 한다.

등장인물의 생각을 설명할 필요는 없다. 관객은 이런 정보를 (내레이션을 사용하지 않는 한) 절대 얻지 못하며, 시각적 내러티브를 통해 느껴야 한다. 다시 말하지만, 소설을 쓰는 것이 아니다.

시나리오에서 새로운 등장인물이 언급될 때마다 그 이름을 대문자[우리말의 경우 볼드체 — 옮긴이]로 적어야 한다. 나이 등 해당 인물에 대한 간단한 신체적 묘사를 괄호 안에 추가할 수도 있다.

대사

각 대사의 앞에는 첫 줄에 볼드체 대문자로 그 대사를 말하는 인물의 이름을 쓴다. 필요한 경우, 둘째 줄에서 지시문을 괄호 안에 넣을 수 있다. 이런 지시문을 통해 인물의 태도, 분위기, 의상 등에 대한 지침을 줄 수 있다.

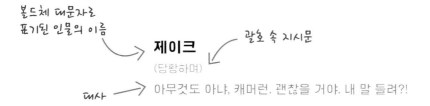

세 번째 줄에는 해당 인물의 대사를 쓴다. 시나리오의 대사는 좌우로 여백을 두고 가운데 배치하는 것이 좋은데, 이렇게 하면 물 흐르듯 직관적으로 읽힐 수 있다.

촬영 대본

• •

촬영 대본이란 감독이 시나리오를 읽은 뒤 현장에서 촬영할 숏의 목록을 작성하고 설명을 더한 문서이다. 요컨대 감독이 시나리오를 시각적으로 재구성한 것으로, 숏 선택, 카메라 움직임, 리듬, 영상 속 다양한 액션 등에 대한 감독의 해석을 나타낸다.

구체적으로는 표로 작성하는데, 각 행은 한 숏을 나타내고, 각 열은 해당 숏에 대한 추가 정보(앵글, 사이즈, 카메라 움직임 등)를 제공한다. 시나리오와 달리 표준적인 촬영 대본 서식은 없다. 감독에 따라 열의 개수와 정보가 다르지만 몇 가지 요소는 필수적이다.

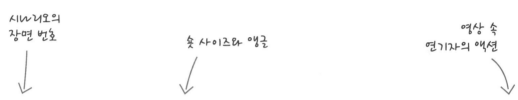

시나리오의 장면 번호

숏 사이즈와 앵글

영상 속 연기자의 액션

장면	#	숏	카메라 움직임	액션
S1	1.1	로우 앵글 와이드 숏	앞으로 이동	제이크가 캐머런을 안고 가다가 쓰러진다
	1.2	숏-타이트 숏	삼각대	제이크가 캐머런을 안심시키려 한다
	1.3	리버스 숏-타이트 숏	삼각대	캐머런이 포기하고 운다
	1.4	'상처 부위' 인서트	삼각대	제이크가 상처 부위를 압박한다
S2	2.1	숏-미디엄 숏	뒤로 이동	의사가 병사들 앞에 멈춰서 구급상자를 꺼낸다
	2.2	리버스 숏-미디엄 숏	삼각대	캐머런이 결국 죽는다
	2.3	리버스 숏-타이트 숏	삼각대	제이크가 의사 쪽으로 돌아서서 피 묻은 손으로 자기 이마와 코밑을 닦는다
	2.4	숏-타이트 숏	삼각대	의사가 전쟁을 한탄한다

숏 번호는 각 숏에 할당된 참조 번호로, 클래퍼보드에 표시될 것이다

촬영 장비(돌리, 삼각대, 크레인 등)를 예상하기 위한 카메라 움직임

촬영 대본의 목적

개중에는 촬영 대본 없이 머릿속에 숏 구상을 담아놓거나 현장에서 즉흥적으로 촬영하는 감독도 있다. 하지만 초보자에게는 이런 방법을 권장하지 않는데, 그 이유는 다음과 같다.

숏을 잊지 않게 해준다

스트레스가 많은 상황에서 촬영할 숏을 깜박 잊은 탓에 편집할 때 난감해지는 경우가 흔하므로, 촬영 전에 꼭 챙겨야 할 문서이다. 촬영일 전에 숏 리스트를 준비해두면, 촬영장에서 스토리 전개에 필요한 모든 숏을 확보할 수 있다. 촬영을 마친 숏은 줄을 그어 지워서 그날 촬영해야 할 숏이 얼마나 남았는지를 쉽게 알아볼 수 있도록 한다.

촬영을 체계적으로 계획하게 해준다

촬영 대본은 숏 리스트 형태로 영화를 시각화할 수 있게 할 뿐만 아니라 촬영을 체계적으로 계획하게 해준다. 실제로 촬영 일정을 계획할 때 이 문서를 활용하면, 설정이 동일한 숏들을 함께 묶어 설정 시간을 절약할 수 있다. 촬영은 항상 시간 순서로 진행되는 것이 아니다(촬영을 계획하는 방법은 294쪽 참조).

팀의 참여를 원활하게 해준다

촬영 대본을 팀원들에게 나누어주면 감독의 구상을 쉽게 설명할 수 있다. 촬영 감독은 조명의 종류와 위치를 예상하여 설치 시간을 절약할 수 있고, 프로듀서는 감독의 구상을 염두에 두고 제작비를 더 수월하게 계산할 수 있다.

숏 사이즈

다음 표는 자주 사용되는 숏 사이즈를 정리한 것이다. 158쪽부터 숏 사이즈에 대해 알아보고, 6장(208쪽)에서 카메라 앵글을 살펴본 다음, 8장(252쪽)의 다양한 카메라 움직임으로 마무리할 것이다.

숏 사이즈	카메라 앵글	카메라 움직임
- 설정 숏	- 아이 레벨	- 픽스(고정)
- 와이드 숏	- 하이 앵글(부감)	- 핸드헬드
- 미디엄 숏	- 로우 앵글(앙각)	- 팬
- 아메리칸 숏	- 오버헤드(수직각)	- 트래킹 또는 돌리
- 타이트 숏	- 더치 앵글(사각)	- 스테디캠
- 인서트 숏	- POV(시점)	- 크레인

스토리보드

스토리보드는 영상의 전개를 한 숏씩 그래픽으로 표현한 것이다. 각 숏을 나타내는 삽화나 사진이 포함된 일러스트 컷, 해당 숏에서 벌어지는 일이나 시나리오 내용에 대한 메모로 구성된다. 시나리오의 만화 버전인 셈이다.

영화에서 스토리보드는 복잡한 특수 효과나 액션 장면을 시각화하여 각각의 컷을 통해 효과나 액션이 어떻게 진행되는지 확인하는 데 사용된다. 스토리보드를 사용하면 영화에 대한 감독의 구상을 팀원들에게 쉽게 보여주고 설명할 수 있다.

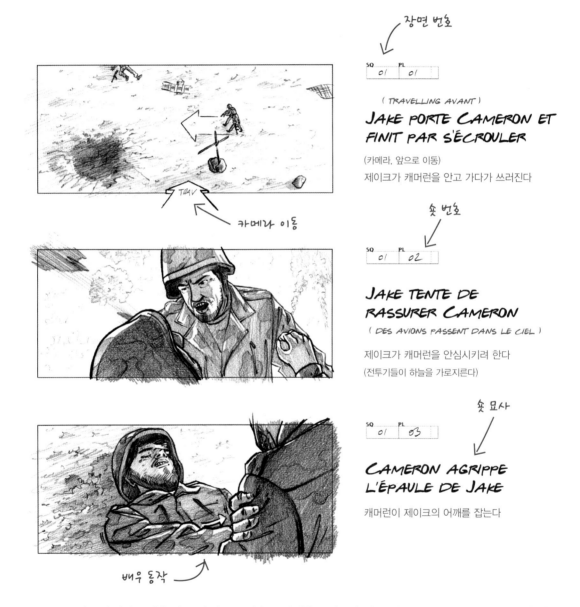

장면 번호

SQ 01 PL 01

(TRAVELLING AVANT)

JAKE PORTE CAMERON ET FINIT PAR S'ÉCROULER

(카메라, 앞으로 이동)
제이크가 캐머런을 안고 가다가 쓰러진다

카메라 이동

숏 번호

SQ 01 PL 02

JAKE TENTE DE RASSURER CAMERON

(DES AVIONS PASSENT DANS LE CIEL)

제이크가 캐머런을 안심시키려 한다
(전투기들이 하늘을 가로지른다)

숏 묘사

SQ 01 PL 03

CAMERON AGRIPPE L'ÉPAULE DE JAKE

캐머런이 제이크의 어깨를 잡는다

배우 동작

스토리보드를 만들기 위해 그림을 잘 그릴 필요는 없다. 스타일을 보여주기 위한 것이 아니므로, 아이디어를 정확히 나타낼 수 있기만 하면 된다. 영화감독이 스토리보드 작가와 함께 작업하거나, 마틴 스코세이지 감독이 〈택시 드라이버〉에서 했던 것처럼 일러스트 컷을 직접 그릴 수도 있다. 스코세이지의 일러스트는 스토리보드를 만들기 위해 그림을 배울 필요는 없다는 것을 증명해주는 것이니 한번 찾아보기를 권한다.

평면도

평면도(플로어 플랜)는 위에서 내려다보는 세트를 나타낸 것이다. 감독의 네 번째 문서이며, 초보자에게는 그리 중요하지 않다. 위에서 바라본 장면을 시각화하고, 인물과 카메라를 배치하고, 움직임(동선)을 그리고, 때로는 조명을 예측하도록 조명기를 배치하기도 한다. 필수 문서는 아니지만, 공간에 연기자와 세트를 배치하기 위해 기술 분석을 할 때 도움이 된다.

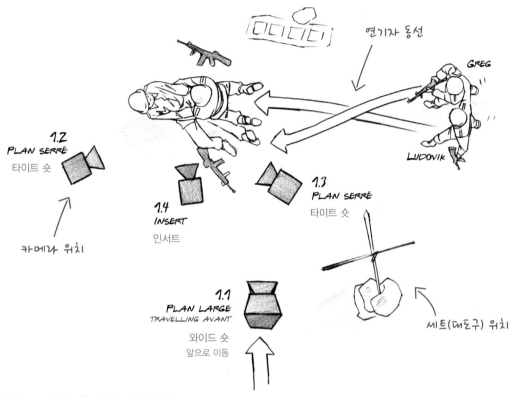

'샷 디자이너' 애플리케이션

요즘은 평면도를 만드는 데 사용할 수 있는 소프트웨어가 많이 있다. 매우 직관적이면서 컴퓨터, 스마트폰, 태블릿 등에서 사용할 수 있는 '샷 디자이너(Shot Designer)'를 추천한다.

이 애플리케이션을 사용하면 카메라, 인물, 조명을 배치하기 전에 세트를 간단히 재현해볼 수 있다. 각 카메라가 추가될 때마다 샷 리스트가 촬영 대본에 따라 업데이트된다.

또한 평면도에 배치된 각 카메라에 대한 스토리보드를 추가하고, 세트에서 연기자의 동선을 시각화할 수 있는 애니메이션을 간단히 만들 수도 있다.

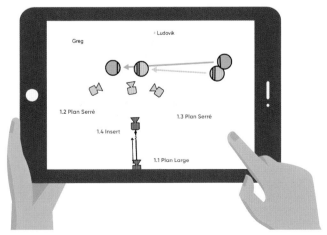

브레이크다운

숏

프로덕션 과정을 시작하기 전에 스토리를 시퀀스, 신(장면), 숏으로 분석하고 분할하는 작업이 필요하다[시나리오를 분석하여 촬영 대본으로 옮기는 과정을 브레이크다운(breakdown), 또는 프랑스어로 데쿠파주(découpage)라고 한다. 시나리오 작업의 마지막 단계에서 촬영에 필요한 기법을 지시하거나, 시나리오를 필요에 따라 분할하고 분석하여 세밀한 촬영 대본으로 작성한다 — 옮긴이]. 영화의 구성 단위는 숏으로, 단일 시점에서 연속적으로 촬영된 액션을 말한다.

관객이나 시청자에게 어떤 시각적, 심리적 정보를 제공할 것인지는 촬영 중에 감독의 선택에 따라 결정된다. 카메라를 켜고, 무언가를 촬영하고, 끌 때마다 새로운 숏을 얻게 된다. 카메라의 위치를 바꿔서 다른 시점으로 촬영하는 경우에도 새로운 숏이 생겨난다. 신(장면)은 같은 장소에서 촬영한 숏들의 조합이다. 시나리오는 시퀀스들로 구성되며, 시퀀스는 여러 신(장면)의 집합체이다.

원래는 숏을 눈높이 정도에서 카메라의 움직임 없이 동일한 크기로만 촬영했다. 초기 무성 영화는 편집 없이 와이드 숏만 사용하여 극장의 경험을 그대로 재현했다. 영화 언어가 진화하고 편집이 발명되면서 영화를 촬영하고 편집하는 방식이 변화함에 따라 진정한 영화적 어휘가 탄생하기에 이르렀다.

각 숏과 미장센(연출)은 스토리에 의미가 있는 무언가를 만들어내야 한다. 시나리오를 읽은 후 감독은 촬영할 숏 리스트를 만들고 설명을 추가하면서 각 숏에 대해 다음의 세 가지 사항을 지정한다.

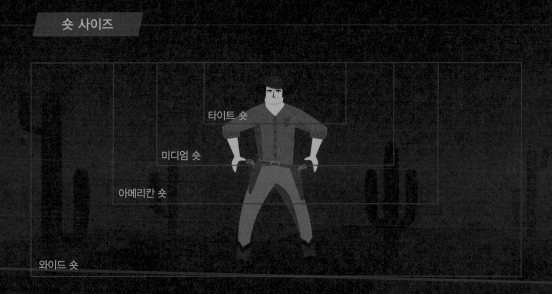

숏 사이즈

타이트 숏

미디엄 숏

아메리칸 숏

와이드 숏

프레이밍이라고도 하는 숏 사이즈는 피사체와 카메라 사이의 거리를 나타낸다. 인물이나 사물이나 장식적 요소를 얼마나 크게 보여줄지, 프레임에 비해 피사체를 어느 정도 비율로 보여줄지, 그리고 무엇보다도 이것이 어떤 효과를 일으킬지 아는 것이 중요하다.

예를 들어 와이드 숏은 배경을 드러내고 맥락을 설정하는 데 자수 사용되는 반면, 타이드 숏은 관객이 등장인물과 더 친밀한 관계를 맺도록 해준다.

앵글

촬영 각도는 프레이밍에 역동성을 더하고 관객의 시선을 사로잡는다. 카메라의 위치는 무엇을 촬영하는지에 따라서 달라진다.

프레임 구도와 카메라 배치에 따라, 등장인물에 관한 의도와 극적 효과가 달라지고 전달되는 스토리가 달라진다. 이를 감독의 시점이라고 하며, 감독이 현실을 표현하는 방식이다(186쪽 참조).

예를 들어 연기자의 위쪽에서 하이 앵글로 촬영하여 인물을 약하게 보이게 하거나, 아래쪽에서 로우 앵글로 촬영하여 인물을 위대해 보이게 할 수 있다(자세한 내용은 6장 참조).

카메라 움직임

이것은 카메라의 이동 경로를 규정하는 것이다. 카메라는 고정 또는 이동이 가능하다. 일반적으로, 카메라가 이동하지 않고 축을 중심으로 회전하는 패닝(panning), 카메라가 앞, 위, 옆 등으로 이동하는 트래블링(travelling) 등 두 가지 유형의 움직임이 있다.

카메라 움직임은 인물을 좇거나 장소를 소개하는 데만 사용되는 것이 아니라, 내러티브와 연기 의도를 반영할 수도 있다. 예를 들어, 고개를 드는 인물에게 다가가는 트래블링 숏은 그 인물이 방금 아이디어를 떠올렸다는 것을 알려준다. 이런 느낌을 픽스(고정) 숏으로 만들어내기는 쉽지 않다. 이에 대해서는 8장에서 설명하겠다.

와이드 숏

와이드 숏은 장면을 설정하고, 상황을 보여주며, 장소, 시간대, 기후 등에 대한 정보를 제공한다. 그러면서 장면의 배경을 관객이 이해하게 해준다. 시점이 워낙 멀어 얼굴의 감정을 세세히 볼 수 없기 때문에, 이 사이즈는 신체의 위치와 그 위치가 드러내주는 내용에 초점을 맞춘다.

그런가 하면, 와이드 숏은 인물의 감정을 부각하지 않기 때문에, 관객의 감정 이입을 제한하여 타이트 숏이나 미디엄 숏에서 일반적으로 얻을 수 있는 감정적 단서를 보지 못하게 하는 데도 사용할 수 있다.

이런 프레이밍은 다양한 내러티브를 가능하게 한다. 와이드 숏에 인물을 작게 배치하면 위치나 고립감을 강조할 수 있다. 주변 공간을 부시한 채 인물을 부각하거나, 인물보다 배경을 강조하거나, 인물과 주변 공간 사이에 특별한 관계를 설정하기 위한 구도를 만들 수도 있다.

와이드 숏은 대개 시퀀스를 시작할 때 사용되며, 장면의 시작 부분에 배치하여 관객에게 다음 액션이 어디에서 일어날지 알린다. 이를 설정 숏이라고 한다(장면을 설정하는 방법과 로케이션을 속이는 방법은 174쪽 참조).

하지만 장면의 마지막에 배치할 수도 있는데, 일반적으로 처음에 설정한 것과는 다른 극적인 톤을 전달하는 구도를 사용하여 인물의 감정이나 관점의 변화를 표시한다.

와이드 숏은 상황과 배경을 설정하는 것 외에도, 〈매트릭스 2: 리로디드〉의 네오와 스미스 요원이 대결하는 장면에서처럼 구도
속 인물의 배치와 상대적 스케일을 통해 인물 간의 내러티브적, 주제적 역학 관계를 암시할 수 있다.

이 와이드 숏은 모든 점이
상반되는 두 인물을
분리하는 거리를 강조한다

배경은 전경의 인물들보다 어둡게 처리되어
프레임에서 인물을 돋보이게 하고
관객의 시선을 인물로 유도한다

결투장처럼 인물들을 배치하여 임박한 싸움을 암시한다.
두 사람은 숏의 양쪽 끝 같은 높이에 위치한다

실전 팁

✚ 초점 거리

초점 거리의 선택은 인물과 장소 사이의 관계에 극적인 영향을 미칠 수 있다. 광각 렌즈는 원근감을 왜곡하고 배경을
실제보다 더 크고 멀리 보이게 하여 인물을 시각적으로 분리할 수 있다. 망원 렌즈는 배경을 인물에 더 가깝게 가져와
서 인물과 배경 사이에 강력한 시각적 연결을 구축할 수 있다.

✚ 조명

와이드 숏에서 인물과 세트 사이의 시각적 관계를 제어하는 또 다른 방법은 배경을 비추는 조명을 제어하여 배경의 디
테일 양을 제한하는 것이다. 연기자가 세트보다 더 밝고 배경에서 눈에 띄도록 조명하여 영상에서 더 중요해 보이도록
하는 것이 일반적이다. 하지만 그 반대도 가능하다. 왼쪽에 있는 〈빅 피쉬〉의 와이드 숏에서처럼 인물을 더 밝은 배경
속에 빠뜨리는 것이다. 사랑하는 사람의 창문 아래에 선 이완 맥그리거는 자신이 방금 심은 수선화 밭에 둘러싸여 있
다. 여기서 눈길을 끄는 것은 꽃이다.

✚ 편집

많은 세부 사항과 시각적 요소가 담긴 와이드 숏은 대체로 정보가 적은 다른 숏보다 스크린에 더 오래 유지된다. 이
런 추가 시간은 관객이 봐야 할 모든 것을 볼 수 있는 충분한 시간을 제공한다. 또한 편집의 호흡을 잠시 늦추는 역
할을 하기도 한다.

미디엄 샷

미디엄 샷은 일반적으로 한 명 이상 인물의 상반신을 촬영하며, 세트의 일부를 포함한다. 연기자의 얼굴을 볼 수 있을 만큼 가까우면서도 공간에서의 움직임을 볼 수 있을 만큼 넓기 때문에 코미디에서 가장 자주 사용되는 샷이다. 액션, 인물, 주행 중인 자동차, 대화 등을 보여주는 샷이다.

인물이 두 명 이상 등장하는 경우, 미디엄 샷은 인물의 몸짓과 더불어 구도 속 인물들의 배치를 통해 관계의 역동성을 전달할 수 있다. 이것이 2인 또는 그룹 촬영에 미디엄 샷이 자주 사용되는 한 가지 이유이다.

편집할 때 미디엄 샷은 대개 관객의 감정 이입을 제어하기 위해 타이트 샷과 함께 사용된다. 예를 들어 두 명 이상의 인물이 대화를 나눌 때는 일반적으로 인물의 미디엄 샷을 사용하다가 중요한 순간이 오면 인물의 타이트 샷을 사용하여 상황을 강조한다.

권총집

영화에서 인물의 머리부터 허벅지 중간까지 프레임에 담는 것을 '아메리칸 숏' 또는 '3/4 숏'이라고 한다.

이 표현은 미국, 특히 서부 영화에서 유래한 관행에서 비롯된 것이다. 당시 감독들은 벨트에 찬 총기를 강조하기 위해 권총집 높이까지 포함하는 이런 프레이밍을 선호했다.

실전 팁

이 숏 사이즈는 인물과 세트를 서로 동등하게 표현한다. 따라서 렌즈를 선택할 때는 인물과 세트 사이에 어떤 공간적 관계를 설정하고 싶은지를 고려해야 한다.

✚ 초점 거리

광각 렌즈를 사용하면 배경이 멀리 떨어져 있어 존재감이 떨어진다. 반면에 망원 렌즈는 배경을 더 가까이 가져와 인물과의 관계를 강조할 수 있으며, 자동차 같은 배경 요소가 이 같은 초점 거리로 부각될 수 있다.

35 mm

75 mm

초점 거리가 길면
배경에 더 큰 중요성을 부여할 수 있다

✚ 피사계 심도

피사계 심도가 너무 깊어서 심도를 조절하기 어려운 와이드 숏과 달리, 미디엄 숏에서는 배경을 흐리게 처리할지 여부를 선택하여 인물 주변에서 인물보다 눈에 띄는 부분을 더 쉽게 제어할 수 있다. 얕은 피사계 심도는 인물을 돋보이게 하는 반면, 깊은 피사계 심도는 인물을 배경과 현실에 통합시킨다(54쪽 참조).

F16

F2.8

피사계 심도를 높이면
인물이 현실에 밀착된다

타이트 숏

타이트 숏이나 클로즈업은 감정, 인물의 느낌, 일어난 일에 대한 반응, 세부 사항 등을 드러낸다. 특정 요소나 표현에 관객의 시선을 끌어서 눈에 띄게 만든다. 연상 작용을 일으키는 힘이 커서 이유 없이는 절대 사용되지 않는 숏이다.

클로즈업의 가장 중요한 특징은 와이드 숏에서는 볼 수 없는 인물의 행동과 감정(특히 얼굴에서 드러나는 감정)의 뉘앙스를 관객이 볼 수 있다는 것이다. 클로즈업의 근접성과 친밀성은 관객이 인물(그리고 그 인물의 스토리)과 연결되도록 해준다.

피사계 심도를 얕게 설정하여 배경을 흐리게 처리하고 프레임 안에서 피사체를 효과적으로 분리함으로써 관객이 촬영된 인물에게 감정적으로 몰입하는 데 방해가 되지 않도록 하는 것이 일반적이다. 따라서 클로즈업은 등장인물이 결단을 내리거나, 사건에 반응하거나, 갑자기 무언가를 발견하는 등 스토리의 중요한 순간에 사용해야 한다. 타이트 숏을 과도하게 사용하면 극적 효과가 감소하므로 너무 자주 사용하지 않도록 하자.

인서트

인서트를 사용하면 눈이나 입 같은 인물의 특징적 부위나 키보드의 키, 우표, 권총 같은 작은 물체에 관객의 주의를 집중시킬 수 있다. 타이트 숏이 관객에게 배우 연기의 뉘앙스를 보여준다면, 인서트는 더 작고 독특한 시각적 디테일을 장면의 나머지 부분으로부터 분리해낸다. 디테일이 매우 작은 경우에는 매크로 렌즈를 사용하여 이를 구현하기도 한다(자세한 내용은 67쪽 참조).

실전 팁

초점 거리

타이트 숏으로 인물을 프레이밍하는 경우 주목적은 관객이 행동과 감정의 작은 뉘앙스를 볼 수 있도록 하는 것이다. 따라서 주의를 흐트러뜨릴 수 있는 외부의 시각적 요소를 배제하거나 가리는 방식으로 구성해야 한다.

얕은 피사계 심도를 확보하고 배경을 흐리게 처리하여 관객과 등장인물이 친밀하게 가까워지는 효과를 내기 위해 망원 렌즈와 조리개를 개방한 렌즈를 사용하는 것이 일반적이다. 목표는 관객의 지각, 감정, 생각을 방해할 만한 요소를 피하는 것이다. 그러나 광각 렌즈도 인물의 왜곡된 시야를 연출하고 불안감을 강조하는 데 사용할 수 있다(56쪽 참조).

조명

공허한 시선이 되지 않도록 눈에 약한 조명을 비춘다

공허한 시선이 되지 않도록 눈에 약한 조명을 반사판 없이 비추는 것이 일반적이다. 카메라 근처에 낮은 전력의 조명을 배치하여 연기자의 눈을 반짝이게 하거나(추가 조명으로 인해 와이드 숏의 분위기가 상쇄되지 않도록 주의), 카메라 부근에 흰색 폴리스티렌 시트 등의 흰색 표면을 설치하면 된다.

숏/리버스 숏

두 개의 상반된 대칭적 또는 비대칭적 축들을 따라 숏들이 서로 이어질 때, 이를 숏/리버스 숏(또는 숏/카운터숏)으로 촬영된 시퀀스라고 한다. 예를 들어 두 인물 간의 대화에서 한 인물을 보여주는 숏과 다른 인물을 보여주는 숏이 번갈아 나타나는 경우이다. 이때 두 인물은 나란히 배치될 수도 있고, 서로 마주 볼 수도 있다.

숏/리버스 숏의 두 축은 화면 밖의 상대 연기자가 큐를 주는 방식으로 따로 촬영하거나, 카메라 두 대가 동시에 작동하면서 각기 연기자 한 명씩을 담당할 수도 있다.

숏
두 인물 중 한 명이 카메라 시야에 들어오도록 촬영한다.

리버스 숏
리버스 숏은 숏 반대편의 숏으로, 카메라의 방향을 바꾸어 촬영한다.

두 가지 사이즈로 촬영한다

현장에서는 와이드(또는 미디엄) 숏과 타이트 숏 모두를 촬영하는 것이 좋다. 이렇게 하면 편집할 때 두 가지 사이즈 중에서 숏을 선택하여 원하는 대로 리듬을 추가하고 대화를 전개할 수 있다. 예를 들어 두 인물을 점점 더 타이트하게 보여주어 친밀감이 생성되어가는 것을 표현하거나, 반대로 둘 사이의 긴장감을 높일 수도 있다(221쪽 참조).

미디엄 숏

타이트 숏

미디엄 숏

타이트 숏

오프스크린

오프스크린(off-screen)은 화면에서 볼 수 없는 모든 것, 보이지 않는 모든 것이다. 영상에 나타나지는 않음에도 스토리의 일부가 되는 모든 것을 가지고 관객의 상상력을 작동시키는 기술이다. 아무것도 보이지 않지만 상상하는 것이다. 이 기법은 다양한 용도로 활용할 수 있다.

공포감을 조성한다

어릴 적부터 우리는 침대 밑에 숨어 있는 괴물 등의 보이지 않는 것들을 두려워해왔다. 오프스크린은 공포감을 일으키는 주요 수단이다. 오프스크린 사운드도 마찬가지이다. 관객은 아직 위험을 볼 수 없지만 소음으로 인해 최악의 상황을 상상하게 된다.

액션을 암시한다

오프스크린을 사용하면 폭행이나 섹스 장면과 같이 관객에게 충격적인 모습을 촬영하지 않을 수 있다.

예를 들어 〈저수지의 개들〉의 이 장면에서 마이클 매드슨이 피해자의 귀를 자를 때 카메라는 왼쪽으로 패닝을 하여 액션을 숨긴다. 관객은 배경에서 나는 남자의 비명 소리만 들을 뿐이다.

오프스크린은 폭력을 보여주지 않고 암시한다

특수 효과 비용을 절약한다

건물을 폭파하거나 자동차 충돌을 보여줄 예산이 부족하다면 오프스크린으로 해결할 수 있다. 예를 들어 연기자가 화면 밖의 폭발이나 사고를 목격하고 깜짝 놀라는 숏만 촬영한 다음 음향 효과와 조명 효과를 추가하여 폭발의 섬광을 재현할 수 있다.

미스터리를 유지한다

감독은 오프스크린을 사용하여 스토리의 핵심 요소를 보여주지 않음으로써 미스터리를 만들어내고 유지하기도 한다. 소포를 받은 한 남자가 그 안에 무엇이 들어 있는지 확인하고 눈이 휘둥그레지지만, 정작 그것이 무엇인지는 보여주지 않는다.

관객은 계략에 빠져 온갖 것을 상상하게 되고, 마지막에 밝혀질 때까지 진정한 서스펜스를 느끼게 된다. 데이비드 핀처 감독이 〈세븐〉에서 이를 멋지게 해냈으니 꼭 보기를 추천한다.

전형적인 브레이크다운

새로운 장면이 시작될 때마다 관객에게는 기준점이 필요하다. 그 장면이 어디에서 일어나는가? 언제 일어나는가? 어떤 인물이 등장하는가? 인물들이 무엇을 하는가? 감독은 브레이크다운을 통해 이러한 질문에 답해야 한다.

첫 번째 숏은 장면이 어디서(집 안, 밖?), 언제(아침, 저녁, 밤?) 벌어지는지, 누가 함께 있는지를 드러낼 수 있을 만큼 충분히 넓어야 한다. 따라서 배경과 맥락을 설정하는 와이드 숏으로 전형적인 브레이크다운을 시작한다. 미디엄 숏이나 타이트 숏으로만 장면들을 연결할 경우 관객이 혼란스러워할 수 있는데, 이런 설정 숏을 사용하면 각 장면의 변화를 환기시키고 장면을 분명히 구분 지을 수 있다.

그런 다음, 장면에서 무슨 일이 일어나고 있는지를 이해하고, 등장인물이 무엇을 하고 있는지와 인물의 감정 상태가 어떤지를 확인할 수 있도록 연기자에게 더 가까이 다가가야 한다. 예를 들어, 숏/리버스 숏으로 연결된 미디엄 숏을 사용하여 여러 인물 간의 대화, 무언가를 찾아가거나 발견하는 인물(연기자를 미디엄 숏으로 보여주는 '숏'과 그의 주관적 시점을 드러내는 '리버스 숏') 등을 보여줄 수 있다.

① 와이드 숏

와이드 숏은 장면을 설정하고 맥락을 보여준다. 액션이 어디서, 언제, 누구와 함께 이루어지는지를 알려준다.

② 숏

숏과 리버스 숏은 액션과 대화를 보여주며, 미디엄 숏이나 타이트 숏으로 구도를 잡을 수 있다.

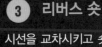

③ 리버스 숏

시선을 교차시키고 숏의 균형을 맞추기 위해 삼분할법을 준수하여 프레임의 각 측면 공간을 비워둔다 (200쪽 참조).

이런 전형적인 브레이크다운은 상황과 맥락을 빠르게 설정할 수 있기 때문에 유튜브에서 많이 사용된다. 인터넷에서는 속도가 중요하므로 시청자의 시선을 빠르게 사로잡아야 하며, 각 장면의 시작 부분에 이를 위한 장치가 있어야 한다. 이는 〈세븐〉과 〈아멜리에〉의 두 장면처럼 영화에서도 찾아볼 수 있는 기법이다.

〈세븐〉(1995)
데이비드 핀처 감독

〈아멜리에〉(2001)
장피에르 죄네 감독

〈세븐〉에서 첫 번째 와이드 숏은 한낮의 레스토랑이다. 트레이시(귀네스 팰트로)가 뉴욕으로 이사를 가야 하는 것에 대한 불만을 서머싯(모건 프리먼)에게 털어놓는 신이다. 두 사람의 대화는 숏/리버스 숏으로 연결되는 타이트 숏으로 촬영되었다.

작은 일화를 소개하자면, 〈세븐〉의 이 장면은 로스앤젤레스의 '퀄리티 카페'에서 촬영되었다. 이 로케이션은 〈캐치 미 이프 유 캔〉, 〈미스터 & 미세스 스미스〉, 〈트레이닝 데이〉, 〈밀리언 달러 베이비〉 등 많은 영화에 등장한다. 지금은 문을 닫은 이 레스토랑은 전형적인 미국식 인테리어로 인해 당시 인기를 끌던 촬영 장소였다.

오른쪽은 장피에르 죄네 감독의 〈아멜리에〉에서 아멜리에(오드레 토투)가 니노 캥캉푸아(마티외 카소비츠)의 사진첩을 집어 들고 펼치는 장면이다. 첫 번째 와이드 숏이 장면을 설정하는데, 그 청년이 방금 도망친 파리 북역 앞이다. 아멜리에는 계단에 앉아 사진첩을 처음으로 열어본다. 다음 '숏'은 수십 장의 잘못 찍은 증명사진이 담겨 있는 사진첩을 보여준다. 그런 다음 '리버스 숏'으로 전환하여, 뭔가를 떠올리며 사진첩을 닫는 아멜리에의 얼굴을 비춘다. 그녀는 자신이 사랑에 빠진 사진첩의 주인을 찾아야 한다.

신(장면) 브레이크다운

이 같은 전형적인 브레이크다운은 유용한 지침이지만, 얼마든지 자신에게 적합하도록 응용할 수도 있다. 예컨대, 내가 2013년에 스튜디오 바겔에서 만든 단편 영화 〈배터리 부족(Batterie Faible)〉(http://www.youtube.com/watch?v=N1Xjxkla8Es)에서는 장면을 설정하기 위해 두 개의 와이드 숏을 사용한다. 하나는 장소를 설정하는 술집 외부 숏, 또 하나는 분위기와 맥락을 보여주는 내부 숏이다. 무슈 풀프가 의자에 기대앉아 있는 '숏'에서는 미디엄 숏과 타이트 숏을 번갈아가며 액션을 더욱 역동적으로 표현한다. 그리고 이어지는 '리버스 숏'인 휴대폰 인서트로 마무리한다.

I – INT. 술집 – 낮

1 서부 개척지 한복판에 있는 술집의 분위기는 비교적 차분하다. 바텐더가 카운터에 앉은 카우보이에게 맥주를 내주고, 웨이트리스가 테이블 사이를 오간다. 2

3 4 구석으로 조금 더 들어가면, 의자에 기대앉은 카우보이가 웨이트리스를 지켜보고 있다. 그런데 갑자기 주머니에서 무언가가 진동하는 것 같다. 5

6 아이폰이다. '10%, 배터리 부족'이라고 표시된다.

와이드 숏 – 외부 / 와이드 숏 – 내부 / 숏 – 미디엄 숏 / 숏 – 타이트 숏 / 숏 – 미디엄 숏 / 리버스 숏 – 인서트

브레이크다운 응용하기

와이드 숏   인서트

숏   리버스 숏

필요한 경우 전형적인 브레이크다운 사이에 숏을 추가하여 활기를 불어넣을 수도 있다. 〈뜨거운 녀석들〉의 이 장면에서는 경찰관 니컬러스 에인절(사이먼 페그)이 술 취한 사람 몇 명을 경찰서로 데려간다. 첫 번째 와이드 숏은 작은 마을에 있는 경찰서를 보여준다. 인서트가 경찰서 문을 여는 손을 보여주다가, 경찰서 접수창구에서 니컬러스와 다른 경찰관(빌 베일리)이 주고받는 대화를 숏/리버스 숏으로 번갈아 보여준다.

브레이크다운 뒤집기

숏

이런 브레이크다운을 뒤집으면 코믹한 상황을 연출할 수 있다. 예를 들어, 장면의 시작 부분에서는 관객이 갈피를 잡지 못하게 하다가 와이드 숏에서 코믹한 상황을 드러내는 것이다.

리버스 숏

관객은 여기가 어디인지 모르다가 등장인물과 동시에 알게 된다. 이 브레이크다운은 〈택시 2〉의 도입부에 나오는 것인데, 프레데리크 디팡탈이 연기한 에밀리앙이 마침내 운전면허를 취득한다.

와이드 숏

이 장면은 차 안에서 숏/리버스 숏으로 연결되는 타이트 숏으로 시작한다. 시험관은 에밀리앙을 축하해주고, 에밀리앙은 자신의 눈을 의심하면서 주차를 하겠다고 한다. 와이드 숏으로 바뀌면 관객은 차가 애초부터 상점을 들이받아 손상된 채로 있었다는 사실을 알게 된다.

시나리오 브레이크다운

다양한 시나리오 브레이크다운 방법이 있는데, 가장 잘 알려진 방법 한 가지는 시나리오 왼쪽에 각 숏마다 세로선을 그어 어떤 액션이 어떤 숏에 해당하는지 간단히 시각화하는 것이다.

숏에 동그라미 친 번호를 부여하기만 하면 된다. 여기에 숏 사이즈(와이드, 미디엄, 타이트 등) 또는 숏에 담는 인물(이 예에서는 뤼도비크 또는 그레그)을 적고, 시나리오에서 그 숏이 멈춘다고 생각되는 지점까지 선을 긋는다. 그런 다음 숏의 사이즈, 번호, 액션이 포함된 숏 리스트를 작성하여 촬영 대본을 만들면 된다.

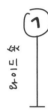
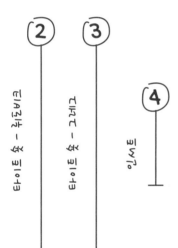

I – EXT. 전장 – 낮

전쟁 중. 한 병사가 다른 병사를 품에 안고 달려가다가, 참호 뒤로 쓰러진다. 구출한 병사 제이크가 부상병 캐머런의 총상 부위를 압박한다.

제이크
(당황하며)
아무것도 아냐, 캐머런. 괜찮을 거야. 내 말 들려?!

캐머런
추워… 난… 난 못 버틸 거야.

제이크
총에 맞았어, 캐머런. 하지만 의사가 곧 올 거야. 의사가 꿰매줄 거야!

캐머런
(짜증이 나서)
제이크, 제이크… 별거 아냐. 이게 전쟁이니까…

장면	#	숏	카메라 움직임	액션
S1	1.1	로우 앵글 와이드 숏	앞으로 이동	제이크가 캐머런을 안고 가다가 쓰러진다
	1.2	숏–타이트 숏	삼각대	제이크가 캐머런을 안심시키려 한다
	1.3	리버스 숏–타이트 숏	삼각대	캐머런이 포기하고 운다
	1.4	'상처 부위' 인서트	삼각대	제이크가 상처 부위를 압박한다

실전 팁

숏 1개 = 정보 1개

미적인 이유로 장면을 과도하게 분할해서는 안 된다. '멋지다'는 이유만으로 같은 액션을 다섯 번이나 촬영할 필요는 없다. 이러면 편집이 난삽해지고 관객을 혼란스럽게 한다. 각 숏은 새로운 정보를 제공하고, "여긴 어디지? 저 사람은 누구지? 뭘 하고 있지? 뭘 보고 있지?" 등의 새로운 의문에 답해야 한다.

시선을 따라간다

장면을 분할하는 방법 중 하나는 인물의 시선을 따라가는 것이다. 인물이 카메라를 마주하고 있다가 돌아서는 경우 그 인물을 뒤에서 바라보게 되는 단 한 숏에 머물지 말고, 인물과 함께 돌아서서 그가 돌아설 때 마주 보는 숏을 추가하자.

배우는 등장인물에게 생명을 불어넣고 연기를 통해 스토리의 내러티브를 전달하므로, 관객은 배우의 시선과 감정을 볼 수 있어야 한다.

연결을 잊지 않는다

숏의 변경은 두 가지 필요성에 따라 이루어진다. 하나는 다른 무언가(반응을 보이는 배우, 물체를 바라보는 시선 등)를 보여줄 필요가 있는 경우, 또 하나는 진행 중인 영상을 더 이상 보여줄 필요가 없는 경우(액션이나 장면의 끝)이다.

따라서 뒤잇는 영상은 충분히 큰 차이를 나타내고 그 차이가 흥미로워야 한다. 연결은 다양한 방식으로 이뤄질 수 있다.

- **동작 연결**

  배우가 동일한 동작을 두 숏에 걸쳐 한다.

- **동선 연결**

  동일한 액션의 와이드 숏에서 타이트 숏으로 바뀐다.

- **숏/리버스 숏 연결**

  카메라가 상호 반응이나 대화를 따라 방향을 바꾼다.

- **시선 연결**

  배우의 시선을 이용하여 다음 숏을 소개한다.

- **두 장면 사이의 연결**

  컷이나 트랜지션(전환 효과)으로 연결될 수 있다(8장 262쪽 참조).

영화를 본다

영화 제작에 관한 수많은 책과 튜토리얼이 있지만, 브레이크다운을 익히는 가장 좋은 방법은 좋은 영화를 보는 것이다. 따라서 영화관에서 영화를 보거나 인터넷에서 드라마, 단편 영화 등을 보고 여러 감독들의 다양한 기법을 분석해보자. 신(장면) 브레이크다운을 어떻게 했는가? 이 액션에 왜 와이드 숏을 선택했는가? 프레임 안에는 어떤 요소가 있고, 그 이유는 무엇인가? 이런 것들은 스토리에 어떤 영향을 미치는가?⋯

NEW YORK

장면 설정하기

설정 숏

설정 숏은 일반적으로 광각으로 촬영되는 실외 숏이다. 장소, 국가, 도시, 경관, 계절 등을 보여주고, 밤인지 낮인지를 나타내며, 날짜, 시간, 도시명 같은 자막 또는 장면의 시공간적 위치를 파악할 수 있는 특징적인 요소를 포함하기도 한다.

전체 세트를 보여줌으로써 액션을 둘러싼 맥락을 파악하도록 한다. 간혹 인물이 포함될 수도 있지만 매우 작게 보인다. 설정 숏은 감독이 관객에게 전달하고자 하는 모든 정보를 제공할 수 있을 만큼 충분히 오래 지속되어야 한다. 이를 통해 영화 또는 시퀀스의 분위기, 주위 상황 등을 전달할 수 있다.

많은 감독이 영화나 새로운 시퀀스를 시작할 때 설정 숏을 사용하는데, 이는 관객에게 다양한 정보를 제공하여 플롯에 대한 준비를 하게 만들기 위함이다. 또한 시퀀스의 끝에서 새로운 로케이션으로 이동하기 전에 마지막으로 액션이 일어나는 장소를 보여주기 위해 사용할 수도 있다. 이 경우 설정 숏은 관객에게 정보를 제공하기보다는 잠시 숨 돌릴 틈을 주는 역할을 한다.

브레이크다운

설정 숏은 일반적으로 다음 두 장면에서와 같이 앞서 살펴본 전형적인 브레이크다운 앞에 배치된다. 왼쪽에 있는 마이클 베이 감독의 영화 〈더 록〉의 설정 숏은 시간을 나타내는 자막이 있는 펜타곤의 항공 촬영 숏이다. 오른쪽에 있는 마틴 캠벨 감독의 〈007 카지노 로얄〉에서 설정 숏은 관객을 몬테네그로 땅을 달리는 기차로 데려간다.

설정 숏은 일반적으로 새로운 로케이션의 시작 부분에 배치되므로, 이어지는 장면이 같은 장소에서 전개되는 경우 다시 편집에 넣을 필요가 없다.

예를 들어, 영화 〈나를 찾아줘〉에서 경찰관이 닉 던(벤 애플렉)을 처음 찾아가는 장면에서 데이비드 핀처 감독은 시퀀스의 시작 부분에 집의 설정 숏을 배치하여 장면을 설정한 다음, 집에 들어간 후에는 전형적인 브레이크다운을 사용하여 닉이 보여주는 새로운 방을 하나씩 소개하지만 집의 설정 숏으로 돌아가지는 않는다.

로케이션 속이기

설정 숏의 유용성을 이해했다면, 이제 어떻게 응용할 수 있는지 살펴보자. 워쇼스키 형제가 감독한 영화 〈매트릭스〉에서 키아누 리브스가 연기한 네오가 지각을 해서 호출되는 장면을 예로 들어보자.

1 - 설정 숏   2 - 와이드 숏

3 - 숏   4 - 리버스 숏

여기서 설정 숏은 등장인물이 시내 한복판의 건물 안에 있고, 낮이며, 사무실에 큰 창문이 있다는 것을 알려준다. 이 숏은 등장인물이 있는 위치를 알려주기 때문에 관객에게 필수적이다. 이 숏을 몽파르나스 타워 숏으로 바꾸면, 네오의 사무실은 파리에 있는 것이 된다.

1 - 설정 숏   2 - 와이드 숏

이 설정 숏을 런던의 항공 촬영 숏으로 바꾸면, 네오의 사무실은 영국에 있는 것이 된다.

1 - 설정 숏   2 - 와이드 숏

영화에서는

이 기법은 동일한 설정에서 촬영을 중앙 집중화하여 비용을 절감하기 위해 시리즈물에서 자주 사용되며, 영화에서도 간혹 사용된다. 실내 세트는 같은 장소(주로 스튜디오)에서 촬영하고, 설정 숏은 스태프를 다른 장소로 파견하여 촬영한다.

TV 시리즈 〈프렌즈〉가 바로 그런 경우이다. 이 드라마는 뉴욕에 사는 여섯 친구의 일상에 대한 이야기이지만, 대부분의 에피소드는 로스앤젤레스에서 몇 분 거리에 있는 캘리포니아의 워너 브러더스 스튜디오에서 촬영되었다.

여러 설정 숏은 뉴욕에서 다양한 시간대(여름, 가을, 비, 눈, 밤, 낮 등)에 촬영되었다. 모니카, 레이철, 조이, 챈들러가 사는, 이 드라마의 상징적인 건물은 맨해튼의 그리니치빌리지(그로브가와 베드퍼드가가 만나는 모퉁이)에 위치해 있다. 이 시리즈의 아트 디렉터 존 섀프너가 여기에 살았다.

아파트 외관
실제 건물

GREENWICH VILLAGE

NEW YORK

아파트 실내
스튜디오

STUDIO 24 WARNER

LOS ANGELES

제작진은 편집 과정에서 이 같은 뉴욕의 설정 숏을 로스앤젤레스의 워너 브러더스 스튜디오에서 촬영된 실내 장면과 결합하여, 시청자에게 이 시리즈 전체의 배경이 뉴욕이라는 인상을 주었다.

스톡 숏 기교

이제 겨우 첫발을 내딛는 경우라면, 설정 숏을 촬영하기 위해 전 세계에 스태프를 파견하는 사치를 부릴 수 없다. 하지만 다행히도 지금까지 살펴본 여느 기법과 마찬가지로, 언제나 방법은 있다. 바로 스톡 숏(stock shot)[스톡 푸티지(stock footage)라고도 한다 — 옮긴이]이다. 이제는 인터넷의 동영상 카탈로그에서 어떤 장소의 숏이든 저렴하게 구입할 수 있다. 이에 대해서는 다음 쪽에서 더 자세히 설명하겠다.

🔍 와이드 숏 빌딩 뉴욕　　　**검색**

스톡 숏

스톡 숏은 원래 영화에서 장면을 재현하는 데 너무 많은 비용이 들 때 사용하던 아카이브 숏에서 유래한다. 스톡 숏이 처음 사용된 영화는 〈미국인 소방수의 생활〉(1903)이다. 에드윈 S. 포터 감독은 에디슨사의 카탈로그에 있던 소방차가 달려오는 장면과 세트장 실내에서 촬영한 장면을 결합하여 작은 이야기를 만들었다. 이 영화는 이야기를 그럴듯하게 꾸며주는 스톡 숏의 원리가 사용된 최초의 사례일 것이다.

1990년대 미국에서는 숲속에서 화재 장면을 촬영하는 것을 피하기 위해, 감독들이 1992년에 캘리포니아에서 발생한 대규모 산불의 텔레비전 뉴스 영상을 사용했다. 1998년 영화 〈파이어스톰〉에서는 촬영을 위해 헬리콥터를 사용했지만, 산불 숏은 스톡 숏에서 가져온 것이었다.

시나리오를 쓸 때면 자신이 가장 쉽게 이용할 수 있는 장소(아파트, 거리, 공원 등)로 제한해버리는 경우가 많다. 설정 숏으로 스톡 숏을 사용하면, 이제 원하는 곳에 장면을 설정할 수 있다. 전형적인 브레이크다운(와이드 숏, 숏, 리버스 숏)의 앞쪽에 스톡 숏을 배치하고, 관객이 배경(거리 표지판이나 자동차 번호판, 창문을 통해 알아볼 수 있는 건축물 등)에서 장소를 특정할 수 없게만 하면 된다.

스톡 숏 사이트

요즘에는 해외 도시나 국가의 로열티 프리 항공 촬영 숏을 찾기가 매우 쉬워졌다. 스톡 숏 웹 사이트로 가서 필요한 숏의 유형을 검색하기만 하면 된다.

최대한 많은 결과를 얻으려면 검색어를 영어로 입력하는 것이 좋다(설정 숏은 'establishing shot'으로 검색). 다음은 인터넷의 주요 스톡 숏 사이트로, 가격은 5유로에서 수백 유로까지 다양하다.

    🔗 **POND5**.COM   🔗 **VIDEOHIVE**.NET

    🔗 **SHUTTERSTOCK**.COM 🔗 **GETTYIMAGES**.COM

    🔗 **FILMSUPPLY**.COM   🔗 **DISSOLVE**.COM

    🔗 **STOCK.ADOBE**.COM   🔗 **ARTGRID**.IO

브레이크다운

스톡 숏을 사용하는 목적은 예산이 부족하다고 해서 제한을 걸지 않는 것이다. 이는 인터넷 동영상을 만들 때 내게 많은 도움이 된 요령이다. 스튜디오 바겔의 〈최후의 수단(L'Ultime Recours)〉(https://www.youtube.com/watch?v=wa5gtRxvpYc)의 이 장면에서는 먼저 군함의 항공 촬영 스톡 숏을 사용한 다음, 지하 저장고에서 카메라를 흔들면서 촬영한 숏을 연결하고 배경에 파도 앰비언트 사운드를 추가했다.

스톡 숏

파리의 지하 저장고

뱅상 티렐이 연출한 단편 영화의 아마존 장면에서는, 파리에서 5분 거리에 있는 뫼동 숲에서 촬영한 숏 앞에 아마존 숲의 스톡 숏을 사용했다.

스톡 숏

뫼동 숲

스톡 숏은 로케이션을 설정할 때뿐만 아니라, 헬리콥터 내부 장면과 같은 수많은 장면에서도 사용할 수 있다. 2014년에 스튜디오 바겔 채널의 〈튀어 나갓(Foutre le Camp)〉(https://www.youtube.com/watch?v=15AZJ9EoqEE)의 시나리오를 쓴 무슈 풀프, 앨리슨 휠러와 함께 작업을 했는데, 마지막 장면에 헬리콥터가 등장한다.

속임수를 쓰기 위해서 pond5.com이라는 웹 사이트에서 헬리콥터 스톡 숏을 구하고는 장면의 시작 부분에 배치하여 배경을 설정했다. 촬영할 때는 작은 트럭을 빌려 군용 그물로 장식하고 조명으로 빨간색과 초록색 분위기를 냈다. 두 사람이 차량 앞쪽에 서서 차량을 움직이도록 하여 비행 상황인 것처럼 보이게 했다. 촬영 중에는 카메라를 흔들기도 했다. 편집 과정에서 배경에 헬리콥터 날개 소리를 추가했는데 믿기 어려울 정도로 효과가 있었다. 여기에서도 설정 숏, 와이드 숏, 그리고 타이트 숏으로 촬영된 숏/리버스 숏으로 이어지는 전형적인 브레이크다운을 사용했다.

스톡 숏

와이드 숏

숏

리버스 숏

6장을 동영상으로 시청하세요(한국어 자막)
HTTPS://LESBIDOUILLES.COM/KR/CHAPTER-6

프레임 구성하기

시선 유도하기

카메라 배치하기

● ●

장면은 360° 공간 안에서 전개되며, 그 공간 어디에든 카메라를 배치할 수 있다. 오른쪽, 왼쪽, 앞, 뒤, 위, 아래 등 원하는 곳이면 어디든 가능하지만, 그렇다고 해서 마음대로 할 수 있다는 것은 아니다! 전달하고자 하는 내용에 따라 카메라의 배치가 달라진다. 프레임 구도마다 해석이 달라질 수 있다. 카메라를 어디에 배치하느냐에 따라 영상 제작자의 관점이 드러난다.

같은 공간에서 시점과 프레임 구도의 중요성을 보여주기 위해 2018년 캐나다에서 열린 G7 회의에서 촬영한 두 장의 사진을 소개한다. 같은 장면이지만 두 가지 다른 시점에서 촬영하여 두 가지 다른 구도를 보여준다. 사진의 구도에 따라 힘의 균형이 달라지는 것이다.

🇩🇪 독일 언론

앙겔라 메르켈 측이 공개한 사진에서는 독일 총리가 도널드 트럼프보다 우위에 있는 것처럼 보인다. 메르켈의 위치와 약간 로우 앵글의 구도는 모든 사람을 상대로 홀로 앉아 있는 미국 대통령에 대한 우월감을 강조한다.

🇺🇸 미국 언론

도널드 트럼프의 홍보용 사진은 그를 다른 각도에서 보여준다. 이번에는 마치 모든 사람이 그의 말을 듣고 있는 것처럼 힘 있는 위치에 있는 것으로 보인다. 미국 대통령은 사진 중앙에 위치해 있으며, 앙겔라 메르켈의 모습은 가려져 있고, 모든 시선이 트럼프에게 집중되어 있다.

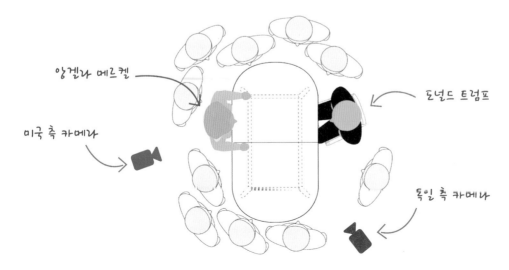

영화에서는

이 원리는 영화에서도 마찬가지이다. 촬영하는 각도에 따라 다른 이야기를 전달할 수 있다. 예를 들어 복도를 걸어가는 인물을 촬영하는 방식에 따라 의도가 달라진다.

하이 앵글 숏

〈레옹〉에서 내털리 포트먼은 하이 앵글(부감)로 촬영되어 화면에서 연약해 보인다.

로우 앵글 숏

반대로 〈킬 빌 1부〉에서 로우 앵글로 촬영된 대릴 해나는 강인하고 지배적으로 보인다.

아이 레벨 숏

〈컨저링〉에서 복도를 따라 걸어오는 베라 파미가는 정면에서 아이 레벨 숏으로 촬영되었다…

시점 숏

…그런 다음 주관적 시점 숏이 갑자기 그녀를 불안감에 주저하게 만든다. 관객은 그녀와 동화되어 그녀와 함께 걸음을 옮긴다.

오버헤드 숏

〈킬 빌 1부〉에서 우마 서먼은 전체 장소가 드러나는 오버헤드 숏으로 높은 곳에서 촬영되었으며, 관객은 자신이 어디로 가고 있는지를 알게 된다. 관객은 등장인물과 분리되어 있다…

더치 앵글 숏

…반면 〈유포리아〉에서 이 더치 앵글 숏은 걷고 있는 등장인물이 불안해하고 방향 감각을 상실한 느낌을 만들어낸다.

등장인물이 복도를 걸어가는 동일한 액션이지만, 프레임에 따라 인물에 대한 의도와 극적 효과가 달라지고, 프레임의 구도와 카메라의 배치에 따라 전달되는 스토리가 달라진다. 이를 감독의 시점이라고 하며, 감독이 관객에게 현실을 표현하는 방식이다.

시점

모든 영화와 드라마는 특정 시점으로 스토리를 전개하며, 이 시점에 따라 관객과 시청자가 등장인물이나 상황을 인식하는 방식이 결정된다. 물리적 시점은 사물이나 사람을 가장 잘 볼 수 있는 위치이며, 특정 의견을 표현하는 데 사용된다. 내러티브 시점은 숏과 구도의 선택에 따라 결정되는 것으로, 스토리를 전달하는 방식에 따라 달라진다.

영화 속 다양한 내러티브 시점을 이해하기 위해 조 라이트 감독의 〈어톤먼트〉(2008)에서 분수 시퀀스를 살펴보자. 관객은 이 장면을 두 가지 다른 시점에서 바라본다. 하나는 13세 소녀 브라이어니의 시점, 또 하나는 언니 시실리아와 가정부의 아들 로비의 시점이다.

객관적 시점

이 장면은 시실리아가 꽃병에 물을 채우는 분수대 근처에서 벌어진다. 로비가 도와주겠다고 하지만 실수로 꽃병을 떨어뜨려 산산조각이 나고 만다. 이 꽃병은 가족에게 정서적으로 큰 가치가 있었기 때문에 시실리아는 로비에게 크게 화를 낸다.

청년은 웃으면서 뒤로 물러서고 이에 짜증이 난 시실리아는 그에게 다가가려 한다. 로비는 파편을 밟지 않도록 그녀를 멈춰 세운다.

아직 화가 가라앉지 않은 시실리아는 분수대에 들어가 파편을 건져내려고 로비 앞에서 옷을 벗기 시작한다. 청년은 당황한 표정이다.

이 연출은 두 인물이 동등한 숏/리버스 숏으로 마주 보는 모습을 보여주며, 특정 인물에 편향되지 않은 객관적 시점으로 간주된다. 관객은 두 인물 모두의 반응을 지켜보고, 카메라 자체는 액션에서 한 발짝 물러나 있다. 이 시퀀스는 관객이 등장인물과 동화되도록 유도하지 않는다.

주관적 시점

반면에 자기 방 창문을 통해 이 장면을 바라보는 브라이어니는 소리를 듣지 못한 채 보이는 것만으로 상황을 해석할 수밖에 없다. 열세 살 소녀 브라이어니는 아이의 시점에서 로비와 시실리아 사이의 장면을 이해하려고 한다.

브라이어니는 이 장면을 오해하여 청년이 시실리아에게 옷을 벗으라고 강요하고 있다고 생각한다.

따라서 똑같은 장면이지만 서로 다른 두 시점에서 보면 의미가 달라진다. 이 경우의 시점은 주관적이며, 관객은 브라이어니라는 인물과 동화되고, 감독은 관객에게 액션이 진행되는 동안 그녀의 시선을 채택할 것을 제안한다. 관객은 사정을 모르는 브라이어니와 같은 입장이 된다.

이것은 공포 영화에서 자주 사용되는 내러티브 시점이다. 이런 식으로 괴물, 유령, 연쇄 살인범 등이 공격해 올 때마다 관객을 놀라게 한다. 주인공과의 동화는 완벽하다! 관객은 동시에 무서움을 느낀다!

감독은 이런 느낌을 강조하기 위해 등장인물의 주관적 시점을 사용하곤 하며, 관객은 등장인물이 볼 수 있는 것만 보게 된다. 주관적 시점을 사용하는 영화는 일반적으로 시선을 보내는 인물보다는 시선을 받는 인물에 초점을 맞춘다(다음 쪽에 있는 주관적 시점의 다양한 활용법 참조).

전지적 시점

전지적 시점은 등장인물이 무슨 생각을 하는지 드러낸다. 관객은 단번에 어디에든 있을 수 있으며 등장인물에 대한 모든 것을 알고 있다. 이를 위해서는 내레이션, 보이스오버, 자막 등이 필요하다. 전지전능한 내레이터는 한 명 또는 한 무리의 등장인물에 치우치지 않고 스토리를 전달할 수 있다. 이는 영화에서는 흔히 볼 수 있는 방식이 아닌데, 관객이 등장인물과 동화되어야 유대감이 생기기 때문이다.

예를 들어 이런 내러티브 시점은 TV 시리즈 〈위기의 주부들〉에서 사용되는데, 내레이터인 메리 앨리스 영이 시리즈 초반에 죽기 때문이다. 전지전능한 신과 같은 존재가 된 영은 무슨 일이 일어나고 있는지 다 알고 있으며, 시청자가 놓쳤을 법한 정보를 요약해주기도 한다.

시점 숏

시점(point of view: POV) 숏이란 관객이 마치 자신의 눈을 통해 보는 것처럼 인물이나 사물의 시점을 취하게 해주는 숏이다. 일반적으로 이 같은 숏은 등장인물이 무언가를 바라보는 숏과 그 인물의 반응을 보여주는 숏 사이에 배치된다.

뷰파인더의 시선

등장인물이 카메라, 쌍안경, 잠망경 등을 사용할 때는 일반적으로 해당 장비의 주관적 시점 숏으로 이어진다. 그런 다음 마치 관객이 뷰파인더를 통해 직접 보는 것처럼 영상에 디스플레이 그래픽 효과를 입힌다.

또 2000년대 초반에는, Hi8 카메라로 전편을 촬영한 영화 〈블레어 위치〉(1999)의 성공 이후 주관적 카메라를 사용한 새로운 영화 장르가 등장했다.

'파운드 푸티지(found footage)'라는 시점 숏은 주로 이야기의 주인공이 직접 촬영한 사실적인 비디오 녹화물을 일컫는다. 이 장르는 자연스러운 모습 그대로 찍은 영상과 관찰 카메라가 액션의 필수적인 부분을 이루는 것이 특징이다.

마약 복용자의 시선

시점 숏은 〈레퀴엠〉, 〈트레인스포팅〉, 〈라스베가스의 공포와 혐오〉 같은 극단적인 마약 복용을 다루는 영화에서 자주 사용된다. 왜곡된 영상과 원근감을 통해 관객은 등장인물이 마약의 영향을 받아 느끼고 보는 것을 경험할 수 있다.

등장인물의 시선

시점 숏은 일반적으로 등장인물의 시선을 뒷받침하는 데 사용되며, 그 인물은 무언가를 찾아가기도 하고 무언가를 발견하기도 한다. 주인공과 동화된 관객에게 주인공이 보는 것을 보여준다.

시점 숏은 공포 영화에서 관객을 최대한 끌어들이기 위해 자주 사용되는데, 이를테면 어둠 속에서 걸음을 옮기는 등장인물과 동화시키는 식이다. 영화 〈할로윈〉의 오프닝 장면은 이런 시점 숏을 사용한 덕분에 컬트가 되었다.

어느 주관적 시선이 한 집에 다가가서 키스 중인 커플을 관찰하고, 부엌에서 칼을 훔치고 광대 가면을 쓴 다음, 침실에 있는 벌거벗은 젊은 여자를 놀라게 한다. 여자는 이 인물을 알아보는 듯하지만 칼에 찔려 죽는다.

그런 다음 이 주관적 시선은 계단을 내려가 집 밖으로 나가서 차에서 내리는 부모를 마주한다. 아버지의 손이 광대 가면을 잡는다. 마침내 살인자의 정체가 밝혀진다. 피해자의 남동생인 여섯 살짜리 아이이다.

사물의 시선

TV 시리즈 〈브레이킹 배드〉에서 월터 화이트가 지폐를 숨기는 세탁기나 돈다발이 가득 담긴 여행 가방의 주관적 시선과 같이 사물에도 시점 숏을 사용할 수 있다. 이를 통해 시청자는 화면 안에서 발생하는 범죄, 악행, 사건 등에 대한 '무언의 목격자'가 된다.

또한 앤드루 니콜 감독의 영화 〈로드 오브 워〉(2005)의 컬트적인 오프닝 크레디트에서처럼 사물의 움직임을 따라갈 수도 있다. 여기서 관객은 총알이 설계되고, 공장에서 제조되고, 치명적인 타격을 가하기까지 온갖 중개자를 거치는 단계를 따라간다.

움직이는 카메라의 시선

〈타이타닉〉의 마지막 장면에서처럼 시점 숏을 다가가는 트래블링 숏으로 전환하여 해당 인물을 프레임 안으로 끌어들일 수도 있다. 영화는 타이타닉호에서 만난 모든 사람을 떠올리는 로즈(케이트 윈슬렛)의 생각으로 끝난다.

그중에는 계단 꼭대기에 서 있는 잭(레오나르도 디카프리오)도 있다. 관객은 그에게 올라가는 로즈의 주관적 시선을 본다고 생각하지만, 카메라는 갑자기 오른쪽으로 돌아 로즈를 프레임 안으로 끌어들인다.

한편으로 이 장면 속에는 작은 힌트도 있는데, 잭의 뒤편에 있는 시계가 타이타닉호가 침몰한 정확한 시간인 새벽 2시 20분을 가리키고 있다.

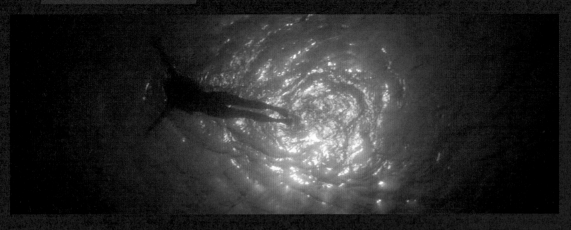

"보이지 않는 것이 보이는 것보다 더 무서운 경우가 많다." 이 문장은 〈죠스〉의 혼란 상황의 촬영에 대한 메이킹 영상에서 스티븐 스필버그가 한 말이다. 그는 이 영화를 유명하게 만든 상어의 시점 숏이라는 아이디어를 어떻게 생각해냈는지 설명한다. 당시 그는 길이 8미터, 무게 1.5톤에 달하는 애니매트로닉스(animatronics) 상어 모형 세 개를 제작했다. 그리고 그 모형들이 두 번에 한 번꼴로 자주 등장해야 했기 때문에 스필버그는 상어가 눈에 띄지 않으면서도 존재감을 드러낼 수 있는 방법을 재빨리 찾아야 했다.

바로 이럴 때 시점 숏 트릭이 유용하다! 좀비나 괴물 등이 등장하는 장면이 있는데 이를 보여줄 예산이 충분하지 않은 경우, 시점 숏은 위험한 존재를 보여주지 않으면서도 장면의 긴장감을 유지하는 데 좋은 해결책이 될 수 있다.

〈스파이더맨〉의 감독 샘 레이미는 〈이블 데드〉 3부작(〈이블 데드〉, 〈이블 데드 2〉, 〈이블 데드 3: 암흑의 군단〉)에서 화살, 총알, 자동차를 비롯해 좀비, 움직이는 해골, 미지의 힘과 같은 괴물의 주관적 시선을 이용하여 이 트릭을 여러 차례 구사했다.

레이미의 초기작 〈이블 데드〉(1981)의 마지막 장면은 집의 와이드 숏으로 시작된다. 그러고는 갑자기 불길한 괴물의 주관적 시선이 등장인물을 향해 돌진한다. 그 시점 숏은 인물의 얼굴 바로 앞에서 컷이 되고 엔딩 크레디트가 시작된다. 관객은 그 존재를 본 적이 없지만 주인공이 느끼는 두려움을 느낀다.

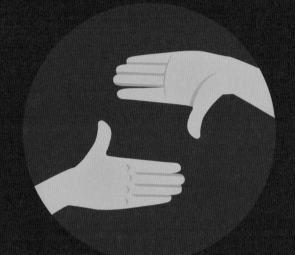

숏의 프레이밍

화면 비율

구도의 선택은 우선 프레임의 형태에 따라 좌우된다. 촬영을 시작하기 전에 촬영할 영상의 비율을 결정하는 것이 중요하다. 이 결정은 각 숏의 미장센과 프레이밍에 영향을 미친다. 이를 화면 비율(aspect ratio) 또는 화면비라고 하며, 영상의 너비(가로)를 높이(세로)로 나눈 값이다.

오늘날에는, 특히 인스타그램이나 유튜브 같은 디지털 및 소셜 네트워크의 등장 이후, 정방형이나 수직형 포맷 등 다양한 화면비가 존재한다.

영화에서 가장 일반적인 화면비는 2.35(이 비율을 얻기 위해 사용하는 렌즈로 인해 '애너모픽'이라고도 한다), 미국 표준으로 1.85, 유럽 표준으로 1.66, 디지털 표준으로 1.78의 화면비에 해당하는 16:9, 마지막으로 16mm 및 35mm 필름 포맷과 1950년대까지 사용된 영화관 포맷 및 아날로그 텔레비전의 화면비인 4:3 또는 1.33이다(자세한 내용은 196쪽의 화면비 변천사 참조).

어떤 감독들은 제작하는 영화의 시대상에 따라 화면비를 선택한다(16:9의 〈재키〉, 4:3의 〈아티스트〉 등). 아니면 2.35의 무조건적 추종자인 데이비드 핀처(〈세븐〉, 〈파이트 클럽〉, 〈소셜 네트워크〉 등)처럼 한 가지 포맷에 익숙해져 그것만 고수하는 감독도 있다.

관객이 갇혀 있는 듯한 느낌을 주는 화면비를 사용하는 경우도 있는데, 영화 〈고스트 스토리〉에서처럼 1.33 포맷으로 관객을 질식시키고 등장인물만큼이나 불편하게 만들 수도 있다. 또는 에드거 라이트의 〈스콧 필그림 vs 더 월드〉에서처럼 특정 스타일을 부여하는 데 사용되기도 한다(198쪽 화면비의 다양한 활용법 참조).

2.35는 젊은 영상 제작자가 선호하는 화면비인데, 순식간에 영화 같은 느낌을 주기 때문이다. 이 화면비로 촬영하는 방법은 세 가지가 있다.

✚ 애너모픽 렌즈

영화 제작자는 으레 애너모픽 렌즈를 사용해서 2.35로 촬영하지만, 초보자에게는 그리 실용적인 방법이 아니다. 이런 렌즈는 가격이 비싸고, 대부분의 일반인용 카메라나 캠코더는 이 화면비로 녹화할 수 없다(2장 68쪽의 애너모픽 효과를 만드는 방법에 대한 팁 참조).

✚ 가이드라인 표시

카메라 중에는 원하는 화면비로 구도를 잡도록 모니터에 가이드라인을 표시해주는 것도 있다. 이 기능을 사용하면 일반적으로 뷰파인더에 두 개의 흰색 선이 표시되지만 이 선은 영상에 기록되지 않으며, 최종 영상은 항상 16:9로 유지되므로 편집 과정에서 그냥 잘라내면(크로핑) 된다.

✚ 기교

카메라 메뉴에 가이드라인 표시 기능이 없는 경우, 카메라 모니터에 화면 보호 필름을 붙이고 펠트펜(네임펜)으로 원하는 화면 비율에 맞추어 선을 그으면 된다.

또한 원하는 비율이 되도록 고무줄 두 개를 적당한 크기로 늘리거나 투명 테이프를 붙여 화면비의 가장자리를 시뮬레이션할 수도 있다. 보다 전문적인 촬영에서는 프레임을 파악하기 위해 모니터에 검은색 개퍼 테이프를 붙이기도 한다.

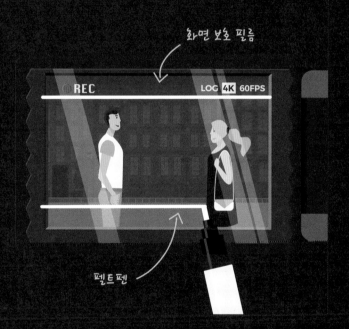

화면 보호 필름

펠트펜

영상 촬영에 사용한 화면비를 편집 과정에서 시퀀스에 적용하는 방법에는 두 가지가 있다. 16:9의 시퀀스 전체에 원하는 화면비의 PNG 레터박스(letterbox: 영상의 상단과 하단을 가로지르는 검은색 띠) 템플릿을 겹쳐 씌우거나, 다음 계산식을 사용하여 설정에서 시퀀스의 화면비를 직접 조정하는 것이다.

$$\text{너비} = \text{높이} \times \text{화면비}$$

.... 또는 ....

$$\text{높이} = \text{너비} \div \text{화면비}$$

화면 비율의 변천사

1910　관습적 포맷(4:3)

원래 영화의 관습적 포맷은 4:3 또는 1.33이었다. 이는 영화 초창기 무성 영화의 포맷이었다.

1927년 〈재즈 싱어〉와 함께 사운드가 도입되면서, 상영용 프린트 필름에 사운드트랙을 추가하기 위해 이미지 영역이 축소되었고, 화면 비는 1.37로 증가했다.

1950　텔레비전

1950년, 텔레비전이 영화 시장을 뒤흔들었다. 10년 만에 텔레비전을 보유한 집이 3백만 가구에서 6천만 가구로 증가했다. 사람들이 영화관에 가기보다는 집에서 영화를 보는 것을 선호하게 되자, 메이저 스튜디오들은 사람들이 다시 영화관에 가고 싶어지도록 영화 체험을 혁신하고자 했다.

1952　시네라마

1952년, 시네라마(Cinerama)는 세 대의 동기화된 카메라를 사용하여 2.59 화면비의 와이드 포맷 영화를 촬영했다. 이 포맷은 영화계에서 큰 인기를 끌었지만 제작과 배급에 상당히 많은 비용이 드는 방식이었다. 그리고 카메라는 무겁고 광각으로밖에 촬영할 수 없었다.

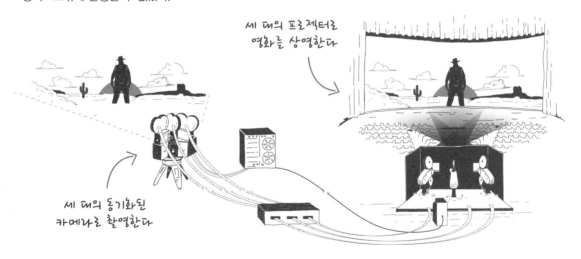

세 대의 프로젝터로
영화를 상영한다

세 대의 동기화된
카메라로 촬영한다

이 새로운 와이드 포맷이 성공하면서 이 같은 시도가 계속되었다. 시네라마 영화가 처음 상영되고 나서 8개월 후인 1953년 4월, 파라마운트사는 고가의 카메라를 여러 대 사용하지 않고도 파노라마 느낌을 살리기 위해 4:3으로 촬영한 후 16:9로 잘라낸 영화 〈셰인〉을 개봉했다. 하지만 영화를 큰 스크린에서 상영하려면 확대를 해야 했기 때문에 매번 화질이 저하될 수밖에 없었다.

1953 　시네마스코프(2.35)

20세기 폭스사는 '이페르고나르'라는 애너모픽 렌즈를 개발한 앙리 크레티앵의 도움을 받아 진정한 2.35인 시네마스코프를 만들었다. 폭스사는 1953년에 〈성의〉를 개봉하여 큰 성공을 거두었다. 이 포맷을 사용하면 촬영 비용이 적게 들고 숏 사이즈를 더 쉽게 바꿀 수 있다(68쪽의 애너모픽 렌즈 참조).

1954 　비스타비전(16:9)

모든 메이저 스튜디오가 시네마스코프로 전환했지만, 16:9를 고집하던 파라마운트사는 1.85 포맷을 사용한 비스타비전(VistaVision)을 만들었다. 이번에는 필름을 수평 방향으로 이동시키는 방식이어서 4:3으로 잘라내지 않아도 되었고, 따라서 더 좋은 화질을 유지할 수 있었다. 히치콕 감독이 자주 사용하던 포맷으로 〈현기증〉과 〈북북서로 진로를 돌려라〉 등에서 채택되었다.

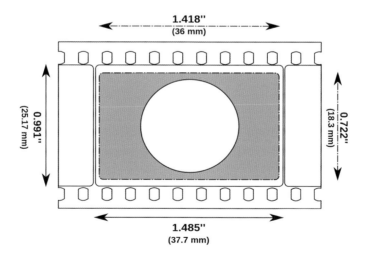

따라서 이 시기에는 유럽의 1.66과 미국의 1.85 사이를 오가는 16:9 화면비, 그리고 애너모픽 렌즈를 이용한 2.35 포맷(일명 '시네마스코프')이 발명되어 영화가 더욱 화려하고 몰입감 넘치는 독보적 특성을 띠게 되었다.

화면 비율의 선택

장르

특정 장르는 특정 포맷에 적합하다(예를 들어 서부극은 풍경을 강조하므로 더 넓은 프레임이 적합하고, 로맨틱 코미디는 더 가깝고 친밀한 프레임으로 등장인물에 초점을 맞출 필요가 있다). 따라서 2.35 포맷은 서사적 배경이 있는 스토리, 모험이나 공상 과학 영화 등에 웅장한 느낌을 주는 반면, 16:9 포맷은 코미디와 드라마 장르에 더 많이 사용된다.

느낌

화면비는 영화 속 인물의 감정을 나타내기도 한다. 영화 〈마미〉에서 그자비에 돌란 감독은 영화 전반에 걸쳐 정방형 포맷을 사용하여 등장인물에게 주의를 집중시키고 갇힌 상태와 가로막힌 시야를 상징화한다. 화면비가 낮을수록 구도가 좁아져, 공간이 좁아지고 감금된 느낌을 준다. 쿠엔틴 타란티노 감독은 〈킬 빌 2부〉에서 이를 완벽하게 활용한다.

영화 전체에 걸쳐 2.35 화면비가 유지되지만...

...비어트릭스가 갇힌 느낌을 강조하기 위해 정방형으로 전환된다

영화는 2.35 화면비를 유지하다가, 버드(마이클 매드슨)가 비어트릭스(우마 서먼)를 트렁크에 가둔 장면에서는 등장인물이 갇힌 느낌을 강조하기 위해 화면비를 정방형으로 전환한다. 영화 〈잇 컴스 앳 나잇〉은 2.35로 제작되었으나, 주인공의 악몽 장면은 2.75로 보여준다. 하지만 영화가 진행됨에 따라 화면비가 2.35에서 3으로 조금씩 변하면서 화면이 위아래로 점점 좁아진다. 관객은 이를 알아차리지 못하지만 천천히 느끼게 되며, 검은색 레터박스가 영상을 압박한다. 그리고 마침내 현실이 악몽이 된다.

시대

화면비는 영화의 시대를 반영할 수도 있다. 예를 들어 미셸 하자나비시우스 감독은 〈아티스트〉의 배경이 되는 1930년대 할리우드를 재현하기 위해 4:3을 선택했다. 반면 내털리 포트먼이 연기한 재키 케네디의 전기 영화 〈재키〉에서는 16:9를 사용했다.

감독이 같은 영화에서 서로 다른 시대를 나타내기 위해 두 가지 화면비를 사용하는 경우도 있다. 웨스 앤더슨 감독의 〈그랜드 부다페스트 호텔〉에서 4:3 포맷은 1930년대를, 2.35 포맷은 현재를 나타낸다.

스타일

마지막으로, 에드거 라이트 감독의 〈스콧 필그림 vs 더 월드〉처럼 특정 시퀀스를 스타일링하기 위해 영화가 진행되는 동안 화면비를 변경하기도 한다. 영화의 원작인 만화책의 포맷을 상기시키기 위해 격투 장면에서 화면비가 16:9에서 2.35로 수시로 변경된다.

격투가 시작될 때마다 검은색 레터박스가 나타난다

화면비 2.35로 장대한 장면이 연출된다

삼분할법

주요 구도 중 하나로 '삼분할법'이라는 것이 있다. 이는 영상을 시각적으로 매력적이고 조화롭게 만들며 눈을 즐겁게 한다. 영화 뿐만 아니라 회화, 사진, 애니메이션 등에서도 사용된다.

이 아이디어는 시각적으로 프레임을 가로와 세로로 각각 3등분하여 영상을 9등분하고, 이런 선상이나 선들 사이 또는 교차점에 주요 인물이나 물체를 배치할 제어점을 만드는 것이다. 여느 영화 '규칙'과 마찬가지로 이 또한 사실상 규칙이라기보다는 지침에 가깝다. 지금부터 삼분할법의 다양한 활용법을 살펴보자.

시선

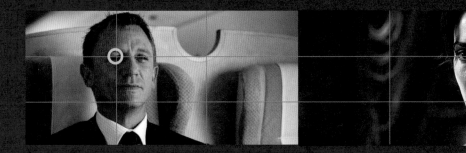

영화에서는, 타이트 숏에서 배우의 머리 윗부분이 프레임 밖으로 벗어나도 놀라운 일이 아니지만, 턱은 프레임 안에 남아 있어야 한다.

얼굴 위치의 균형을 맞추기 위해 등장인물의 두 눈을 위쪽 가로선에 배치하고, 프레임의 오른쪽을 바라보는 경우 빈 공간을 오른쪽에, 왼쪽을 바라보는 경우 왼쪽에 두는 것이 일반적이다.

누군가와 소통하고 싶을 때 우리는 상대의 눈을 바라본다. 등장인물의 눈을 위쪽 가로선에 배치하면 그 시선에 자연스럽게 이목이 쏠리고, 묘사하려는 대상에 관객이 좀 더 자연스럽게 연결된다.

지평선과 수평선

와이드 숏에서 지평선과 수평선이 삼분할법에 따라 자리하기도 한다. 지면이나 수면에 주목시키고 싶다면 위쪽 가로선에, 하늘에 주목시키고 싶다면 아래쪽 가로선에 배치하면 된다.

이동

삼분할법은 인물이 가로축을 따라 이동할 때의 배치에도 적용된다. 예를 들어 오른쪽으로 걷는 인물을 촬영하는 경우 왼쪽 세로선에, 그 반대의 경우에는 오른쪽 세로선에 배치한다. 이렇게 하면 관객의 시선과 마찬가지로 인물이 중앙을 향해 움직이고 있다는 인상을 주기 때문에 아주 자연스러워 보인다.

배치

〈왕좌의 게임〉에서 산사와 대너리스가 만나는 장면(왼쪽)에서처럼 두 인물을 양쪽 세로선에 배치하면, 관객이 두 인물에게 동등한 주의를 기울이게 된다.

또 균형은 물체를 통해서도 구현될 수 있다. 예를 들어 영화 〈파이트 클럽〉에서 총기와 내레이터 역의 에드워드 노턴은 각기 양쪽 세로선에 위치하여 서로 대립한다. 총기는 위쪽 가로선에 위치함으로써 우월성을 표시하기도 한다.

인물을 중앙에 배치하여 이 규칙을 깨뜨릴 수도 있다. 이렇게 하면 구도에 대칭이 생기고 인물에게 시선이 집중되며, 그 뒤에 있는 다른 인물들의 존재감이 줄어들 것이다. 〈풀 메탈 자켓〉에서 훈련 담당 하사관 하트먼은 모든 공간을 차지하며 화면에 자신을 드러낸다.

하지만 균형이 항상 대칭적인 것은 아니다. 〈펄프 픽션〉의 이 장면에서 화면 왼쪽에 부치 쿨리지(브루스 윌리스)가 있고 오른쪽에 자동차 번호판이 있는 것처럼, 전경과 배경을 대비시킬 수도 있다.

피사계 심도

피사계 심도란 영상에서 초점이 맞아 보이는 영역을 말한다. 피사계 심도가 깊은 구도는 초점이 맞아 보이는 영역이 넓고, 피사계 심도가 얕은 구도는 좁은 영역만 초점이 맞아 보인다.

렌즈의 조리개는 피사계 심도를 조절하는 데 중요한 요소이다. f/2.8처럼 조리개가 크게 열리면 더 많은 빛을 받아들여 피사계 심도가 얕은 영상이 되고, f/16처럼 조리개가 작게 열리면 더 적은 빛을 받아들여 피사계 심도가 깊은 영상이 된다(자세한 내용은 54쪽 참조).

강조

피사계 심도는 영화에서 인물을 분리하고, 특히 대화 중에 인물을 강조하기 위해 빈번하게 사용되는 기법이다. 하지만 〈맨해튼〉의 이 장면에서처럼 반대로 누군가를 배경에 배치하는 데에도 사용할 수 있다. TV 코미디 작가 아이작 데이비스(우디 앨런)는 여자 친구 트레이시(메리얼 헤밍웨이)와 함께 미술관에 간다. 거기서 둘은 예일(마이클 머피)과 그의 내연녀 메리(다이앤 키턴)를 만난다.

아이작은 메리에게 첫눈에 반해버리고, 그로 인해 아이작의 여자 친구 트레이시는 배경으로 물러나 흐릿해진다. 마치 젊은 코미디 작가가 그녀를 잊어버린 것 같다.

반대로 메리는 대화하는 내내 선명한 상태를 유지하며, 아이작 눈에는 그녀만 보인다.

초점

피사계 심도를 얕게 하면 인물이나 물체를 강조하거나, 처음부터 프레임 안에 있던 요소를 드러낼 수도 있다.

마틴 캠벨 감독의 영화 〈007 카지노 로얄〉(2006)에서 대니얼 크레이그가 연기한 제임스 본드가 르 시프르가 독을 탄 마티니 잔을 막 마신 장면을 보자. 독 기운이 돌기 시작한 것을 느낀 본드가 잔 쪽으로 고개를 돌리자 잔이 선명해지면서 방금 무슨 일이 일어났는지를 관객과 동시에 이해하게 된다.

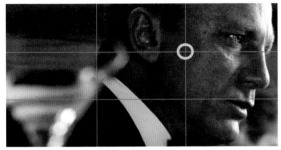 

초점을 맞출 때는 사물의 배치가 중요하며, 이 장면에서 삼분할법이 완벽하게 지켜지고 있음을 알 수 있다. 배경에서 전경으로의 초점 이동은 술잔이 인물에게 어떤 영향을 미치고 있음을 나타낸다.

두 피사체가 서로 매우 가까이 있지만, 그 근접성은 관객에게 긴박감과 즉시성을 전달한다. 둘 간의 거리는 완벽한 균형을 이룬다. 이 둘은 더 멀어져서는 안 되며, 더 가까워지면 잔으로 인물의 얼굴이 가려져 배우의 중요한 감정 표현을 보지 못하게 될 수도 있다.

코미디에서는

영상을 전체적으로 선명하게 만드는 깊은 피사계 심도는 코미디에서 배경의 웃음거리를 드러내기 위해 자주 사용된다. 발 킬머 주연의 영화 〈특급 비밀〉에서도 마찬가지이다.

레스토랑에 들어오려면 옷을 갈아입어달라는 요청을 받자, 그는 뒤편 방으로 들어간다.

그가 옷을 갈아입는 동안
장군이 리셉션 데스크 앞에서 얼씬댄다

배경이 흐릿했다면
이 웃음거리를 놓쳤을지도 모른다

프레이밍에 대한 실전 팁

게으름 피우지 않는다

프레이밍을 할 때 게으름을 피우지 말자. 몸을 숙인다든가 하면서 더 흥미로운 앵글을 찾아보는 대신, 뉴스 보도하듯이 선 채로 카메라를 좌우로 돌리며 촬영해서는 안 된다.

새로움을 추구하고, 높은 곳에서 촬영하거나, 필요하다면 바닥에 엎드려서 촬영하자. 매번 자신의 한계를 뛰어넘어 내러티브에 가장 적합한 구도를 찾아보자.

주의를 끈다

관객이 구도를 더 쉽게 이해하고 피사체 주변으로 한눈팔지 않게 함으로써 관객의 시선을 유도해야 한다. 인터넷 동영상에서는 편집 리듬이 중요하며, 따라서 숏이 다소 짧아지는 경향이 있다. 숏이 잘 구성될수록 시청자는 짧은 시간 동안에도 더 빨리 이해할 수 있다.

이 장면은 구도가 좋지 않아 보인다. 배경이 산만하여 관객의 주의를 분산시킨다.

이 장면은 삼분할법을 준수하여 관객의 시선을 인물에 집중시킨다.

수준기를 사용한다

카메라의 위치가 정해지면 수평, 즉 촬영하는 숏과 카메라의 물리적 균형을 반드시 맞춰야 한다. 더치 앵글 또는 틸트 숏(216쪽 참조)이라는 구도를 의도한 경우가 아니라면, 항상 카메라의 수평 상태를 확인하는 것이 좋다. 그러지 않으면 구도가 불균형해지고 인물이 기울어져 불안정한 것처럼 보일 수 있다.

수평을 맞추기 위해
삼각대에 내장된 기포 수준기

카메라의 수평을 맞추는 방법에는 세 가지가 있다. 우선, 카메라 삼각대(트라이포드)에 내장된 기포 수준기(수평계)를 이용하여 카메라의 물리적 수평을 확인하고 조정할 수 있다.

그렇지 않은 경우에는 시판되는 소형 수준기를 구입하여 카메라에 부착하면 올바른 위치를 잡는 데 도움이 된다. 마지막으로, 스마트폰의 '나침반' 애플리케이션에 수준기 기능이 있다면 스마트폰을 카메라 위에 올려놓고 균형을 확인할 수 있다.

디렉터스 뷰파인더를 사용한다

디렉터스 (뷰)파인더는 눈을 훈련하기 위해 가능한 한 많이 사용해봐야 하는 도구이다. 렌즈가 달린 이 작은 뷰파인더는 촬영할 때 감독이 구도를 잡기 위해 휴대한다. 작고 가벼운 망원경처럼 생긴 렌즈로, 영화 촬영 현장에서 온갖 액세서리를 장착한 무거운 카메라를 들거나 삼각대를 옮기지 않고도 초점 거리, 화면 비율, 센서 크기를 활용하여 촬영 영역을 찾아내는 데 사용된다.

디렉터스 뷰파인더는 가격이 만만치 않지만(200~800유로), 최근에는 기존의 뷰파인더 기능을 재현하는 스마트폰 애플리케이션이 많이 나와 있다. 이를 통해 다양한 초점 거리를 선택하며 사진을 찍어 구도를 확인하면서 스마트폰에서 카메라 프레임을 미리 볼 수 있다. '아르테미스(Artemis)'라는 애플리케이션이 가장 잘 알려져 있고 촬영에 가장 많이 사용된다.

애플리케이션을
사용하여 촬영할
프레임을 찾는다

카메라 기울이기

로우 앵글

로우 앵글(앙각)은 하이 앵글(부감)의 반대이다. 카메라는 촬영 대상 아래에 배치되어 위쪽을 향한다. 이 기법은 대단하고 인상적인 일을 해낸 인물을 크고 위대해 보이게 하는 효과가 있다. 로우 앵글로 촬영하면 인물이 더욱 돋보이게 된다. 슈퍼히어로 영화에서 자주 볼 수 있는 효과이다.

로우 앵글은 권력과 지배의 느낌을 주지만, 거대한 무언가에 직면한 인물의 불안감을 반영할 수도 있다. 이 기법은 단순한 지배 관계에만 국한되지 않으며, 스토리의 맥락을 고려해야 이런 프레이밍의 의미를 해석할 수 있다.

역사적 장면의 촬영

1800년대나 1900년대의 거리를 재현하려면 차량, 행인, 상점, 간판 등을 포스트프로덕션 과정에서 지우거나 추가해야 하므로 엄청난 비용이 들 수도 있다! 이를 방지하려면 촬영 현장에서 와이드 숏을 촬영할 때 로우 앵글을 사용하는 것이 좋다.

로우 앵글로 촬영된 숏

차량과 상점이 보이지 않는다

이렇게 하면 지면에 있는 모든 현대적인 요소를 제거하고 건물 상층부만을 프레임에 넣을 수 있다. 위 장면이 담긴 뤼크 베송의 〈블랑섹의 기이한 모험〉이나 스티븐 스필버그의 〈뮌헨〉에서처럼 거장 감독들이 자주 사용하는 기법이다.

해당 시대의 표지판이 배경에 추가되었다

Die Invaliden Invalides

로우 앵글은 강변에 있는 현대식 보트와 급행 전철을 숨겨준다

로즐린 보슈 감독의 영화 〈라운드 업〉(2010)에서 아네트 모노(멜라니 로랑)가 비르아켐 다리 밑을 걷는 이 숏은 너무 광각이어서 파리의 한 구역 전체를 마비시킬 수도 있었다. 따라서 감독은 이 숏을 로우 앵글로 촬영하여 현대적인 선박이며 강변의 차량은 물론 에펠탑 앞 기념품 가게까지 숨기기로 결정했다.

하이 앵글

하이 앵글을 촬영하려면 카메라를 촬영 대상 위에 배치하여 아래쪽으로 향하게 해야 한다. 카메라의 높이는 피사체와 관객의 관계를 조작하는 데 이용할 수 있다. 하이 앵글로 인물을 촬영하면, 인물이 짓눌려서 더 작고 취약해 보이며 약자의 위치에 놓이게 된다. 이로 인해 그는 다른 인물에 비해 열등한 위치에 놓이게 된다. 하이 앵글 숏은 카메라, 즉 관객의 우위를 확립한다.

또한 하이 앵글의 다른 용도도 있다. 예를 들어 공중 전경을 통해 배경을 드러내거나, 고립 또는 비인간화 효과를 주거나, 〈사랑은 비를 타고〉에서처럼 스타일적인 효과를 줄 수도 있다. 마지막으로, 하이 앵글은 영화의 시작이나 끝에서 강력한 상징적 의미를 띠기도 한다. 이는 등장인물의 상황에 따라 징벌처럼 느껴질 수도, 해피 엔딩처럼 느껴질 수도 있다.

하이 앵글은 와이드 숏에서 타이트 숏까지 다양한 프레이밍에서 사용할 수 있다. 시각적 언어로서 다양한 의미를 내포할 수 있지만, 일반적으로 무력감과 복종하는 느낌을 전달한다.

✚ 캐릭터를 약화시킨다

〈해리 포터〉 시리즈에 등장하는 도비는 말포이 가문의 집요정으로, 폭압적인 주인들의 강요를 받아 자신이 저지른 '잘못'에 스스로 벌을 주어야 한다. 도비가 등장할 때마다 조명이 어두워지면서 하이 앵글로 구도를 잡는데, 이런 촬영 방식은 도비의 작은 몸집을 강조하고 세상이 그를 어떻게 바라보고 대하는지를 정의한다.

✚ 힘의 관계를 강조한다

로우 앵글과 하이 앵글을 결합하면 등장인물들 사이에 실제적인 권력 관계를 설정할 수 있다. 마라 윌슨 주연의 〈마틸다〉에서 주인공이 부모님 허락 없이 난생처음 도서관에 가는 장면을 예로 들 수 있다. 이 장면에서는 로우 앵글로 촬영되어 강력하고 위압적으로 비치는 사서와 하이 앵글로 촬영되어 약하고 소심해 보이는 마틸다를 번갈아가며 보여준다.

✚ 배경을 드러낸다

하이 앵글은 다른 앵글에서 보기 어려운 배경을 보여줄 수도 있다. 전투 시퀀스에서 시각적 정보가 많은 넓은 공간을 드러내거나 군중의 규모를 확인시켜주기 위해 자주 사용된다.

오버헤드 숏

오버헤드 숏은 하이 앵글 숏에서 파생된 숏으로, 지면으로부터 90° 각도로 촬영된다[이 때문에 국내에서는 흔히 '수직 부감 숏' 또는 '직부감 숏'이라고 한다 — 옮긴이]. 이는 공간을 설정하거나, 자동차의 주행과 같은 움직임을 담거나, 고독감이나 감금된 상황을 나타내거나, 등장인물의 죽음을 천국에 가는 것처럼 표현하거나, 등장인물이 하늘을 바라보며 기뻐하는 해방의 순간을 보여주기 위해 사용된다.

움직임을 좇는다

죽음을 보여준다

공간을 설정한다

감금 상황을 보여준다

고독감을 강조한다

해방감을 드러낸다

오버헤드 숏 만들기

멋진 항공 촬영을 하려면 촬영 허가나 장비 마련에 비용이 너무 많이 든다는 오해가 있는데, 고사양 드론은 가격이 비싸기 때문이다. 하지만 적은 비용으로도 멋진 오버헤드 숏을 만들 수 있는 요령이 분명히 있다.

구글 어스(Google Earth)의 위성 영상을 사용하면 여러 개의 항공 촬영 영상을 결합한 다음 확대하여 가짜 구름과 이동 중인 자동차를 지도에 추가할 수 있다. 카메라가 지면에 완벽하게 수직이기 때문에 줌(zoom) 효과가 사실적으로 보인다.

이것은 코언 형제가 〈번 애프터 리딩〉에서 사용한 기법이다. 오프닝과 엔딩의 크레디트를 그래픽 디자이너 J. 존 코빗이 애프터 이펙트(After Effects)로 제작했는데, 여러 장의 위성 사진을 결합해서 우주에서 시작하여 CIA 본부 상공까지 줌 인하는 하나의 16K 영상을 만들었다.

✚ 구글 어스 스튜디오

구글은 최근에 구글 어스 스튜디오(Google Earth Studio)를 온라인으로 출시했다. 이 서비스를 통해 구글 어스를 돌아다니면서 위성 및 3D 영상 속 주요 지점들을 지정하면, 소프트웨어가 지점들 사이의 이동 영상을 생성해 준다.

사용자가 태양의 위치를 결정하거나, 카메라의 시야 각도나 고도를 변경할 수도 있다.

아이 레벨 숏

아이 레벨 숏(eye level shot)은 촬영 중인 인물의 눈높이에 시점을 맞추는 카메라 앵글이다. 그러면 관객은 그 인물의 얼굴을 마치 자신의 얼굴 가까이 있는 것처럼 관찰하면서 자기가 장면 속에 있거나 심지어 그 인물과 한 자리에 있는 듯한 느낌마저 받는다. 이런 아이 레벨 숏은 일상에서 보는 것과 화면에서 보는 것의 차이가 없는 익숙한 구도를 제공한다.

가장 일반적이고 중립적인 앵글로, 실생활에서 보는 것처럼 액션을 볼 수 있다. 또한 인물에게 힘을 실어주는 로우 앵글이나 힘을 빼앗아 인물을 약화시키는 하이 앵글과 달리, 인물에게 극적인 영향을 주지 않기 때문에 코미디에서 가장 많이 사용되는 구도이기도 하다.

아이 레벨을 다른 앵글과 대비시키면 훨씬 더 큰 효과를 낼 수 있다. 〈왕좌의 게임〉 시즌 6 중 9화 '서자들의 전투'에서 감독은 우리가 지금까지 살펴본 다양한 카메라 높이와 구도를 사용하여 시청자의 감정을 불러일으킨다.

이 장면에서는 두 군대가 서로 대치하고 있다. 한쪽에는 존 스노가 이끄는 스타크군과 야인들이, 다른 쪽에는 램지 볼턴이 이끄는 볼턴군과 카스타크군, 엄버군이 있다. 존 스노와 램지 볼턴이 서로 노려보는 첫 대결은 동등한 아이 레벨로 촬영된다. 램지는 존의 이복동생 리콘 스타크를 손이 묶인 채로 데려온다.

갑자기 램지가 등 뒤에서 단검을 뽑아서 하늘로 들어 올려 멀리 있는 존을 도발하며 노려본다. 젊은 볼턴은 상황을 압도하고 우위를 점하고 있으며, 로우 앵글 숏이 그를 강력하고 지배적으로 만든다. 램지가 언제든 이복동생을 찌를 수 있다는 것을 깨달은 무력한 존은 하이 앵글로 촬영되어 약화되며, 이 위험에 대응할 수 없어 보인다.

마침내 램지는 리콘의 손을 묶은 밧줄을 끊어주며, 이복형에게 최대한 빨리 달려가는 게임을 해보자고 제안한다. 이때 숏은 다시 아이 레벨로 바뀐다. 리콘은 위험에서 벗어난 것처럼 보이지만 불행히도 이것은 함정이다. 램지는 존의 어린 이복동생의 심장을 관통하는 화살을 쏘며 시리즈에서 가장 인상적인 전투 중 하나를 개시한다.

더치 앵글

우리가 구도를 잡을 때, 만일 보이지 않는 목격자가 장면을 관찰한다면 어떻게 보일지를 나타내려고 하는 경우가 있다. 그리고 인간의 눈은 수평면을 따라 세상을 보기 때문에, 카메라를 똑바로 세워서 촬영하는 경향이 있다. 대각선으로 비스듬히 촬영된 더치 앵글 숏은 이런 관습을 깨고 관객을 일상에서 벗어나게 하여 주의를 끈다. 이는 불편함과 방향감 상실을 유발한다.

카메라의 기울기를 변경하여 구도를 잡는다. 카메라가 한쪽으로 약간 기울어져 장면의 긴장감을 높인다. 매우 간단하다. 그래서 한 번 더 말하겠다. 게으름을 피우지 말자. 카메라의 방향을 바꾸는 것만으로도 모든 것이 달라질 수 있다.

불편함 유발하기

영화 〈12 몽키즈〉에서 더치 앵글은 오해를 불러일으키고 상황이 잘못되었다는 것을 보여주기 위해 사용된다. 제임스 콜(브루스 윌리스)이 1990년으로 돌아가 교도소에서 레일리 박사에게 진단을 받는 장면은 똑바로 촬영되어 있다.

하지만 콜이 정신 병원에 도착해서 고인스(브래드 피트)가 콜에게 병원의 규칙을 설명할 때는 대부분의 숏이 더치 앵글로 바뀐다. 이는 콜의 세상에 대한 이해가 잘못되었음을 보여준다. 또한 관객도 그 같은 불편함을 함께 느끼도록 한다.

긴장감 높이기

더치 앵글은 〈다이 하드〉에서 한스 그루버(앨런 리크먼)가 존 매클레인(브루스 윌리스)을 처음 만나는 컬트적인 장면에서처럼 불안감이나 긴장감을 불러일으킬 수도 있다.

한스 그루버는 평범한 시민인 척하지만 관객은 그 순간 그가 거짓말을 하고 있다는 것을 알고 있다

장면의 긴장감은 방향감 상실을 유발하는 숏의 기울기로 강화된다

언제든 존 매클레인이 살해당할 수 있다는 서스펜스가 느껴진다

영상 스타일링하기

회화의 영향을 받은 팀 버튼이나 테리 길리엄 감독의 경우처럼. 더치 앵글이 단순히 미적인 요소로 사용되기도 한다. 하지만 과용은 금물이다. 대개 더치 앵글이 많이 사용된 영화일수록 작품의 질이 떨어진다.

영화 〈배틀필드〉가 그 완벽한 예로, 더치 앵글이 일관성 없이 단지 스타일을 위해 매 숏에 사용되었다. 영화 평론가 로저 이버트는 이렇게 말했다. "감독인 로저 크리스천은 더 훌륭한 영화들을 통해 감독들이 간혹 카메라를 기울인다는 것을 배웠지만, 그 이유를 배우지는 못했다."

7장을 동영상으로 시청하세요(한국어 자막)
HTTPS://LESBIDOUILLES.COM/KR/CHAPTER-7

7

대화 장면 촬영하기

대화 장면의 브레이크다운

대화 장면을 촬영하는 방법에는 숏/리버스 숏 또는 시퀀스 숏 등 두 가지가 있다. 영화나 영상 제작이 처음이라면 숏/리버스 숏으로 간단하게 시작하는 것이 좋다.

이는 대화 중인 두 인물을 촬영하는 가장 쉬운 방법이다. 한 인물을 촬영한 후에 다른 인물을 촬영하여, 나중에 편집할 때 가장 좋은 숏을 선택할 수 있다. 대화 장면의 브레이크다운은 일반적으로 5장 166쪽에서 살펴본 전형적인 브레이크다운 방법을 따른다.

1. 미디엄 숏

2. 숏

3. 리버스 숏

A 〈해리가 샐리를 만났을 때〉   B 〈더 록〉   C 〈새벽의 황당한 저주〉   D 〈아멜리에〉

두 인물에게 더 가까이 다가가기에 앞서 미니엄 숏으로 먼저 위치를 설정하고, 장면의 감정이 고조되면 디이드 숏으로 숏/리버스 숏의 구도를 잡는다. 미디엄 숏은 장면 전체에서 연결 고리 역할을 한다. 이는 대화를 시작하기 위한 가장 간단한 브레이크다운이며, 현재 위치를 파악해둔 상태에서 혼란 없이 서로 다른 숏을 교대로 사용할 수 있다.

✛ 리허설을 한다

촬영할 때 즉흥적인 연기를 피하려면 리허설을 하자. 숏/리버스 숏으로 촬영하는 도중 연기자가 새로운 착상을 떠올려 실행한다면, 이미 촬영해놓은 숏과 일치하지 않아서 편집할 때 연결할 수 없게 된다. 연기자와 리허설을 하면 이를 방지할 수 있다.

✛ 마스터 숏을 촬영한다

각 숏들을 아우르는 전체 대화 장면을 촬영하자. 이를 마스터 숏이라고 한다. 대본의 순서를 따른다며 대사가 바뀔 때마다 카메라의 방향을 바꿔서는 안 된다. 이 작업은 편집할 때 하면 된다.

✛ 두 가지 숏 사이즈로 촬영한다

각각의 숏을 와이드 숏(또는 미디엄 숏)과 타이트 숏으로 촬영하자. 이렇게 하면 편집할 때 선택의 폭을 넓히고, 리듬을 조절하며, 원하는 대로 대화를 진전시킬 수 있다. 예를 들어, 두 인물 간의 친밀감이나 긴장감을 높이기 위해 점점 더 타이트한 사이즈로 촬영할 수 있다.

마이클 맨 감독의 영화 〈히트〉에서 알 파치노와 로버트 드 니로가 연기한 이 유명한 장면처럼 말이다. 장면 전체에 걸쳐 두 적대자 사이의 긴장감이 고조되면서 프레임이 점점 더 타이트해진다.

미디엄 숏　　　　　　　　　　　　　　미디엄 숏

타이트 숏　　　　　　　　　　　　　　타이트 숏

✛ 소리에 유의한다

촬영 중에 연기자들의 목소리가 서로 겹치지 않도록 주의하자. 또한 대화를 방해할 만한 모든 주변 소음을 제거하여 대화를 최대한 깨끗하게 녹음하는 것이 우선이다.

두 인물의 대화를 촬영할 때 한 인물이 프레임을 벗어나거나, 등을 보이거나, 단순히 시야 밖에 있는 경우, 대사가 서로 겹치지 않는지 확인하여 편집할 때 안전하게 사운드를 자를 수 있도록 해야 한다. 연기자가 각 대사 사이에 잠시 멈추었다가 대화를 이어가는 방법도 있다.

180° 규칙

180° 규칙은 매우 간단하며, 특히 대화 장면에서 숏/리버스 숏을 촬영할 때 적용된다. 두 인물이 마주 보고 있을 때, 항상 카메라는 두 인물을 잇는 가상의 선(imaginary line)을 경계로 삼아 한쪽에만 위치해야 한다. 즉, 카메라가 이 180° 선을 넘어가서는 안 된다. 만일 넘어간다면, 관객은 공간적인 지표를 잃어버리게 되고, 숏/리버스 숏 사이에서 두 인물의 시선이 마주치지 않게 된다.

이 선을 넘을 수 있는 조건은 단 하나, 트래블링이나 트래킹 숏처럼 카메라가 한쪽에서 다른 쪽으로 이동하는 것을 명확하게 알아볼 수 있도록 촬영하는 경우이다(225쪽 참조).

미디엄 숏

숏

리버스 숏

180° 선

180° 규칙을 준수하지 않은 카메라

시선을 서로 교차시킨다

180° 규칙을 어긴다면, 두 인물이 같은 방향을 바라보게 되면서 프레임 밖의 제3자와 대화하는 듯한 인상을 준다.

촬영할 때 이 같은 실수를 하더라도, 편집할 때 영상을 좌우로 뒤집을 수는 있다. 하지만 이럴 경우에는 인물(머리 장식, 볼의 흉터 등)이나 배경(간판, 시계 등)에 눈에 띄는 특징이 없는지 미리 확인하는 것이 중요하다.

인물 배치를 유지한다

이 규칙을 지키면 어떤 숏에서든 프레임 안에서 인물의 위치를 유지할 수 있다. 영화 〈드라이브〉의 이 장면에서 드라이버 역의 라이언 고슬링은 항상 프레임의 왼쪽, 아이린 역의 케리 멀리건은 항상 프레임의 오른쪽에 위치한다.

프렌치 오버

프렌치 오버(French over)는 두 인물의 뒤에서 촬영하는 숏을 뜻하는 미국식 용어이다. 자동차 내부 장면을 촬영할 때 카메라를 인물 앞에 두기가 어렵기 때문에 붙여진 이름이다.

와이드 숏

이를 위한 해결책은 장뤼크 고다르의 영화 〈네 멋대로 해라〉 속 대부분의 자동차 장면에서처럼 뒷좌석에서 촬영하는 것인데, 이후 이런 유형의 촬영에 대한 기준이 되어 '프렌치'란 이름이 붙었다.

숏: 미디엄 숏

그때부터 이런 유형의 숏은 무언가 숨기고 있는 두 인물 사이의 긴장감을 표현하는 데 자주 사용되었다. 영화 〈거미줄에 걸린 소녀〉의 이 장면이 여기에 해당한다.

인서트

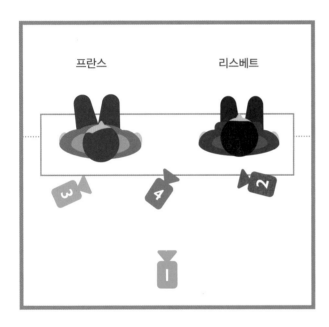

숏: 타이트 숏

컴퓨터 엔지니어인 프란스 발더는 세계 주요 국가들의 핵무기를 제어할 수 있도록 설계된 소프트웨어 '파이어폴'을 개발했지만 NSA(국가안보국)에게 빼앗겨버린다.

리버스 숏: 타이트 숏

그는 젊은 해커 리스베트를 만나 기밀문서를 건네며 파이어폴을 찾아달라고 부탁한다.

관객은 마치 감시하듯 이들의 어깨 뒤에 위치하며, 이들의 표정이나 감정을 읽을 수 없게 된다.

인서트

선 넘기

모든 규칙이 그렇듯, 이 규칙도 물론 어길 수 있다. 대화 도중에 이 선을 넘어감으로써 관객에게 혼란을 불러일으키거나 등장인물의 또 다른 면을 보여줄 수 있다.

〈위험한 정사〉의 이 장면에서 댄 갤러거(마이클 더글러스)는 업무차 알렉스 포러스트(글렌 클로스)를 만난다.

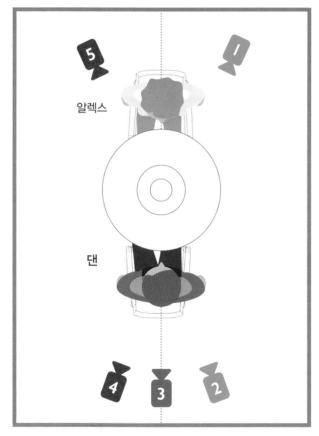

에이드리언 라인 감독은 두 등장인물 사이의 숏/리버스 숏으로 시퀀스를 시작한다. 여기서 댄은 변호사로 일하며 가정을 꾸리고 어머니를 보살피는 등 완벽한 남자로 소개된다.

그러다 갑자기 오른쪽에서 왼쪽으로 이동하는 돌리[3]가 선을 넘는다. 둘 사이의 유혹 시퀀스가 시작된다. 이번에는 댄의 새로운 면모가 발견되는데, 공손한 아들에서 부정한 남편으로 변모하게 된다.

숏 [1]과 [2]는 충실하고 공손한 댄 갤러거의 좋은 면을 보여준다. 반면 숏 [4]와 [5]는 거짓말쟁이이자 바람둥이임을 드러낸다.

여러 인물 촬영하기

두 명 이상의 인물이 대화하는 경우, 각 인물 사이에 지켜야 할 180° 선의 수가 많아서 자칫 혼란스러워질 수도 있다. 이 같은 설정에서는 장면의 평면도(플로어 플랜)를 사용하면, 인물의 모든 위치와 인물 사이의 모든 선을 일일이 기록하지 않아도 된다.

장면 속 인물들의 배치가 어떻든 간에, 촬영의 목표는 각 인물의 시선이 매번 교차하도록 구도를 잡는 것이다. 여러 인물 간의 대화 장면을 촬영하는 몇 가지 방법은 다음과 같다.

하나의 선을 그린다

여러 인물 간의 대화 장면에서 여러 개의 선으로 인한 혼란을 피하려면, 영화 〈세븐〉(1995)의 이 장면에서처럼 인물들 사이에 중심이 되는 하나의 선을 정해서 그릴 수 있다.

데이비드 밀스(브래드 피트)는 윌리엄 서머싯 형사(모건 프리먼)의 후임으로 아내 트레이시(귀네스 팰트로)와 함께 뉴욕으로 갓 이사를 왔다. 트레이시는 처음으로 윌리엄을 저녁 식사에 초대한다.

젊은 여자와 서머싯 형사의 첫 만남인 만큼, 중심이 되는 선은 이 둘 사이에 그어져 있다. 데이비드는 트레이시 뒤쪽으로 물러나 있다.

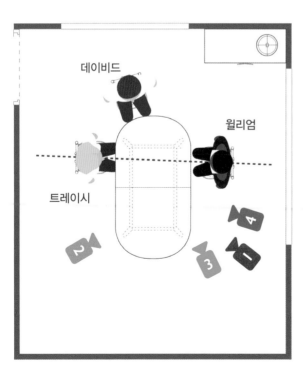

선을 교체한다

와이드 숏으로 장면을 시작하여 장소와 각 인물의 배치를 설정한 다음, 각 인물 사이의 180° 선을 고려하여 숏/리버스 숏을 번갈아가며 보여준다.

예를 들어, 〈펄프 픽션〉의 이 장면에서는 줄스(새뮤얼 L. 잭슨)와 빈센트(존 트라볼타)가 자기들을 배신하려던 사기꾼 브렛, 로저, 마빈과 대화를 나눈다.

카메라가 중심에 위치한다

만약 여러 인물이 원형으로 배치되어 있다면, 한가운데에 위치하여 자신을 중심으로 돌면서 각 인물을 촬영한다. 이렇게 하면 시선이 자연스럽게 교차하게 되는데, 이는 영화 〈조찬 클럽〉(1985)에서 자주 사용된 기법이다.

스토리는 셔머 고등학교의 도서실에서 주로 전개된다. 토요일에 등교하여 반성문을 쓰게 된 다섯 학생이 서로에게 비밀을 털어놓는다.

카메라는 이 그룹의 여섯 번째 구성원으로서 대화의 중심에 위치하면서 각자의 고백이 진행되는 동안 한 인물에서 다른 인물로 옮겨 간다.

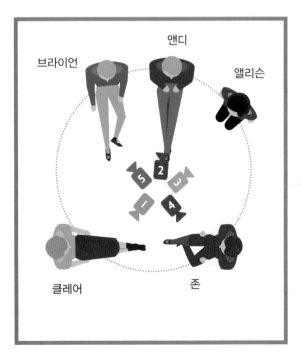

대칭을 유지한다

네오　　　　　　　　메러빈지언　　　　　　　모피어스

여러 인물이 서로 마주보고 있는 경우, 〈매트릭스 2: 리로디드〉(2003)의 이 장면처럼 숏의 대칭을 활용하여 시선이 교차하도록 한다.

이 장면에서 네오(키아누 리브스)와 모피어스(로런스 피시번)는 메러빈지언(랑베르 윌슨)을 만난다. 첫 번째 숏[1]이 각자의 위치를 설정한 다음, 이후의 숏은 대화의 선을 번갈아가며 오간다.

빨간색은 네오와 메러빈지언 사이를 잇는 선이고, 파란색은 모피어스와 메러빈지언 사이를 잇는 선이다. 이들의 시선은 일관되게 교차한다.

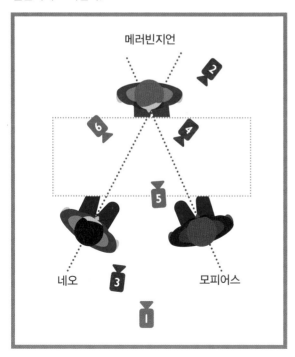

응용

180° 규칙은 대화에만 적용되는 것이 아니라, 숏/리버스 숏 사이에서 관객의 이해를 돕기 위해 설정된 논리이다.

시선 추적

한 인물이 텔레비전, 신문, 전화기 등 어떤 물체를 바라볼 때, 마치 서로 바라보는 것처럼 180° 규칙을 적용한다.

예를 들어 〈세븐〉의 이 장면에서 윌리엄 서머싯(모건 프리먼)은 단서를 찾고 있다. 리버스 숏으로, 서머싯이 들고 있는 사진이 그의 시선과 교차하도록 프레이밍되어 있다.

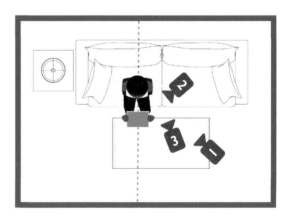

전화 장면

전화 통화를 하는 장면에도 이 규칙이 적용된다. 두 인물이 서로 마주 보지 않더라도 둘의 시선은 교차한다.

영화 〈디파티드〉(2006)의 이 장면에서 콜린 설리번(맷 데이먼)과 빌리 코스티건(레오나르도 디카프리오)이 통화하고 있다. 숏 사이즈(와이드 숏 또는 타이트 숏)에 상관없이 두 인물의 시선은 일관되게 교차하며, 마치 멀리서 서로에게 응수하는 것처럼 보인다.

마찬가지로 두 인물이 분할 화면에 있는 경우에도 둘의 시선은 항상 서로 마주한다.

이동 장면

180° 규칙은 대화 장면에서 중요하지만, 인물이나 물체가 영상을 가로질러 움직이는 장면에도 반드시 필요하다.

걷거나 뛸 때

인물이 걷거나 달리는 경우, 편집의 연속성과 유동성을 확보하려면 각 숏에서 인물의 경로가 유사해야 한다.

예를 들어 〈포레스트 검프〉의 이 유명한 장면에서, 자신을 괴롭히는 아이들에게 쫓기는 꼬마 포레스트는 친구 제니의 응원에 힘입어 아주 빠르게 달리기 시작한다. 어떤 숏에서든 포레스트는 왼쪽에서 오른쪽으로 달리는데, 이를 통해 연속성이 유지된다.

영화 〈설국열차〉에서처럼 이동 경로의 선택이 의미를 지니는 경우도 있다. 커티스가 왼쪽에서 오른쪽으로 걸을 때는 최종 목표인 기차 앞쪽을 향해 나아가는 것을 의미하고, 오른쪽에서 왼쪽으로 갈 때는 물러나거나 망설이는 것을 의미한다. 이 영화는 미국과 유럽의 관객을 대상으로 하기 때문에, 인물이 앞으로 나아가는 방향은 왼쪽에서 오른쪽으로 읽는 서양식 독법을 따른다.

자동차로 이동할 때

자동차가 왼쪽에서 오른쪽으로 주행하는 경우 다음 숏에서도 방향이 유사해야 하며, 그렇지 않으면 거꾸로 주행하는 것처럼 보일 수도 있다. 영화 〈베이비 드라이버〉의 추격 장면에서 자동차는 가상의 180° 선을 따라 이동하며, 카메라는 자동차 외부에 있든 내부에 있든 절대 그 선을 넘지 않는다.

만약 방향을 바꾸고 싶다면, 갑작스러운 변경에 놀란 관객이 혼란스러워하지 않도록 두 경로 사이에 컷어웨이 숏[장면의 주요 피사체나 액션 외의 다른 요소에 초점을 맞춘 일종의 인서트 숏 — 옮긴이]을 추가하는 것이 좋다.

이런 컷어웨이 숏으로는, 장면을 관찰하는 행인의 와이드 숏, 운전자가 방향을 바꾸려고 목이나 몸을 돌리는 숏, 운전대를 돌리는 손의 타이트 숏 등을 사용할 수 있다.

대화 장면의 프레이밍

'빈 공간 두기'로

대화 장면에서 중립적인 숏을 구성하려면, 삼분할법(200쪽 참조)에 따라 인물의 눈을 위쪽 가로선에 배치하고, 인물이 프레임의 오른쪽을 바라보는 경우 빈 공간을 오른쪽에, 왼쪽을 바라보는 경우 왼쪽에 두는 것이 일반적이다.

눈을 위쪽
가로선에
배치한다

시선의 균형을
맞추기 위해 공간을
비워둔다

'탈프레이밍'으로

탈프레이밍(또는 탈프레임화)은 관객을 다른 해석으로 이끌고 대화에 의미를 더할 수 있다. 숏을 대칭적으로 구성하면, 아래에 있는 영화 〈킹스 스피치〉의 장면에서처럼 영상에 매우 엄격한 느낌을 줄 수 있다.

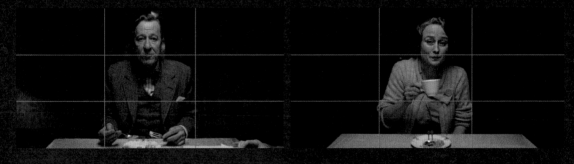

의도적으로 머리를 탈프레이밍하면, 아래에 보이는 드라마 〈미스터 로봇〉에서처럼 갇혀 있거나 거북한 느낌을 줄 수 있다.

이 빈 공간이 인물을 가장자리로
밀어내는 것처럼 보인다

'오버 더 숄더'로

물체나 인물의 바로 뒤쪽 가까이에 카메라가 위치한다면(예를 들어 인물의 어깨가 보이는 경우), 이를 오버 더 숄더 (over-the-shoulder)라고 한다. 오버 더 숄더 숏을 사용하면 상대방의 위치를 파악할 수 있다. 여러 인물이 대화를 나누는 경우 각 인물이 어디에 위치하고 누가 누구에게 말하고 있는지를 알 수 있다. 이 앵글은 또한 인물들 간에 친밀감을 조성하여 이들의 관계가 더욱 가까워 보이도록 한다.

〈타이타닉〉의 이 장면에서는 오버 더 숄더 숏이 사용되어 등장인물 간의 친밀감을 나타낸다. 관객은 이들이 물리적으로 얼마나 가깝게 있는지를 확인할 수 있으며, 이 숏은 두 사람이 사랑에 빠지고 있음을 알려주는 것 같다.

이는 두 인물 간의 권력 관계를 강조하는 데에도 사용될 수 있다. 〈미트 페어런츠〉의 이 숏은 예비 장인(로버트 드 니로)과 예비 사위(벤 스틸러) 사이의 불편한 대립을 보여준다.

촬영 팁: 인물의 입이 보이지 않도록 3/4(또는 45°)이나 완전히 뒤쪽에서 오버 더 숄더로 촬영해보자. 이렇게 하면 편집할 때 입이 움직이는 것을 살필 필요 없이 원하는 리액션을 대화 상대에게 자유롭게 부여할 수 있다.

'오버 더 숄더' 없이

오버 더 숄더로 촬영된 숏이 대화 중인 두 인물을 이어주는 경향이 있는 반면, 오버 더 숄더 없이 촬영된 숏은 촬영 중인 인물을 고립시키거나 심지어 방향 감각을 상실한 것처럼 만들기도 한다. 이런 카메라 앵글은 두 인물 사이의 거리감을 나타낸다.

내가 따르는 규칙 한 가지는 오버 더 숄더로 촬영하든 그러지 않든 간에 숏의 균형을 맞추는 것이다. 만약 숏을 오버 더 숄더로 촬영한다면 그에 상응하는 리버스 숏도 같은 방식으로 촬영하여, 영상의 어색한 연결로 인해 관객의 주의가 흐트러지지 않게 한다.

프레이밍의 실전 팁

회피하는 시선은 피한다

지나치게 회피하는 시선은 피하는 것이 좋다. 숏/리버스 숏의 목적은 연기자의 얼굴과 연기를 볼 수 있게 하는 것이므로, 인물의 시선을 놓치지 않도록 한다.

렌즈를 바꾸지 않는다

숏과 리버스 숏 사이에 불균형이 생기지 않도록 동일한 렌즈, 연기자와의 동일한 거리, 동일한 구도를 유지한다.

30° 규칙을 지킨다

배우의 주위로 카메라를 움직일 때는 30° 규칙을 준수해야 한다.

이 규칙은 동일한 피사체를 연속해서 촬영하는 경우 다음 숏에서 카메라가 피사체를 중심으로 최소 30° 이상 움직여야 한다는 편집 지침이다.

카메라가 30° 이상 움직이지 않으면 영상의 연결이 어색해져 관객에게 혼란을 줄 수 있다. 30° 이상 차이가 나지 않는 두 숏 간의 전환은 불필요하고 어색하게 느껴질 수 있다.

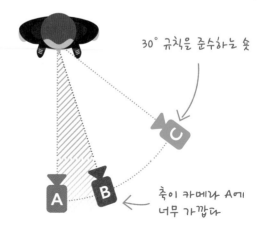

30° 규칙을 준수하는 숏

축이 카메라 A에 너무 가깝다

긴 대화의 프레이밍

대화 장면이 1~2분 이상으로 길어지는데 단순히 숏/리버스 숏으로만 진행된다면, 대본이 아무리 완벽하더라도 관객을 지루하게 만들고 영상의 리듬을 잃을 수 있다. 이를 개선하기 위한 두 가지 해결책은 다음과 같다.

카메라를 움직인다

다양한 카메라 앵글로 촬영된 숏들과 그 숏들이 전달하는 감정을 번갈아가면서 편집에 리듬을 부여해보자. 예를 들어 아이 레벨의 중립적인 숏/리버스 숏으로 시작한 다음, 장면이 진행되는 동안 두 인물 간 힘의 균형이 바뀌면 하이 앵글과 로우 앵글 숏을 추가할 수 있다. 인물 주위를 돌면서 촬영하는 이동 숏을 추가하면 리듬감을 더하고 지루한 느낌을 없앨 수 있다.

설정 숏 / 와이드 숏 / 미디엄 숏 / 미디엄 숏 / 타이트 숏 / 타이트 숏

인물을 움직인다

설정한 분위기와 맞지 않거나 기술적으로 불가능해서 카메라를 움직이고 싶지 않다면, 대신 인물을 움직이는 것을 고려해보자. 예를 들어 저녁 식사 장면을 촬영한다고 해보자. 한 인물에게 장면 중간에 일어나 계속 이야기하면서 부엌으로 가서 무언가를 가져오라고 요청해보는 것은 어떨까? 다른 인물이 따라가든 따라가지 않든, 이제 새로운 배경과 두 인물에 대한 새로운 앵글이 생기고 공간 활용을 통해 장면에 깊이를 더할 수 있다.

대화 장면의 분석

지금까지 180° 규칙을 마스터하는 법, 즉 오버 더 숄더 숏으로나 오버 더 숄더 숏 없이, 와이드 숏이나 타이트 숏으로, 빈 공간을 둔 숏이나 좌우 대칭인 숏 등으로 숏/리버스 숏을 프레이밍하는 방법을 알아보았으니, 이 같은 다양한 기법을 결합하면 어떻게 되는지를 〈양들의 침묵〉의 유명한 장면을 통해 살펴보자.

이것은 명석한 식인 정신과 의사 한니발 렉터(앤서니 홉킨스)와 그를 심문하러 온 젊은 FBI 인턴 요원 클래리스 스탈링(조디 포스터)의 첫 만남이다. 처음에 서로를 소개하는 브레이크다운 숏에서 두 인물은 동등한 위치에 있다.

한니발이 오버 더 숄더로 촬영되면 클래리스도 동일한 방식의 촬영으로 반응하고, 한니발이 오버 더 숄더가 아닌 구도로 카메라를 정면으로 응시하면 클래리스도 동일한 프레임 구도를 따른다.

30초간의 대화가 끝나고 클래리스가 자리에 앉자 두 인물 사이의 심리적 우위가 변화하게 되고, 이는 숏 브레이크다운으로 완벽하게 드러난다.

이 순간부터 한니발은 권력을 장악하고, 프레임 구성을 통해 이러한 우위가 강조된다.

그는 카메라를 정면으로 응시하고, 대칭 구도에서 전체 공간을 차지하며, 로우 앵글로 촬영되어 영상에서 더욱 강력해 보인다 (6장 참조).

한니발과 마주한 클래리스는 하이 앵글로 촬영되어 더 취약하고 초조해 보인다. 클래리스는 카메라 시선과 어긋나 있고, 그녀의 시선은 카메라 시선을 회피한다.

타이트 숏으로 영상 전체를 차지하는 한니발과 달리 클래리스는 이 숏에서 혼란스러워 보인다. 한니발이 심문을 주도하며, 이는 그가 권력을 장악하고 있음을 확인시킨다.

하지만 클래리스는 곧 우위를 되찾고 대화의 균형을 잡으려고 한다. 클래리스가 심문을 재개하자 와이드 숏으로 돌아오고, 관객은 다시 숨을 쉴 수 있게 된다.

하지만 한니발은 여전히 곧은 자세를 유지하며 프레임 안에서 우위를 점한다.

대화의 균형이 잡히자 클래리스는 앞서의 한니발과 같은 대칭 구도에서 카메라를 응시하기까지 한다.

클래리스는 자신감을 되찾은 듯 한니발의 시선을 마주한다.

두 인물이 마침내 대등해졌다고 관객이 생각할 때, 한니발은 클래리스를 불안정하게 만들어 다시 우위를 점한다. 프레임 구도에서 느낄 수 있듯이 클래리스는 완전히 탈프레이밍되고 갇혀 있는 반면, 한니발은 자신의 공간을 되찾는다.

8장을 동영상으로 시청하세요(한국어 자막)
HTTPS://LESBIDOUILLES.COM/KR/CHAPTER-8

움직임 만들기

이동 촬영 장비

이동 촬영

이동 촬영 또는 '트래블링'은 시점을 바꾸기 위해서 카메라를 이동하며 촬영하는 것이다. 카메라는 레일(또는 트랙), 크레인, 스태빌라이저 또는 간단한 돌리 위에 놓여 부드럽고 안정적인 움직임으로 인물이나 물체에 가까이 다가가거나 멀어진다. 이러한 움직임을 '트랙' 또는 '트래킹'이라고도 하며, 카메라가 돌리 위에서 이동하는 경우 '돌리'라고도 한다.

원래 '돌리(dolly)'는 공군 비행사들이 폭탄을 창고에서 항공기로 운반할 때 사용하던 카트(수레)였다. 이 카트는 무거운 물건을 옮길 수 있도록 무게 중심이 매우 낮게 설계되었으며, 항공기 아래로 미끄러져 들어갈 수 있을 만큼 높이가 낮았다. 공압식 또는 유압식 리프팅 암을 사용하여 폭탄을 동체 안으로 들어 올릴 수 있었다.

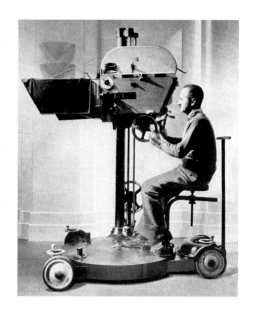

이 아이디어를 바탕으로 영화 장비 설계자들은 영화용 돌리를 제작했다. 카메라를 올렸다 내렸다 할 수 있는 강력하고 조용한 유압식 암이 장착된 이 돌리는 진동이 없고 차체가 매우 낮았다. 오른쪽 사진은 1932년에 만들어진 최초의 이동 촬영 장비인 로탐뷸레이터(Rotambulator)로 무게가 3톤에 달했고 무거운 카메라를 0.45m에서 2m까지 수직으로 들어 올릴 수 있었다.

영화의 이동 촬영은 전문적인 기술과 실행 계획이 필요하기 때문에 장비 담당인 돌리 그립(284쪽 참조)이 레일 전체가 일직선이 되도록 설치하고 균형을 잡는다.

초보자의 경우 이 같은 이동 촬영은 매우 복잡하고 시간이 많이 소요될 수 있다. 다행히 슬라이더나 카메라 스태빌라이저 등과 같이 초보자가 촬영할 때 사용하기가 더 쉽고 실용적인 이동 촬영 장비가 몇 가지 있다(다음 쪽 참조).

슬라이더

슬라이더는 이동 촬영을 위한 경제적인 대안이 될 수 있다. 카메라를 수평 방향(좌우 또는 전후)으로 부드럽게 움직일 수 있으며, 가동 범위는 제조사와 가격에 따라 50cm에서 2m까지로 다양하다.

드물긴 하지만 위아래로 움직일 수 있는 슬라이더도 있다. 또 어떤 슬라이더는 모터가 내장되어 있어 움직이는 타임 랩스(저속도) 촬영이 가능하다. 슬라이더는 바닥이나 테이블 위에 놓거나 삼각대에 직접 장착할 수도 있다.

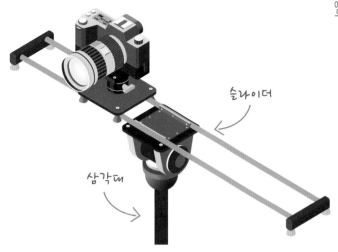

슬라이더

삼각대

휠체어

휠체어는 편안하고 안정적이며 조립이 필요 없기 때문에 훌륭한 대안이 될 수 있다. 바퀴가 정렬되어 있지 않으므로, 촬영하는 동안 누군가가 밀거나 끌어주는 것이 바람직하다.

하지만 전동 휠체어 사용은 피하는 것이 좋다. 모터 소음이 오디오와 섞일 가능성이 매우 높기 때문이다.

자동차에서 촬영하기

저속으로 주행 중인 자동차의 트렁크에서 촬영하면 리버스 트래킹(또는 돌리 아웃)의 움직임을 재현할 수 있다. 또한 차창에서 카메라를 조금씩 움직이면서 촬영하면 수평 트래킹(또는 돌리)이나 일반 트래킹(또는 돌리 인)의 재현도 가능하다. 하지만 자동차에서 촬영하는 것은 위험할 수 있으므로 창의력을 발휘하되 무엇보다 안전에 유의해야 한다. 따라서 적당한 속도를 유지하고 안전벨트를 착용하자.

자동차의 흔들림을 보정하려면 짐벌 타입의 스태빌라이저를 사용하는 것이 좋다(247쪽 참조). 이 장비의 그립(손잡이)을 사용하여 카메라를 지면 가까이 가져가서, 프레임을 가로지르는 도로를 와이드 숏으로 촬영할 수 있다. 단, 카메라가 지면에 가까울수록 속도감이 더 커진다는 점에 유의하자.

엔진 소리가 녹음에 방해될 수 있으므로, 이 경우에는 운전자와 친구에게 차를 밀어달라고 부탁해야 할 수도 있다.

이동 촬영 장비 만들기

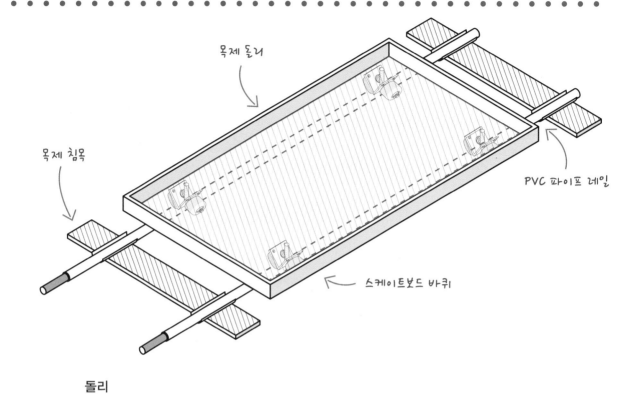

목제 돌리

목제 침목

PVC 파이프 레일

스케이트보드 바퀴

돌리

받침대를 만들려면 상당히 단단한 70 × 120cm 크기의 나무판자(예: 40mm 두께 합판)를 구입하고, 이동 중에 삼각대
가 받침대에서 미끄러져 나가지 않도록 가장자리에 긴 나무 조각을 추가한다.

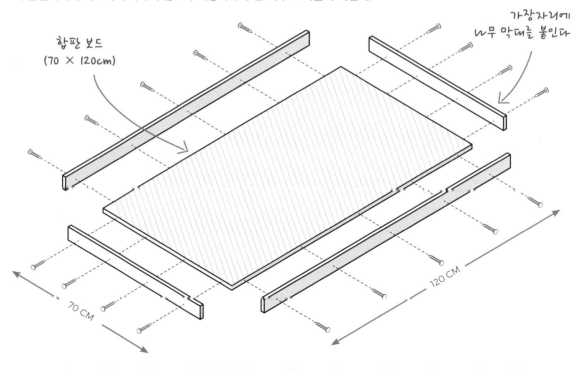

가장자리에
나무 막대를 붙인다

합판 보드
(70 × 120cm)

70 CM

120 CM

바퀴

스케이트보드 바퀴 8개(예산이 허용한다면 안정성 면에서 16개가 더 낫다)와 바퀴를 부착할 금속 꺾쇠 4개를 구입한다. 그런 다음 바퀴가 PVC 파이프 위에서 쉽게 구를 수 있도록 이 4개의 꺾쇠를 동일한 간격으로 받침대에 고정한다.

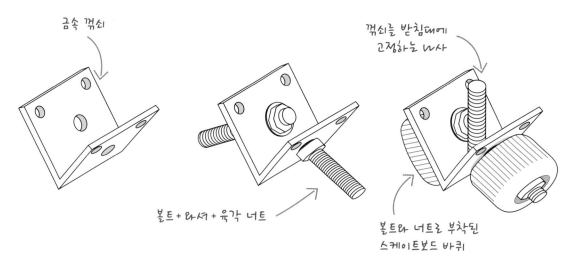

금속 꺾쇠

꺾쇠를 받침대에 고정하는 나사

볼트 + 와셔 + 육각 너트

볼트와 너트로 부착된 스케이트보드 바퀴

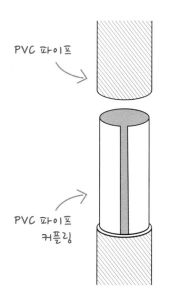

PVC 파이프

PVC 파이프 커플링

레일

PVC 파이프는 찌그러지지 않으면서 카메라맨과 카메라의 무게를 지탱할 수 있기 때문에 레일을 만드는 데 이상적이다. 가격이 저렴하고 다양한 길이(최장 3m)로 제공되므로 필요한 경우 트랙을 연장할 수 있다.

먼저 2m짜리 회색 PVC 파이프(직경 32mm) 4개를 구입한다. 파이프를 더 쉽게 연결하고 돌리가 연결부를 부드럽게 지나가도록 하려면, 같은 직경의 PVC 파이프 커플링을 길이 방향으로 절단하여 잘라낸 조각을 제거한 다음 파이프의 한쪽 끝에 밀어 넣어 서로 맞물리게 한다.

침목

이렇게 만든 이동 촬영 장비의 경우 돌리 자체가 레일의 간격을 유지해주지만, 만약 두 레일을 가로지르는 침목을 추가하고 싶다면, PVC 파이프를 반으로 자른 U자형 파이프를 받침대의 꺾쇠와 동일한 간격으로 배치하고 양쪽 끝을 단단한 받침목 위에 나사로 고정하면 된다.

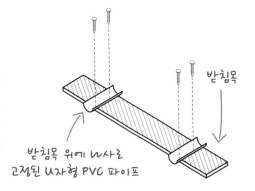

받침목

받침목 위에 나사로 고정된 U자형 PVC 파이프

스태빌라이저

돌리가 언제나 이동 촬영의 이상적인 해결책인 것은 아니다. 설치하는 데 시간이 오래 걸리기도 하며, 도로와 같은 특정 장소에서는 허가 없이 사용이 금지되거나, 숲이나 계단과 같은 험난한 지형에서는 사용하기가 아예 불가능할 수도 있다. 이런 경우 이동 촬영을 위한 두 가지 대안이 있다.

스테디캠

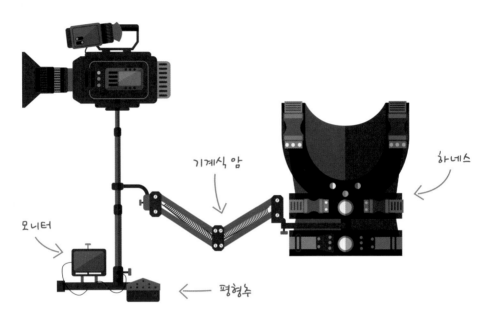

기계식 암

하네스

모니터

평형추

스테디캠(Steadicam)은 카메라가 흔들리지 않고 공중에 떠 있도록 해주는 기계식 스태빌라이저(stabilizer: 안정화 장치)이다. 이 장치는 관성의 법칙을 기반으로 하는데, 카메라는 폴 상단의 지지대에 고정되며, 하단에는 모니터와 배터리 및 전체 균형을 잡아주는 추로 구성된 평형추가 있다. 하단에 배치된 모니터로 촬영 중에 걷고 있는 위치를 확인하면서 장애물을 미리 예측할 수 있다.

유연한 움직임을 가능하게 해주는 이 무거운 장비를 지탱하기 위해 오퍼레이터는 하네스를 착용하여 무게를 어깨와 골반에 분산시키고, 복잡한 풀리(도르래)와 스프링 장치로 구성된 기계식 암(arm: 팔)에 카메라를 연결한다. 이 암이 카메라의 움직임을 따로 분리해준다. 이렇게 하여 스테디캠 오퍼레이터가 카메라가 흔들리지 않게 하면서 달릴 수 있는 것이다.

카메라의 무게에 따라 폴 길이와 추의 균형을 맞추고, 장치의 위치를 조정해 무게 중심을 맞춰야 하기 때문에 사용하기가 매우 까다로운 장비이다. 이러한 균형 조정 작업은 오랜 시간과 수고를 필요로 한다. 이는 특수한 작업으로, 카메라맨은 스테디캠을 다룰 수 있는 자격이 없기 때문에, 촬영에 스테디캠이 필요한 경우 스테디캠 기사 또는 오퍼레이터를 투입해야 한다.

플라이캠(Flyoam)이나 글라이드캠(Glidocam)은 덜 복잡하고 초보자도 쉽게 사용할 수 있는 장비이다. 게다가 최근에는 더욱 간단하고 아마추어 영상 제작자에게 적합한 새로운 유형의 카메라 스태빌라이저가 등장했다. 바로 3축 스태빌라이저인 짐벌이다.

짐벌

롤 모터

틸트 모터

팬 모터

관성의 법칙을 기반으로 하는 기계식 스태빌라이저인 스테디캠과 달리, 짐벌(gimbal)은 전자식 스태빌라이저로, 자이로스코프(gyroscope)와 연결된 모터를 통해 틸트(상하 기울기), 팬(좌우 회전), 롤(시계 방향/반시계 방향 기울기)의 세 축으로 카메라의 위치를 보정한다.

이 장치는 배터리로 구동되며, 일부 브랜드에서는 스마트폰에서 움직임을 제어할 수 있는 애플리케이션을 제공한다. 예를 들어 액티브 트랙(Active Track)과 같은 옵션을 사용하면 프레임이나 얼굴의 특정 지점을 잠그는 방식으로 인물이나 물체를 추적할 수 있다.

전문적인 촬영에는 로닌(Ronin), 모비(Movi), 스테이브 원(Stabe One) 등과 같이 상당히 큰 짐벌이 사용되지만, 최근에는 DJI, 즈윈(Zhiyun), 페이위(Feiyu) 같은 많은 브랜드에서 소형 카메라에 적합한 더 작고 저렴한 모델을 제공하고 있다.

어떤 스태빌라이저를 선택할 것인가?

두 가지 장비는 각기 다른 장단점이 있다. 따라서 촬영할 숏을 미리 예상하여 어떤 식의 카메라 움직임을 원하는지 잘 파악해두는 것이 선택하는 데 도움이 된다.

예를 들어 무거운 카메라로 촬영하거나 긴 시퀀스 숏을 촬영할 때는 스테디캠 오퍼레이터를 투입하는 것이 좋다. 스테디캠은 오퍼레이터가 무게를 지탱하는 하네스를 착용하고 균형을 맞추기 때문에, 팔을 뻗은 상태로 계속 들고 다녀야 하는 짐벌과 달리 고통 없이 더 편하게 촬영을 이어갈 수 있다. 추격 장면과 같이 긴장감 넘치는 움직임이 있는 숏을 촬영할 때는 빠른 움직임을 전기적으로 보정하는 경향이 있는 짐벌보다는 스테디캠이나 글라이더캠을 사용하는 것이 좋다.

반면에 카메라가 더 작고 가벼우며, 준비 시간을 많이 들이지 않고 짧은 숏을 촬영하고 싶은 경우에는, 짐벌을 구입하거나 대여받아 사용법을 익히면 비용을 절약할 수 있다!

크레인

크레인은 카메라가 공간의 상하, 좌우, 전후 등 모든 방향으로 이동할 수 있게 하며, 건물 옥상처럼 내려다볼 수 있는 장소가 없더라도 높은 곳에서 촬영할 수 있도록 해주는 장치이다. 크레인은 레일이나 로더(촬영용 레커차) 위에 놓인다. 오늘날 영화 촬영에 사용되는 크레인의 종류는 세 가지이다.

플랫폼 크레인

최초의 크레인은 1940년대에 채프먼(Chapman)사에서 만들었다. 크레인 끝에 설치된 플랫폼 위에 카메라맨, 감독, 촬영 감독 등이 앉아서 촬영 구도를 잡을 수 있었다. 하지만 붐은 무거운 하중을 견뎌야 했기에 이동 범위가 제한적이었고, 작업자의 안전을 위해 카메라를 6m 이상으로는 올릴 수 없었다.

크레인의 중량과 그로 인해 많은 인력이 투입되어 발생하는 비용 때문에, 이후 영화계에는 비용과 인력이 적게 드는 몇 가지 대안이 등장했다.

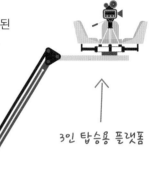

3인 탑승용 플랫폼

원격 제어 헤드 크레인

1970년대에 프랑스의 두 발명가 장마리 라발루와 알랭 마스롱은 원격 제어 전자 헤드와 프레이밍을 위한 비디오 모니터가 장착된 작고 가벼운 크레인 루마(LouMa)를 만들었다. 이는 그야말로 혁신적이었다. 매우 가볍기 때문에 기술팀이 위험을 감수하지 않고도 카메라를 높이 올릴 수 있다. 한 명의 오퍼레이터만으로도 작동할 수 있고, 플랫폼의 크기가 작아 카메라를 원하는 곳 어디에나 배치할 수 있다.

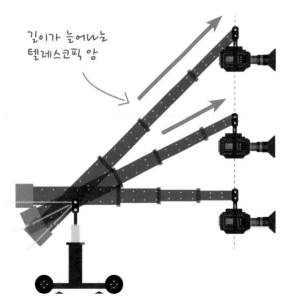

길이가 늘어나는
텔레스코픽 암

하지만 정교한 촬영을 방해하는 단점 하나가 있다. 루마의 모듈형 암[크레인의 암을 지브(jib)라고도 한다 — 옮긴이]은 카메라의 자유로운 움직임을 허용하지 않는다. 크레인의 길이가 고정되어 있어서 아래에서 위로 이동하는 궤적은 반드시 원형 호를 그리게 된다.

1990년대에 헨리크 흐로스치츠키가 설립한 테크노비전(Technovision)사는 루마의 이런 단점을 보완한 테크노크레인(Technocrane)을 만들었다. 이번에는 늘였다 줄였다 할 수 있는 텔레스코픽 암을 사용하여 카메라의 피벗 포인트(회전중심점)를 이동시켜서 암의 길이에 관계없이 카메라가 자유자재로 움직일 수 있게 되었다.

포터블 크레인

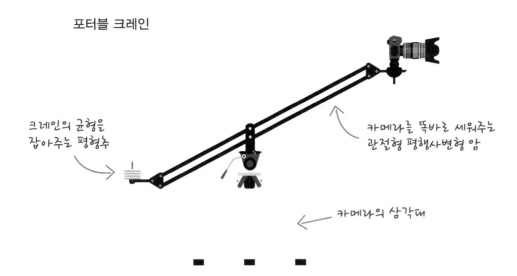

크레인의 균형을
잡아주는 평형추

카메라를 똑바로 세워주는
관절형 평행사변형 암

카메라의 삼각대

연장 범위가 좀 더 제한적인 소형 모델은 더 가벼운 카메라와 단순한 궤적에 적합하다. 루마를 개조한 이 장치는 일반적으로 관절형 평행사변형 암을 기반으로 하여 카메라를 지면과 평행하게 유지시켜 어떤 움직임에도 똑바로 촬영할 수 있게 해준다. 이러한 유형의 크레인은 대여 업체에서 100유로 이하에 빌릴 수 있다.

크레인 기교

짐벌의 등장 이후 제조업체들은 DJI 오즈모 포켓(DJI Osmo Pocket)이나 페이위 미니(Feiyu Mini)와 같은 일반 소비자용 미니 스태빌라이저를 점점 더 많이 선보이고 있다.

이 미니 스태빌라이저를 마이크 붐이나 페인트 롤러 연장 막대 끝에 부착하고, 와이파이를 통해 스마트폰으로 카메라를 제어하여 하이 앵글(일부 연장 막대의 최대 길이인 7m 높이까지)로 촬영할 수 있다.

간혹 촬영된 숏이 안정적이지 않거나 움직임이 미적으로 만족스럽지 않을 수도 있지만, 간단한 장비만으로 크레인 숏과 유사한 숏을 만들 수 있다.

하지만 가벼운 짐벌만 사용해야 하며, 그러지 않으면 촬영 중에 막대가 부러지거나 카메라가 떨어질 위험이 있으니 주의해야 한다.

좀 더 대담하다면 호버보드(hoverboard)[영화 〈백 투 더 퓨처 2〉에 처음 등장한 바퀴 없는 공중 부양 스케이트보드 — 옮긴이]를 사용하여 공중에서 추격 장면을 촬영할 수도 있다.

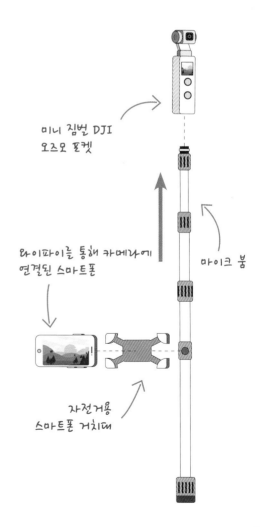

미니 짐벌 DJI
오즈모 포켓

와이파이를 통해 카메라에
연결된 스마트폰

마이크 붐

자전거용
스마트폰 거치대

카메라 움직임

카메라 움직임

5장에서 살펴본 것처럼 숏은 사이즈(와이드 숏, 미디엄 숏, 타이트 숏 등), 앵글(로우 앵글, 하이 앵글 등), 움직임 등 세 가지 요소로 설명된다. 움직임은 인물을 따라가거나 장소를 소개하는 데 사용될 뿐 아니라, 내러티브와 연기자의 연기 의도를 뒷받침하는 역할도 할 수 있다. 예를 들어, 고개를 들어 올리는 인물에게 다가가는 간단한 이동 숏은 그 인물이 방금 아이디어를 떠올렸다는 것을 알려준다. 이런 느낌을 고정 숏(픽스 숏)만으로 구현하는 것은 무척 까다롭다.

연출이 내러티브를 따르는 것이지, 그 반대가 아니라는 점을 잊지 말자. 숏에 움직임을 추가하는 것은 의미를 부가하기 위해서이지 그저 스타일을 부여하기 위해서가 아니다. 움직임은 관객의 주의를 이끌어내어 쉽게 이해할 수 있도록 해준다. 그렇다고 지나치게 남용해서도 안 된다.

브레이크다운을 준비할 때는, 장면에서 카메라를 어떻게 움직일지 고민하는 대신, 관객의 주의를 어디로 이끌고 싶은지 스스로에게 물어보자. 무엇을 보여주고 싶은지를 먼저 생각해야, 그 움직임을 구현하기 위해 어떤 장비를 선택할지 판단할 수 있다.

일반적으로 움직임은 두 가지 유형으로 분류되는데, 카메라가 이동하지 않고 축을 중심으로 회전하는 '패닝'과, 카메라가 앞으로, 위로, 옆으로 이동하는 '트래블링'이 있다.

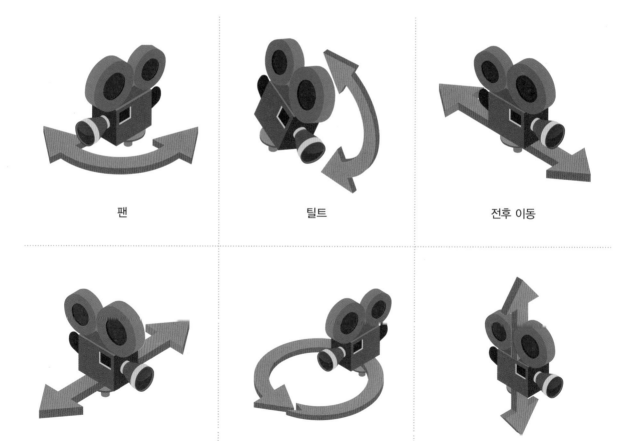

팬	틸트	전후 이동
측면 이동	원형 이동	수직 이동

패닝

패닝은 일반적으로 팬과 틸트 등 두 가지 범주로 나뉜다. 카메라가 왼쪽이나 오른쪽으로 수평 회전하는 것을 팬(pan), 카메라가 아래로 기울거나 위로 젖혀지는 것을 틸트(tilt)라고 한다. 물론 두 움직임을 조합할 수도 있다.

많은 감독들이 공간을 설정할 때, 특히 넓은 공간을 보여줄 때 이러한 움직임을 사용한다. 이렇게 하면 관객이 장면을 더 많이 볼 수 있기 때문이다. 예를 들어 한 인물의 방에서 구사하는 느린 속도의 패닝은 포스터, 장난감, 책 등 그 인물에 대해 알아야 할 모든 것을 보여준다.

한 인물에서 다른 인물로 옮겨 가는 패닝은 두 숏을 컷으로 연결하는 것보다 더 큰 긴장감을 조성할 수 있다.

이 같은 카메라 움직임은 관객이 마치 직접 고개를 돌리는 것처럼 실시간으로 그 순간을 체험하게 해준다.

느린 속도의 패닝(슬로 팬)은 장면을 관찰할 시간을 주는 반면, 빠른 속도의 패닝(퀵 팬 또는 휩 팬)은 한 요소를 매우 빠르게 보여줌으로써 역동성을 더한다.

또한 두 숏을 모션 블러로 연결하는 빠른 속도의 패닝을 스위시 팬(swish pan)이라고도 한다(268쪽 참조).

패닝을 사용하면 카메라를 이동하지 않고도 이동 중인 인물이나 차량을 따라갈 수 있다.

카메라의 위치가 고정된 상태에서 수직 방향의 움직임은 틸트이며, 위에서 아래로의 움직임을 틸트다운(tilt-down), 아래에서 위로의 움직임을 틸트업(tilt-up)이라고 한다. 이 기법은 예를 들어 고층 건물이나 오피스 빌딩을 촬영할 때 자주 사용된다.

실전 팁

안정적으로 패닝을 제어하기 위해서는 유연(유압식) 헤드가 있는 삼각대를 사용할 것을 권한다(37쪽 참조). 예를 들어 일부 고급 헤드에는 카메라의 움직임을 완화하고 갑작스러운 충격을 방지하는 평형(카운터 밸런스) 기능이 탑재되어 있다.

패닝을 유머러스하게 사용한 웨스 앤더슨의 〈그랜드 부다페스트 호텔〉을 살펴볼 것도 추천한다. 그리고 패닝을 트랙과 크레인의 복잡한 움직임과 결합하여 사용한 데이미언 셔젤의 영화 〈라라랜드〉와 〈위플래쉬〉도 추천한다. 이 영화들은 기술적으로나 미적으로 높은 완성도를 보인다. 셔젤의 영화는 전반적으로 통제와 조절이 돋보인다. 템포나 로맨스의 조절도 훌륭할뿐더러, 삼각대 위에서의 패닝이 이처럼 잘 제어된 영화는 없다.

다양한 이동 촬영 방법

원래 트래블링(이동 촬영)은 카메라가 움직이는 동안 흔들림을 방지하기 위해 돌리 또는 레일을 사용하는 것을 의미했다. 그 결과로 직선이나 곡선으로 이동하는 부드러운 움직임을 얻을 수 있었다.

오늘날 이 용어는 트랙, 크레인, 스테디캠, 드론 또는 스태빌라이저와 같은 장비를 사용하는 온갖 카메라 움직임을 지칭하는 것으로 진화했다.

다양한 유형의 이동 촬영 방법은 공간의 세 가지 차원 모두에 영향을 줄 수 있다. 따라서 감독은 연출하고자 하는 효과에 가장 적합한 움직임을 선택한다. 선택할 수 있는 몇 가지 움직임과 그 해석은 다음과 같다.

앞으로 이동

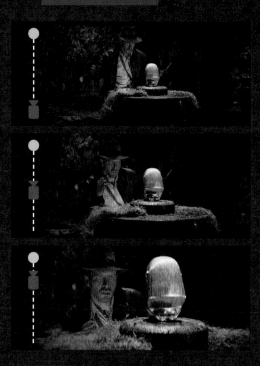

✚ 감정을 강조한다

앞으로 이동[트래블링 포워드. 흔히 '트랙 인' 또는 '트랙 업'이라고도 한다 — 옮긴이]은 인물이 중요한 것을 생각하거나 깨달을 때 그 인물에 초점을 맞추는 데 사용할 수 있다. 이는 무언가가 일어나고 있다는 정보를 관객에게 알리는 역할을 한다. 카메라가 인물에게 가까이 다가가 클로즈업하면 감정이 드러나면서, 긴장감을 조성하고 기대감부터 두려움까지 다양한 감정을 불러일으킨다.

앞으로 움직이는 것을 통해, 욕망, 질투, 관심사, 아이디어 등 무언가가 인물에게 작용하고 있다는 것을 알 수 있다. 이 같은 움직임이 없다면 인물의 고정 숏은 관객에게 의도를 전달하지 못하고 그저 먼 곳을 바라보는 시선만 보여줄 것이다. 또한 이런 이동 숏에 보이스오버를 넣으면 마치 관객이 인물의 머릿속으로 들어간 듯한 느낌을 줄 수 있다.

✚ 주의를 끈다

앞으로 움직이는 것은 관객의 주의를 특정 대상에 집중시킬 수도 있다. 마치 관객이 가까이서 자세히 살펴보기 위해 몸을 기울이는 것과 같다. 한 가지 요소가 강조되는 것이다. 고정 숏이 그냥 "봐"라고 말한다면, 이동 숏은 "더 자세히 살펴봐" 하면서 그렇게 유도한다. 가까이 다가갈수록 시야가 좁아지면서 피사체 주변에 있는 모든 것이 사라진다. 따라서 관객의 시선이 한 곳으로 집중된다.

✚ 공간을 드러낸다

앞으로(또는 뒤로) 이동하는 것은 배경 공간의 디테일을 드러내는 훌륭한 방법이 될 수 있다. 이러한 움직임은 흔히 설정 숏에 사용된다. 앞으로 이동함으로써 관객은 마치 그 공간을 걷는 것처럼 장면의 장소, 맥락, 상황을 알아간다.

뒤로 이동

인물을 사라지게 한다

뒤로 이동[트래블링 백워드. 흔히 '트랙 아웃' 또는 '트랙 백'이라고도 한다 — 옮긴이]은 극적 액션을 강화하는 감정적 거리를 만들어 인물을 사라지게 할 수 있다. 마치 관객이 극적 액션에서 벗어나고 싶어 하는 것처럼 말이다.

영화 〈조커〉에서 젊은 광대는 불량배들에게 구타당한 뒤 길거리에 홀로 널브러져 있다. 이때 마치 관객이 이 인물의 고통에서 벗어나기를 원하는 것처럼 카메라가 뒤로 이동하기 시작한다.

공간 설정을 드러낸다

카메라가 뒤로 이동하면 더 넓은 시야를 확보하여 배경을 드러낼 수도 있다. 프레임이 넓을수록 인물의 주변 환경에 대해 더 많은 것을 알 수 있게 된다. 숏이 진행됨에 따라 시야가 넓어져서 관객에게 새로운 정보가 드러난다.

측면 이동

측면 이동은 시퀀스의 중심에 있는 피사체, 즉 자동차나 인물의 움직임을 좇는다. 카메라의 움직임은 일반적으로 피사체의 움직임에 맞춰진다. 이를 통해 장면에 역동성을 더하고, 관객은 장면 속 피사체의 리듬을 따라갈 수 있다.

왼쪽에서 오른쪽으로의 이동은 주인공이나 내러티브의 긍정적인 변화를 암시하는 데 안성맞춤이다. 이는 왼쪽에서 오른쪽으로 읽는 데 익숙한 서양식 독법에서 비롯된 것이다. 반대로 오른쪽에서 왼쪽으로의 측면 이동은 인물의 성장이나 변화에 역행하는 적대자의 등장으로 한 발짝 뒤로 물러나는 듯한 인상을 준다.

〈올드보이〉의 이 장면에서 오대수는 자신이 인질로 잡고 있는 보스의 부하들과 망치 하나만으로 무장한 채 맞서야 한다. 탈출하려면 앞으로 나아가며 싸워야 한다. 그가 오른쪽으로 나아갈수록 목표인 출구에 더 가까워진다. 따라서 격투와 왼쪽에서 오른쪽으로의 측면 이동은 상징적이다. 격투 시퀀스 숏은 3분 이상 이어지며, 주인공이 어려움을 겪을 때 카메라는 몇 차례 왼쪽으로 후퇴한다. 승리를 거둔 오대수는 마침내 출구에 이르러 프레임 오른쪽에 홀로 서 있다. 그의 상대들은 패배하여 이제 프레임 왼쪽에만 속해 있는 과거의 존재가 된다.

원형 이동

360° 이동이라고도 하는 원형 이동은 액션 주위로 카메라가 움직이는 것을 말한다. 이는 매우 강력한 연출 기법으로서 가치를 발하곤 한다.

＋ 역동성을 더한다

대화 중인 장면의 역동성, 즉 움직임의 개념을 강화할 수 있다. 〈더 울프 오브 월 스트리트〉에서 조던 벨퍼트(레오나르도 디카프리오)와 도니 애조프(조나 힐)는 이제 막 증권 중개업을 시작했다. 마틴 스코세이지 감독은 전화 통화 중인 여러 직원의 주위를 원형 이동 숏으로 촬영하여 사무실의 흥분된 분위기를 전달한다.

＋ 불쾌감을 강조한다

원형 이동은 불안감이나 방향 감각 상실을 강조하거나, 연이어 지나가는 주변 배경과 함께 주위를 둘러보는 인물의 광기나 변화를 나타낼 수 있다. 렌즈의 초점 거리가 길수록 배경이 확대되므로 배경이 더 빨리 움직인다는 점에 유의하자.

수직 이동

수직 이동은 흔히 시퀀스의 시작 부분에서 장소와 액션을 서서히 드러내기 위해 사용된다. 그런가 하면, 〈마스크〉에서 티나(캐머런 디애즈)가 은행에 도착할 때나 〈레옹〉에서 마틸다(내털리 포트먼)가 등장할 때(오른쪽 사진)처럼 아래에서 위로 이동하며 인물을 드러낼 수도 있다.

숏의 시작 부분에서 눈에 띄는, 어울리지 않는 옷차림은, 숏의 끝에서 마틸다의 얼굴이 보이기도 전에 이 아이의 성격을 드러낸다. 마틸다는 천진스러운 여자이자 강하면서도 상냥한 인물이다.

몇 년 전만 해도 이런 식의 움직임에는 대개 크레인을 사용했다. 하지만 짐벌 타입의 스태빌라이저, 케이블 캠, 드론 등이 등장한 후에는 다양한 방법으로 이 같은 숏을 연출할 수 있게 되었다(실제 크레인을 사용하지 않고 하이 앵글 숏을 만드는 방법은 249쪽 참조).

줌

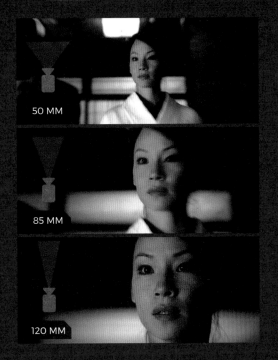

50 MM

85 MM

120 MM

이동 촬영은 기계식(예를 들어 카메라가 레일이나 크레인 등을 사용해서 공간을 이동) 또는 광학식(카메라는 고정한 채 줌으로 프레임 사이즈를 변경)으로 이루어질 수 있다.

줌은 초점 거리를 바꿀 수 있는 렌즈이다. 예를 들어 24mm(광각)의 와이드 숏에서 70mm의 타이트 숏으로 순식간에 전환할 수 있다(자세한 내용은 2장 62쪽 참조).

줌 인은 하나의 인물이나 물체에 집중하도록 하며, 갑작스럽고 때로는 코믹하게 보일 수도 있다. 줌 아웃은 일반적으로 여러 물체나 인물을 드러낸다. 예를 들어, 줌 인으로 겁에 질린 인물의 얼굴을 먼저 보여준 다음 줌 아웃으로 겁을 내는 이유를 드러낼 수 있다.

줌과 트래블링은 자주 혼동되지만 의도가 다르다는 점을 유의하자. 트래블링은 카메라가 관객의 눈이 되어 움직이고, 앞으로 나아가고, 뒤돌아보는 등의 동작을 할 수 있다. 따라서 영상에서 원근감이 변화한다. 반면에 줌은 관객에게 덜 자연스럽다. 관객은 같은 위치에 머물지만 영상 속 세부 사항에 주의를 기울이고, 원근감은 동일하게 유지된다.

돌리 줌

돌리 줌에는 여러 가지 이름이 있다. 줌과 돌리를 합성하여 졸리 숏(Zolly shot)이라고도 하며, 1958년에 이 기법을 처음 사용한 히치콕 영화의 제목에서 따와 현기증 숏(Vertigo shot)이라고도 부른다. 이 기법을 사용하면 전경은 동일한 구도(크기와 위치)를 유지하면서 원근감을 강조할 수 있다. 이를 위해서는 트랙 아웃을 하면서 줌 인을 하거나, 트랙 인을 하면서 줌 아웃을 하면 된다[그래서 국내에서는 '줌 인 트랙 아웃' 또는 '줌 아웃 트랙 인'이라고도 한다 — 옮긴이].

80 MM

이 효과는 불쾌, 불안, 어지러움, 놀람 등을 나타낸다. 배경이 압축되어 균형을 잃거나 마치 약물의 영향을 받는 듯한 인상을 준다.

60 MM

스티븐 스필버그는 영화 〈죠스〉에서 경찰서장 마틴 브로디가 상어의 공격을 목격할 때 이 기법을 사용한다(오른쪽 사진 참조). 카메라는 트랙 인으로 빠르게 전진하면서 동시에 줌 아웃된다. 서장은 전경에서 여전히 같은 크기와 위치를 유지하지만, 배경은 줄어드는 것처럼 보인다. 왼쪽에서는 해변 오두막 몇 채가 점점 가까워지는 것이 보인다.

40 MM

핸드헬드

지금까지 살펴본 대부분의 움직임은 장비가 없어도 가능하긴 하다. 트래블링 숏을 패닝 숏과 마찬가지로 카메라를 어깨에 메고 걸으면서 촬영할 수도 있다. 하지만 주의해야 할 점은 같은 움직임일지라도 카메라를 어깨에 메고 촬영하는 것이 같은 의미를 전달하지는 않는다는 것이다. 그 의미는 같지 않다.

돌리, 크레인, 스테디캠 등에 장착된 카메라는 일반적으로 안정적이고 부드러운 움직임을 만들어내어 영상에 세련되고 제어된 느낌을 준다. 이러한 움직임은 (기계 장치로 인해) 산업적이며, 카메라의 존재를 잊게 만들어 설명적인 느낌을 준다. 반면 카메라를 손으로 들고 촬영하는 핸드헬드(hand-held)는 액션의 열기 속에서 더 긴장되고 즉흥적이며 노골적인 느낌을 준다. 숏이 흔들릴수록 불확실성과 급박함을 더 잘 전달할 수 있다. 카메라는 움직임의 결함으로 인해 더 인간적으로 보이며, 시점을 더 구체화하고 역동적으로 만든다.

따라서 게으름 때문이라든가 장비가 없다는 이유로 카메라를 어깨에 메겠다고 해서는 안 된다(PVC 파이프와 스케이트보드 바퀴로 이동 촬영 장비를 만드는 방법은 244쪽 참조). 영화를 촬영할 때 내리는 모든 결정에는 의도가 깃들어 있어야 하며, 핸드헬드 카메라를 사용하는 것도 예외가 아니다. 카메라 움직임은 항상 스토리에 맞게 조정해야 한다.

✛ 어떤 장면을 핸드헬드로 촬영하는가?

핸드헬드는 흔히 액션 영화에서, 특히 〈제이슨 본〉, 〈존 윅〉, 〈제임스 본드〉 시리즈 등의 격투 장면에서 사용된다. 이 경우 셔터 속도를 평소보다 높게 설정하면 영상이 더 거칠어 보이고 모션 블러를 제거할 수 있다(23쪽 참조). 격투 장면의 경우 약간 줌 인을 하여 타이트 숏으로 촬영하도록 하자. 편집할 때 적절한 음향 효과를 사용하면 연기자들이 격투를 잘하고 있다는 인상을 줄 수 있다(53쪽 참조).

핸드헬드로 촬영된 장면은 관객에게 장면의 일부가 된 듯한 인상을 주게 마련이다. 다른 방법으로는 구현하기 어려운 몰입감 넘치는 일인칭 시점인 것이다. 또한 촬영 방식에 따라 긴박감, 역동감, 몰입감, 친밀감, 불쾌감, 긴장감 등을 줄 수 있다. 또 예를 들어 공포 영화에서 불안하거나 불안정한 상태를 암시하는 데에도 사용된다. 카메라가 똑바로 구도를 잡지 못하거나 가볍게 흔들리거나 하면 관객은 물리적으로 불편함을 느끼게 된다. 핸드헬드 카메라는 일반적으로 인물의 시점을 보여주기 위해 주관적인 시점으로 촬영하는 데 사용된다.

주의할 점은 지나치게 흔들리는 영상은 관객이 주의를 흐트러뜨리거나 심지어 병적인 증상을 유발할 수도 있다는 것이다. 고의로 카메라를 흔들지 말자. 핸드헬드로 촬영할 때 일부러 카메라를 흔들 필요는 없다. 손으로 들고 촬영하는 경우 흔들림은 이미 자연스러운 현상이다. 실제로 어깨에 메고 촬영할 때는 숄더 리그를 사용하는 것이 좋다. 숄더 리그가 없는 경우에는, 39쪽의 카메라를 안정적으로 유지하는 방법을 참고하자.

움직임을 조합하기

결국 이러한 모든 카메라 움직임은 매우 보편적이다. 훌륭한 감독은 이러한 다양한 기법을 조합하는 능력이 뛰어나다. 데이비드 핀처는 〈세븐〉에서 핸드헬드 카메라와 고정 카메라를 번갈아 사용하면서 마지막 장면의 긴장감을 강조한다.

이 장면에서 두 형사(브래드 피트와 모건 프리먼)는 공황 상태에 빠져 상황을 제어하지 못하고 통제력을 잃고 있는데, 모든 숏이 핸드헬드로 촬영된다. 영상은 긴장되고 불안정하다. 반면 범인(케빈 스페이시)은 이 영화의 악역으로서 상황을 통제하고 있다. 고정 숏으로 촬영된 그는 자신감 있고 평온한 모습이다.

핸드헬드 카메라

고정 카메라

핸드헬드 카메라

고정 카메라

이런 식의 조합은 마틴 캠벨 감독의 영화 〈007 카지노 로얄〉에서도 매우 효과적으로 작동한다. 제임스 본드는 카지노에서 포커를 하고 있다. 이 장면은 고정 숏, 크레인 숏, 트랙 숏을 번갈아가며 사용한다. 영상은 매우 침착하게 카드 게임을 하고 있는 이 영국 스파이처럼 우아하고 유려하고 안정적이다.

고정 카메라

핸드헬드 카메라

핸드헬드 카메라

그러다 갑자기 본드는 자신이 중독되었다는 사실을 깨닫고 통제력을 잃으며, 독이 몸에 퍼지기 시작한다.

그러자 핸드헬드 촬영과 더치 앵글 구도로 바뀌면서, 장면 전체가 과다 노출되어 일부 숏은 흐릿해진다.

이러한 구도와 움직임의 급격한 변화는 관객을 덮치고, 관객은 긴박하고 긴장된 상태로 장면 속에 내던져진 자신을 발견한다.

관객은 제임스 본드의 입장이 되어, 그 역시 시야가 희미해지면서(화면이 너무 밝고 흐릿하다), 방향 감각을 잃고(프레임이 기울어져 있다), 비틀거린다(카메라가 불안정하고 크게 흔들린다).

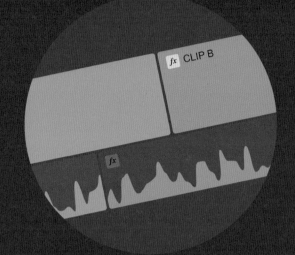

숏의 연결

컷

컷(cut)은 두 숏을 연결하는 기본적인 전환 방법으로, 한 숏의 마지막 프레임과 다음 숏의 시작 프레임을 연결한다. 컷은 대부분의 경우에 가장 일반적으로 사용된다.

숏을 변경할 때는 두 가지 필요성에 따라 컷이 결정된다. 즉, 다른 것을 보여줘야 하는 경우(반응하는 인물, 물체를 향한 시선 등), 또는 진행 중인 영상을 더 이상 연장하지 않아야 하는 경우(액션이나 시퀀스의 끝)이다. 따라서 이어지는 영상은 충분히 큰 차이를 보여주어야 하며, 이 차이가 흥미로워야 한다. 이런 연결은 다양한 방식으로 이루어질 수 있다.

액션 컷

액션 컷은 앵글의 변화를 보다 매끄럽게 연결하기 위해 인물이 움직이는 동안 숏을 자르는 것으로, 이동 컷(또는 연속 컷)이라고도 한다. 예를 들어, 한 인물이 어느 방의 문을 열면, 다음 숏은 들어가려는 방 안쪽에서 그가 문을 여는 모습을 보여준다.

촬영 축을 고려한 컷

동일한 피사체의 두 숏을 연결할 때는 두 숏 사이에 최소 30°의 각도 차이를 주지 않으면 안 된다. 이 정도 차이가 나지 않으면 관객은 달라진 시점을 자연스럽게 받아들이지 못하고, 기술적 오류로 인해 영상이 어색하게 연결되는 듯한 인상을 받게 되기 때문이다(234쪽의 30° 규칙 참조). 하지만 숏 사이즈가 실제로 다른 경우에는 같은 축에서도 컷 연결이 가능하다. 예를 들어 동일한 액션을 와이드 숏에서 타이트 숏으로 전환할 수 있다.

숏/리버스 숏

카메라가 180° 선을 넘지 않으면서 동일한 장면 주위에서 촬영 축을 반복적으로 변경한다(222쪽의 180° 규칙 참조).

시선 컷

인물의 시선을 이용하여 다음 숏을 소개한다.

방향을 고려한 컷

인물이 숏의 오른쪽으로 나가면 다음 숏에서는 왼쪽에서 들어온다. 물론 그 반대의 경우도 마찬가지다. 편집할 때는, 인물이 프레임 밖으로 완전히 나가기 전에 그 인물이 프레임 안으로 들어오는 다음 숏과 연결하는 것이 일반적이다.

두 장면 사이의 컷

두 장면의 연결에는 컷 또는 트랜지션(전환)을 사용할 수 있다. 트랜지션이란 한 숏에서 다른 숏으로, 한 장면에서 다른 장면으로, 한 장소에서 다른 장소로 이동하는 방식이다.

일반적으로 두 숏 사이에는 단순한 컷을 사용하는 것이 좋지만, 트랜지션을 사용하면 장면 사이에 매끄러운 느낌을 주고 추가적인 의미를 부여할 수 있다. 따라서 영상에 시각 또는 음향 트랜지션을 추가하면 편집의 흐름이 더욱 매끄러워진다. 이렇게 하면 리듬이 생기고, 연속성이 있어 느리다는 느낌을 피할 수 있다.

점프 컷

점프 컷은 구도가 비슷한 두 숏을 이어 붙이는 편집 기법이다. 이를 통해 시간을 뛰어넘는 듯한 느낌을 준다. 이러한 트랜지션 효과는 여러 상황에서 유용하다.

액션 반복

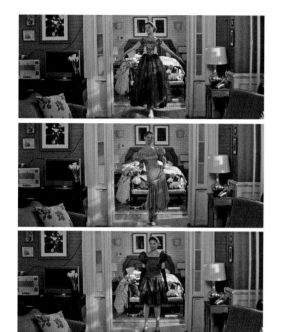

점프 컷을 사용하면 같은 프레임 안에서 하나의 액션을 여러 번 반복할 수 있다. 예를 들어, 한 남자가 야구 기술을 연습하는 장면에서 공을 치려고 하는 부분들만 남겨서 보여주거나, 영화 〈27번의 결혼 리허설〉의 이 장면에서처럼 다양한 의상으로 갈아입은 모습을 보여줄 수도 있다.

여기서 점프 컷을 선택하는 동기에는 두 가지가 있는데, 그중 하나는 시간의 흐름을 전달하는 것이다. 이 장면에서 주인공은 여러 가지 의상을 입어본다. 관객은 드레스 하나하나를 입고 벗는 모습을 보는 데 시간을 허비하는 대신, 빠른 편집을 통해 최종 결과에만 집중할 수 있다.

두 번째로, 점프 컷을 사용하여 유머러스함을 더할 수 있다. 평범한 의상을 여러 벌 입어보다가 화려한 드레스로 마무리하여 놀라움과 웃음을 유발하는 것이다.

리듬 가속

점프 컷은 숏에 역동성을 더할 수 있다. 예를 들어, 한 남자가 여행 짐을 싸는 장면에서 전 과정을 다 보여주는 대신 여행 가방을 열고 옷을 집어넣은 다음 가방을 닫는 세 가지 핵심 순간만 보여주어 속도를 높이는 것이다. 이렇게 하면 옷장에서 옷을 꺼내러 가는 부분을 잘라낼 수 있다. 이 기법은 유튜브의 브이로그(vlog)와 같이 페이스 카메라(페이스 캠)를 이용한 동영상 제작에 많이 사용된다. 이를 통해 망설이거나 호흡이 끊기는 부분을 제거하여 촬영되는 사람이 하는 말의 속도를 높일 수 있다.

기다림 묘사

시간의 경과를 나타내기 위해, 인물이 세트의 여러 부분(배경, 전경, 오른쪽, 왼쪽 등)에서 여러 포즈를 취하는 장면을 고정 숏으로 촬영하는 기법이다. 장면을 편집한 후에는, 영상의 각 구석 사이를 인물이 이동하는 구간을 제거하고 최종 포즈만 남기면 된다. 이 효과는 시간이 흐르고 인물이 기다리는 듯한 인상을 준다. 점프 컷을 크로스 페이드(cross fade)하면 느린 느낌을 강조할 수도 있다(다음 쪽 참조).

페이드

· ·

크로스 페이드(또는 디졸브)는 일정한 시간 동안 두 숏을 겹친 채 첫 번째 숏의 불투명도를 낮추면서 두 번째 숏의 불투명도를 높이는 방식이다. 이렇게 하면 두 숏 간의 전환이 점진적으로 이루어진다. 페이드에는 세 가지 유형이 있다.

크로스 페이드

크로스 페이드는 단순한 컷보다 더 매끄러운 느낌을 주며, 느리고 사색적인 느낌을 원하는 경우에 유용하다. 특별한 이유가 없는 한 두 숏을 연결하는 데 크로스 페이드를 과도하게 사용하지는 말자. 이 트랜지션은 그야말로 여러 가지 의미를 가질 수 있다.

플래시백

크로스 페이드는 플래시백(과거 회상), 즉 생각이나 기억으로 이끌 수 있다. 두 숏 사이의 트랜지션은 매우 느리게 진행되며 대개 인물의 타이트 숏으로 시작된다. 위의 〈킬 빌 1부〉에서 블랙 맘바가 암살자 중 한 명과 다시 마주쳤을 때, 그 자들이 자기를 살해하려던 날의 기억이 블랙 맘바의 얼굴에 크로스 페이드로 나타난다.

시간 경과

크로스 페이드는 시간이 흐르는 느낌을 전달하기도 한다. 몇 분, 몇 시간 또는 몇십 년을 몇 번의 페이드로 압축하여 시간을 생략할 수 있다. 이는 여행 시퀀스를 편집하는 데도 사용할 수 있다. 인물이 앞으로 나아가는 숏과 경치가 바뀌는 숏을 크로스 페이드로 연결하면 된다.

또한 〈미저리〉의 이 장면에서와 같이 영감과 창작을 시각적으로 표현할 수도 있다. 여기서는 작가 폴 셸던이 책을 집필하는 숏이 여러 번의 크로스 페이드로 음악과 함께 편집되어 있다.

페이드 투 블랙

페이드 투 블랙(fade to black)은 점점 검은색으로 변하는('페이드아웃'되는) 크로스 페이드이다. 이 트랜지션은 일반적으로 두 장면 사이의 시간적 간극을 표현하기 위해 사용된다.

이는 장면의 시작과 끝을 표시하여 두 시퀀스 사이에 시간이 흘렀음을 명확하게 일러준다.

페이드 투 블랙 이후 숏에 자막을 추가하여 관객에게 시간을 알려주는 경우도 있다. 예를 들어 영화 〈킬 빌 1부〉에서는 이 자막이 곧 보게 될 장면이 4년 반 전 텍사스주 엘패소시에서 벌어진 일임을 알려준다.

영화 초창기에는 편집 과정에서 이 효과를 넣을 수 없었기 때문에, 작업자가 렌즈의 조리개를 조절하여 영상이 완전히 검게 될 때까지 수동으로 조금씩 노출을 줄였다.

페이드 투 화이트

페이드 투 화이트(fade to white)는 여러 가지 의미를 가질 수 있는데, 카메라 플래시와 같은 효과를 내서 몇 초 동안 등장인물의 눈이 부시게 하거나, 장면이나 심지어 영화 전체를 마무리하기도 한다.

영화가 끝날 때, 페이드 투 블랙은 스토리를 확실히 마무리하는 것처럼 보이는 반면, 더 모호한 페이드 투 화이트는 다른 무언가, 다른 의미로 이어지는 것처럼 보인다.

페이드 투 화이트는 인물의 죽음, 새로운 시작을 연상시키기도 한다. 또한 꿈의 종료와 현실로의 귀환을 의미하기도 한다.

만약 인물이 점점 밝아지는 빛을 향해 걸어가다가 페이드 투 화이트로 마무리된다면, 이 효과는 다음에 무슨 일이 일어날지 모르는 인물의 불확실성을 상기시킨다.

따라서 페이드 투 화이트의 모호함은 관객에게 여러 가지 해석을 불러일으킨다. 이를 통해 관객은 자기만의 결말과 해석을 상상하며 스토리를 자신의 것으로 만들 수 있다.

매치 컷

· ·

매치 컷(match cut)은 유사한 액션이나 구도를 가진 두 장면 사이의 트랜지션이다. 이는 상징성을 강조하고, 관객이 충격을 받지 않게 하며, 시간의 경과를 보여주는 등 다양한 창의적 활용에 도움이 된다. 매치 컷에는 세 가지 유형이 있다.

구도 연결

매치 컷

앞선 숏의 마지막 프레임이 다음 숏의 사이즈나 액션과 동일한 경우, 이런 트랜지션을 비주얼(또는 그래픽) 매치 컷이라고 한다.

이는 두 장면 사이의 대비, 즉 유사성이나 차이점 등을 강조하는 데 사용된다. 예를 들어, 〈인디아나 존스: 최후의 성전〉의 이 장면에서는 주인공을 상징하는 모자의 매치 컷이 사용되어 어린 인디아나와 나이 든 인디아나를 연결해준다.

매치 컷은 시각적 은유로도 사용할 수 있다. 예를 들어, 자동차 한 대가 바다가 내려다보이는 절벽가 도로를 질주하고 있다. 갑자기 차가 미끄러지면서 물에 빠지려고 한다. 컷. 클로즈업으로 얼음 조각이 물 잔에 떨어지는 모습을 보여준다.

이 기법은 별도의 스턴트 예산이 없을 때 유용한 트릭이 될 수 있다. 예를 들어 예산을 초과하는 폭발 액션은 터지는 팝콘의 클로즈업으로 넘어가는 매치 컷 트랜지션으로 나타낼 수 있다.

음향 연결

한 장면의 소리가 다음 장면의 소리와 어우러지는 것을 오디오(또는 사운드) 매치 컷이라고 한다. 예를 들어 〈지옥의 묵시록〉의 오프닝 장면에서는 하늘을 나는 헬리콥터 소리가 호텔 방의 천장 선풍기 소리와 이어지는 것을 들을 수 있다.

개울물 흐르는 소리를 커피 내리는 소리와 연결하여 숲에서 아파트 주방으로 장면을 전환할 수도 있다. 안전벨트의 알람 소리를 심장 모니터 소리로 대체하여, 부주의한 운전자가 교통사고를 당한 현장에서 몇 분 후 병원에 도착하는 장면을 연출할 수도 있다.

두 장면 사이의 연속성을 확보하기 위해 서로 다른 두 장면의 대화를 하나로 연결할 수도 있다. 한 장소에서 대화를 시작하고는, 마치 아무 일 없었던 것처럼 다른 장소에서 문장을 마무리하는 것이다.

동작 연결

원래, 동작 연결이란 인물이 움직일 때 숏을 잘라 카메라 앵글의 변화를 매끄럽게 만드는 작업을 일컫는다. 이렇게 하면 인물은 두 숏에서 동일한 동작을 취한다.

매치 컷을 사용하면 서로 다른 두 장소에서의 동일한 움직임을 연결할 수 있는데, 이를 액션 매치 컷이라고 한다. 예를 들어, 야외 공원에서 한 인물이 벤치에 앉으려고 한다. 컷. 이번에는 아파트 실내로 이동하여 거실 탁자에 앉는다.

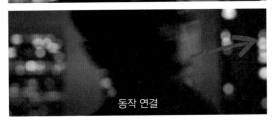

동작 연결

동작 연결

이 단순한 동작 연결은, 부조리하지만 스타일리시한 트랜지션으로 변모할 수 있다. 인물이 같은 동작을 통해 다른 장소로 가는 것이다.

방금 살펴본 것처럼 인물이 혼자서 움직일 수도 있고, 〈파이트 클럽〉의 오프닝에서처럼 대개 화면 밖의 외부 요소와 함께 움직일 수도 있다.

이 장면은 와이드 숏으로 시작된다. 한 남자(에드워드 노턴)가 건물 꼭대기에 앉아 있고, 주위는 어둡다.

인물의 클로즈업까지 다가가는 트래킹 숏과 함께 보이스오버가 시작되는데, 갑자기 손 하나가 숏 안에 들어오더니 그를 잡아 프레임 오른쪽으로 끌어당긴다.

다음 숏은 동일한 움직임으로 시작된다. 그는 손으로 왼쪽에서 오른쪽으로 당겨져 결국 어떤 남자의 가슴에 안기게 된다.

와이드 숏을 통해 배경이 바뀌었음을 알 수 있다. 이제 고환암 환자 지원 모임이 열리는 학교 체육관이 된다.

이러한 유형의 트랜지션은 독특하며 일반적으로는 예상치 못하는 것이다. 물론 여느 유형의 전환과 마찬가지로 분별 있게 사용해야 한다.

과도하게 구사하지 않도록 주의하자. 영화 전체에 걸쳐 액션 매치 컷을 남발할 경우 관객을 지루하게 만들고 스토리에서 멀어지게 할 수도 있다.

스위시 팬

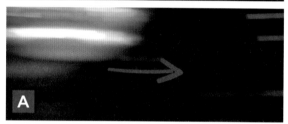

스위시 팬(또는 휩 팬whip pan)은 두 숏 사이의 빠른 팬이다. 두 숏 사이의 움직임이 흐릿하게 처리되어 모션 블러 효과가 생겨난다.

이는 보이지 않는 연결로, 두 숏이 동시에 촬영된 것 같은 인상을 준다.

스위시 팬은 두 개의 숏으로 나뉜다. 첫 번째 숏(A)은 오른쪽이나 왼쪽, 위, 아래로의 빠른 패닝으로 끝난다. 두 번째 숏(B)은 동일한 방향으로 움직이는 것으로 시작된다.

편집할 때는 두 숏의 모션 블러에 빠른 크로스 페이드 효과를 적용한다. 따라서 스위시 팬은 모션 블러에서 연결이 눈에 띄지 않을 정도로 빨라야 한다.

이 효과는 장면에 에너지를 더해준다. 예를 들어, 무장 강도 장면에서 스위시 팬을 사용하면 편집에 리듬감을 더하며, 카메라가 멈추지 않는 것처럼 보인다.

촬영할 때 패닝 방향을 절대 잊지 말자. 잊어버린다면 두 숏을 연결할 수 없다.

또한 패닝이 수평 또는 수직으로 똑바로 유지되도록 삼각대에서 이러한 숏의 구도를 잡는 것이 좋다.

눈에 띄지 않는 연결

두 숏 사이의 모션 블러는 관객이 눈치채지 못하게 두 숏을 연결하려는 감독들이 널리 사용한다. 알레한드로 곤살레스 이냐리투 감독은 2시간짜리 하나의 시퀀스 숏으로 구상한 영화[원 숏 영화 또는 원 테이크 영화라고도 한다 — 옮긴이]인 〈버드맨〉에서 스위시 팬을 여러 차례 구사했다.

시퀀스 숏은 컷, 페이드, 숏/리버스 숏 등의 편집이 전혀 없이 단 하나의 숏으로 구성된 시퀀스이지만, 실제로 〈버드맨〉은 특수 효과, 배우가 어두운 조명을 받을 때 검은색으로 전환되는 컷, 스위시 팬 등으로 연결된 약 15개의 시퀀스 숏으로 구성되어 있다.

스위시 팬 기교

활로 화살을 쏘거나 칼 따위의 물건을 던져야 하는 경우에는 스위시 팬을 사용할 것을 추천한다.

먼저 한 인물이 물건을 던지는 숏을 촬영하고, 실제로는 손에 물건을 들고 있는 것이 보이지 않도록 그의 움직임을 패닝과 동기화한다.

그런 다음 화살, 칼 따위의 물건이 이미 꽂혀 있는 두 번째 숏을 스위시 팬으로 촬영한다. 이렇게 하면 편집을 통해 물건이 목표물에 도달할 때까지 따라가는 듯한 인상을 줄 수 있다.

추가로, 벽이나 나무둥치에 꽂혀 있는 칼이나 화살을 스위시 팬을 시작하기 전에 용수철처럼 살짝 구부린다. 이렇게 하면 카메라가 비출 때 칼이나 화살이 방금 목표물에 부딪친 것처럼 계속 흔들린다.

크래시 줌

스위시 팬과 마찬가지로 크래시 줌은 모션 블러를 사용하여 두 숏을 연결하지만, 이번에는 두 숏이 동일한 축에 있고 그 사이에 빠른 줌 효과가 적용된다.

이것은 영화 〈300〉의 컬트적인 전투 장면에서 사용된 효과로, 레오니다스를 슬로 모션으로 따라가는 측면 이동 숏이 와이드, 미디엄, 타이트 숏을 번갈아가며 끊어지지 않고 이어진다. 이 장면은 여러 숏 사이즈로 촬영한 다음에 디지털 줌으로 편집한 것이다.

이런 트랜지션을 구현하려면 액션을 두 가지 다른 숏 사이즈로 두 번에 걸쳐 촬영해야 한다. 안무를 여러 번 반복하여 동작이 완벽하게 일치하는지 확인한 다음, 편집 과정에서 두 숏을 줌으로 연결한다. 그리고 모션 블러를 추가하여 연결을 완성한다.

와이드 숏

크래시 줌

타이트 숏

와이프

와이프(wipe)는 애니메이션(요즘은 주로 디지털 애니메이션)을 이용하여 기하학적 패턴(대각선, 책 페이지 넘기기, 원, 사각형, 별 등)으로 앞 장면을 다음 장면으로 '지워내는' 트랜지션이다. 일반적으로 장소의 변화를 나타나는 데 사용된다. 이 트랜지션은 〈스타워즈〉 영화에서 조지 루카스의 트레이드마크가 되기도 했다. 와이프의 방향은 다음 장면의 위치와 관련되어 있다. 예를 들어 우주 장면에서 행성 장면으로 전환할 때는 아래쪽으로 와이프된다.

눈에 띄지 않는 연결

트랜지션은 연속성을 더욱 강화하여 그 전환 자체가 보이지 않도록 할 수도 있다. 이렇게 눈에 띄지 않는 연결을 잘 활용하면, 전체 장면이 하나의 시퀀스 숏인 것 같은 인상을 주어 몰입감을 높일 수 있다.

와이프는 전경의 유혹물(일종의 '미끼') 덕분에 두 숏 사이의 눈에 띄지 않는 연결을 만들어낼 수 있다. 〈스콧 필그림 vs 더 월드〉의 이 장면에서 카메라는 슈퍼마켓 내부와 도로 사이를 왼쪽에서 오른쪽으로 이동한다.

전경의 기둥이 두 장소 사이에서 일종의 와이프 역할을 한다. 관객은 장소가 바뀐 것을 알아차리지만 정확히 언제 바뀌었는지는 알 수 없다. 트랜지션은 매끄럽고 스타일리시해 보이지만 숏에서 일어나는 상황을 고려할 때 일관성이 없어 보인다.

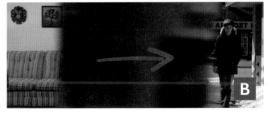

이런 유형의 트랜지션을 사용하는 방법을 배우고자 한다면, 이 분야의 대가인 에드거 라이트 감독의 영화(〈베이비 드라이버〉, 〈뜨거운 녀석들〉, 〈새벽의 황당한 저주〉)를 분석해볼 것을 추천한다.

음향 연결

편집에서 J컷과 L컷은 두 숏을 연결하는 데 무척 자주 사용된다. 이런 이름은 편집 소프트웨어에서 클립이 정렬되는 방식에서 유래되었다.

J컷

J컷을 사용하면 A클립의 끝부분에서 B클립의 오디오가 재생되도록 하여 한 숏에서 다음 숏으로 매끄럽게 전환할 수 있다. 간단히 말해서, 첫 번째 클립을 보는 동안 다음 클립의 소리를 먼저 듣게 된다.

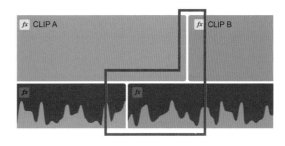

이는 우리가 자연스럽게 세상을 인식하는 방식을 모방한 트랜지션이다. 예를 들어, 우리는 종종 행동(자동차의 급회전)을 보기 전에 먼저 소리(타이어의 마찰음)를 듣는다. J컷은 다음 숏으로 넘어가기 전에 전화벨이나 알람을 울리는 식으로 자주 사용된다. 가장 흔한 J컷은 한 인물이 눈을 뜨는 숏이 나오기 전에 꿈의 끝자락을 알람시계 소리와 연결하는 것이다.

L컷

L컷은 J컷의 반대이다. B숏의 오디오와 함께 B숏으로 전환하는 대신, A숏의 오디오가 B숏의 영상 위로 이어지도록 전환한다. 이런 트랜지션은 흔히 대화 장면에서 배우의 대사를 겹치게 하는 데 사용된다.

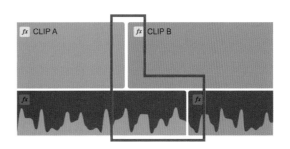

J컷과 L컷은 편집에 리듬감을 주기 위해 함께 사용되곤 한다. 두 가지 컷을 모두 사용하면 숏 사이의 연결을 매끄럽게 하여 역동성을 부여할 수 있다.

스매시 컷

시끄러운 장면이 곧바로 조용한 장면으로 전환되거나 그 반대인 경우, 이를 스매시 컷이라고 한다. 스매시 컷은 완전히 다른 두 장면 사이를 전환하기 위해 사운드를 갑작스럽게 끊는 것이다.

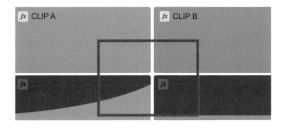

이는 점점 더 커져가는 음악이 갑자기 끊긴 후 깜짝 놀라 깨어나는 장면이 될 수도 있다. 또는 조용한 시골 장면에서 도로, 경적, 군중 등의 앰비언스(앰비언트 사운드)와 함께 도시 한복판의 숏으로 전환될 수도 있다.

스내치

• •

스내치(snatch)는 내게 이 효과를 착안하도록 해준 영화 〈스내치〉에서 따와 내가 명명한 트랜지션이다. 이것은 두 장면을 연결하기 위한 일련의 빅 클로즈업 숏들로 구성된다.

이 영화에서 가이 리치 감독은 이런 트랜지션을 통해 장소의 변화를 보여준다. 이 장면은 뉴욕에서 시작된다. 뉴욕의 마피아 아비는 영국인 사촌 더그에게 런던에 간다고 알린다. 감독은 거리, 공항, 기내에서의 긴 장면과 와이드 숏으로 아비의 여정을 보여주는 대신, 5초도 채 되지 않는 초고속 시퀀스로 일련의 빅 클로즈업 숏을 엮어낸다.

아비가 전화를 끊고, 뉴욕 택시의 문이 쾅 닫히고, 아비가 비행 중에 긴장하지 않도록 알약을 삼키고, 비행기가 하늘을 빠르게 지나가고, 여권에 스탬프가 찍히고, 그리고 마침내 4초 전의 뉴욕 택시에 대한 응답으로서 런던 택시의 램프가 꺼지며 아비가 도착했음을 알린다.

스내치는 단순한 컷으로 편집할 수 있지만, 각 클로즈업 사이에 스위시 팬을 사용하여 역동성을 더할 수도 있다. 이 같은 트랜지션은 〈뜨거운 녀석들〉, 〈새벽의 황당한 저주〉, 〈지구가 끝장나는 날〉 등의 영화에서 에드거 라이트 감독의 트레이드마크가 되었는데, 수많은 독창적 연출 아이디어가 담긴 그의 영화를 살펴볼 것을 권한다.

따라서 이 트랜지션은 장면의 속도를 높이고 편집에 리듬감을 부여하는 데 매우 효과적이며, 또한 아래와 같이 다양한 기교에 사용될 수도 있다.

장소 변경

시나리오에 두 나라 사이를 여행하는 내용이 들어 있는 경우, 예산이 부족하면 공항이나 기내에서 촬영할 수 없다.

이 시퀀스를 구현하려거든, 출발을 알리기 위해 닫히는 아파트 현관문의 클로즈업, 이동을 설명하기 위해 비행 중인 항공기의 스톡 숏(178쪽 참조), 착륙을 나타내기 위해 여권에 찍히는 스탬프의 인서트, 그리고 마지막으로 도착을 알리기 위해 열리는 여행 가방의 클로즈업을 빠른 편집으로 연결하면 된다.

준비 과정

스내치는 인물의 준비 과정을 보여줄 수도 있다. 액션 영화에서 흔히 볼 수 있는 효과로, 주인공이 벽장에서 장비를 꺼내고, 무기를 장전하고, 신발 끈을 묶는 등 일련의 은밀한 클로즈업으로 전투를 준비한다.

그런가 하면, 자동차 시동(차 키, 가속 페달, 기어박스 등의 타이트 숏 이후 달리는 자동차의 와이드 숏으로 마무리), 식사 준비(칼로 썰고, 가스레인지 점화 스위치를 돌리고, 달걀을 깨는 액션의 클로즈업 이후 완성된 요리가 테이블 위에 놓이는 숏으로 마무리) 등에도 사용할 수 있다.

반복 설정

이 효과를 사용하여 특정한 루틴을 설정하고 인물의 습관을 묘사할 수 있다. 영화 〈레퀴엠〉에서는 등장인물이 마약을 복용할 때마다 라이터, 주사기, 열리는 동공 등 일련의 클로즈업 숏이 시작된다.

영화 〈돈 존〉에서 조지프 고든레빗 감독은 이 효과를 사용하여, 보디빌딩, 가족, 교회, 여자, 포르노에만 관심이 있는 젊은 이탈리아계 미국인 호색가인 '돈 후안(Don Juan)' 존 마텔로의 습관을 묘사한다.

지루한 장면의 가속

스내치는 영상에서 지루해 보일 수 있는 장면을 보다 역동적으로 만드는 데도 사용할 수 있다. 예를 들어 인물이 몇 분 동안 편지를 쓰는 모습을 보여주는 대신, 연필의 타이트 숏, 편지를 접는 손의 클로즈업 숏, 우표를 붙이는 인서트를 차례로 보여주고 봉투를 우체통에 넣는 숏으로 마무리하는 것이 더 효과적이다.

한 남자가 자기 집을 봉쇄하려고 할 때는, 이러한 액션을 리듬감 없는 와이드 숏으로 보여주기보다는, 자물쇠가 잠기고, 못이 창문의 판자에 박히고, 무기가 장전되는 여러 개의 타이트 숏을 빠르게 연결한다.

분할 화면

분할 화면(스플릿 스크린)은 화면을 여러 부분으로 분할하여 각각 다른 영상(여러 개의 다른 장면 또는 동일한 장면의 여러 다른 시점)을 표시하는 효과이다. 이는 다양한 상황에서 사용된다.

병행 장면

장면의 서스펜스, 긴장감, 괴리감 등을 강조하기 위해 분할 화면이 두 가지 상황을 병행하여 보여주는 데 사용된다. 예를 들어 〈킬 빌 1부〉의 이 장면은 한쪽에는 병원 침대에 누워 있는 블랙 맘바를, 다른 한쪽에는 그를 독살하려는 엘 드라이버를 보여준다. 이것은 또한 TV 시리즈 〈24〉의 트레이드마크이기도 하다. 각 에피소드는 실시간으로 진행되며, 분할 화면을 통해 한 장면에서 다른 장면으로 전환한다.

전화 장면

분할 화면은 전화 장면에 자주 사용된다. 화면은 대개 둘로 분할되어 인물이 서로를 바라보는 것처럼 보이도록 한다. 왼쪽의 〈스콧 필그림 vs 더 월드〉에서는 180° 규칙이 준수되면서 배우들이 시선을 교차하는 것을 확인할 수 있다.

상상 장면

분할 화면의 윤곽선이 항상 선명하거나 직선일 필요는 없다. 예를 들어 〈아멜리에〉에서 아멜리에가 니노와의 삶을 상상하는 이 장면에서처럼, 약간의 오버랩과 부드러운 윤곽선을 사용하여 인물이 생각하는 것을 나타낼 수도 있다.

조각난 장면

분할 화면은 음악이나 숏을 설명하는 보이스오버와 함께 사용되어 조각난 장면에 리듬감을 부여할 수 있다. 이 기법은 스티븐 소더버그 감독의 〈오션스〉 시리즈(왼쪽)라든가 노먼 주이슨 감독의 〈토마스 크라운 어페어〉(오른쪽)와 같은 강도나 스파이 영화에서 자주 사용된다.

파블로 페로가 고안하고 편집한 이 폴로 경기 시퀀스는 원래 영화의 길이(러닝 타임)를 줄이기 위해 만든 것인데, 15분 분량의 시퀀스가 2분으로 단축되었다. 다중 화면은 기존의 편집 기술로는 구현할 수 없었던 리듬과 에너지를 장면에 제공한다. 경기의 특정 순간을 강조하기 위해 편집자는 액션에 따라 화면에서 영상을 이동하거나 동일한 숏의 작은 영상 수십 개로 프레임을 채워 화려한 체커보드 효과를 연출한다.

인물 복제하기

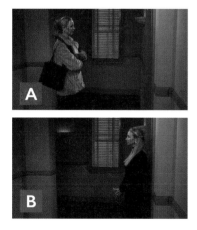

분할 화면을 사용하면 인물을 복제할 수 있다. 예를 들어, TV 시리즈 〈프렌즈〉에서 리사 쿠드로는 피비와 그 쌍둥이 자매 어설라 역을 동시에 연기한다.

이렇게 하려면 카메라를 삼각대에 고정시키고, 촬영하는 동안 카메라, 설정(노출, 초점, 화이트 밸런스), 조명 등을 절대 움직이지 않도록 해야 한다. 그런 다음 두 번에 걸쳐 인물을 프레임의 왼쪽과 오른쪽에 배치하여 촬영한다.

두 인물 사이를 명확히 구분하여 서로 겹치지 않도록 주의해야 한다. 그러지 않으면 인물을 프레임별로 배경에서 분리시켜야 할 수도 있다. 두 영상 사이의 경계를 부드럽게 처리하여 이음새를 제거할 수 있다.

9

촬영 준비하기

. . . .

. . . .

제작진

제작진

• •

감독은 영화 제작과 관련된 모든 직종에 대해 잘 알고 있어야 하며, 제작진 한 사람 한 사람이 실제로 어떤 일을 하는지 알아야 한다. 프로젝트에 참여하는 인원수는 예산과 촬영하는 영화의 유형에 따라 달라지지만, 부서(제작, 촬영, 음향, 미술 등)는 변하지 않는다. 따라서 이 장에서는 각 부문(또는 팀)의 다양한 직책의 책임자와 주요 구성원을 소개한다.

1 – 감독	7 – 프로덕션 디렉터	13 – 키 그립	19 – 소품
2 – 조감독	8 – 프로덕션 매니저	14 – 카메라 오퍼레이터	20 – 의상
3 – 스크립터	9 – 프로덕션 어시스턴트	15 – 사운드 엔지니어	21 – 메이크업 아티스트
4 – 프로듀서	10 – 촬영 감독	16 – 붐 오퍼레이터	22 – 헤어스타일리스트
5 – 총괄 프로듀서	11 – 개퍼	17 – 프로덕션 디자이너	23 – 로케이션 매니저
6 – 라인 프로듀서	12 – 전기 기사	18 – 세트 디자이너	

[영화 제작진의 호칭이나 부서 구성은 나라와 지역, 시대, 유형, 규모 등에 따라 이 책에 적힌 것과 다른 경우도 많다 — 옮긴이]

연출

감독

감독은 시나리오를 기반으로 촬영을 지휘하는 책임자로, 시나리오는 감독 자신이 쓰는 경우도 있고 그렇지 않은 경우도 있다. 준비 단계부터 후반 작업(편집, 믹싱, 색 보정)까지 전체 제작 과정에 관여한다.

감독은 영화에 대한 자신의 비전을 제시하고, 자신의 연출 방식, 즉 어떤 장소에서 어떤 조명, 배우, 소품, 음악 등을 사용하여 시나리오를 어떻게 영상으로 구현할지를 제안한다.

촬영 중에는 각 부문(촬영, 제작, 음향, 미술 등)의 책임자들과만 접촉하면서 미장센과 배우들의 연기 연출에 집중한다.

조감독

수십에서 수백 명의 인원이 동원되는 촬영장을 혼자서 관리하는 것은 불가능하다. 따라서 감독은 자신의 오른팔인 조감독에게 의존한다. 감독은 연출 업무 중 일부를 조감독에게 위임하여 연출에 집중하고, 조감독은 감독과 기술진 사이에서 중재 역할을 수행한다.

내 생각에 조감독은 가장 중요한 직책으로 꼽을 만하며, 이는 촬영 현장에만 국한되지 않는다. 훌륭한 조감독은 그저 촬영 현장을 관리하거나 시계를 보며 시간을 정확히 지키는 법만 아는 사람이 아니라, 촬영을 준비하는 순간부터 촬영 현장에서 발생할 수 있는 문제를 예상하여 소위 디데이(D-Day) 전에 해결할 수 있는 사람이다.

실제로 촬영을 준비하고, 촬영 현장의 모든 직책과 소통하며, 촬영 대본과 시퀀스 순서를 속속들이 알고 있는 사람이 바로 조감독이다.

스크립터

촬영 현장에서 스크립터(또는 스크립트 슈퍼바이저)는 시퀀스의 연속성을 유지하는 역할을 담당한다. 다시 말해, 대본(스크립트) 순서대로 촬영되지 않은 시퀀스와 숏이 스토리의 전체 논리에 지장을 주는 일이 생기지 않게 해야 한다. 따라서 스크립터는 각 테이크 사이의 연결을 확인한다.

예를 들어 실내에서 한 장면을 촬영하고 3일 후에 실외에서 이어지는 장면을 촬영하는 경우, 인물의 복장이나 헤어스타일이 같은지, 가방은 같은 쪽에 메고 있는지 등 연속성을 확인해야 한다. 연속되는 두 숏 사이에 사라지거나 추가되는 요소가 있다면, 연결이 잘못되고 만다.

모니터 뒤에서 대본을 손에 들고 180° 규칙(7장 222쪽 참조)과 같은 구성 규칙이 지켜지고 있는지를 확인하는 것도 스크립터의 책무이다. 촬영 중에는 감독의 승인 여부(OK 컷 또는 NG 컷)에 대한 메모를 남기는 등 각 숏의 정보를 기록하여, 후반 작업(포스트프로덕션)에서 편집자가 용이하게 작업할 수 있게 해준다.

제작

이 조직은 제작 주체와 형태에 따라 달라지므로 필요에 따라 직책명이 바뀔 수도 있다. 또한 프로덕션과 포스트프로덕션의 두 단계가 분리되어 있다면(특히 대규모 프로젝트인 경우), 별도의 포스트프로덕션(편집, 특수 효과, 믹싱 등) 조직이 구성되기도 한다. 각 프로젝트마다 그에 맞는 부서 또는 팀이 구성된다.

프로듀서

일반적으로 영화 제작을 주도하고 책임지는 사람으로, 프로젝트 진행에 필수적인 역할을 한다. 하지만 프로듀서(또는 제작자)는 자신의 주머니에서 전체 제작비를 지출하는 사람이 아니다. 텔레비전 채널, 방송사, 배급사, 지역 지원 기관, 국립영화센터(Centre national de cinéma: CNC) 등과 같은 투자자로부터 필요한 자금을 조달하거나, 자신이 직접 출자자가 되어 자금 일부를 충당하기도 한다. 디즈니 같은 일부 영화(제작)사는 제작비 전액을 자체적으로 조달할 만한 재원을 보유하고 있다.

여러 회사의 공동 제작 프로젝트인 경우, 영화 제작에 대한 재정적 책임뿐만 아니라 기술적, 예술적 책임도 맡는 총괄 프로듀서가 임명된다. 총괄 프로듀서는 모든 투자자를 위해 영화가 정해진 기간과 예산에 맞춰 완성되도록 해야 한다.

프로듀서의 역할은 영화 제작에 필수적인 재정적 측면 외에도 시나리오 작성과 프로젝트의 전체 비전을 뒷받침하는 기반이 되므로, 그 전문성은 가히 예술적이다. 프로듀서는 열린 귀와 밝은 눈을 지닌 완벽한 협력자이다.

라인 프로듀서

프로듀서(또는 제작자)와 달리 라인 프로듀서는 영화 제작에 대한 권한을 보유하지 않는다. 프로듀서의 지시를 받으며 영화가 예술적, 예산적 사양에 따라 제작되도록 한다.

촬영 준비(일정 준수, 진행 상황 점검 등)부터 후반 작업에 이르기까지, 견적 관리, 계약 협상 등을 통해 영화 준비에 필요한 기자재와 인력을 모으고 배치하며, 프로듀서의 주요 연락 창구이자 대변자로서 프로젝트의 진행을 감독한다.

프로덕션 디렉터

프로덕션 디렉터는, 시나리오, 조감독이 작성한 촬영 계획서, 라인 프로듀서의 감독하에 있는 가용 자금을 바탕으로 영화의 정확한 예산을 수립하는 역할을 담당한다. 또한 행정, 재무, 회계, 물류, 법률 등과 관련된 기본적인 틀을 검토하고, 기술 부서 책임자들이 관리하는 다양한 부문에 할당된 예산을 상세히 점검한다.

프로덕션(제작) 팀은 규모, 가용 예산, 배급 방식에 따라 프로덕션 매니저와 어시스턴트, 관리자, 코디네이터, 회계사 등으로 유동적으로 구성된다. 프로젝트의 법적, 예산적 틀을 다진다.

프로덕션 매니저

프로덕션 매니저는 프로덕션 디렉터의 지시에 따라 촬영 준비와 진행을 조율하며, 관련 정보를 물류나 행정 팀에 전달한다. 정보 공유, 계약 체결, 공급 업체와 서비스 제공 업체 운영 등 모든 세부 사항을 고려하고 기술적 문제에 대한 해결책이 마련되도록 한다. 또한 조감독, 로케이션 매니저와도 긴밀히 협력한다.

프로덕션 어시스턴트

행정적 후속 조치, 장비 대여 견적 요청, 주문서 작성, 각종 촬영 문서의 편집 등을 담당한다. 또한 조감독 대신에 일일 촬영 계획표(295쪽 참조) 또는 콜 시트(call sheet)를 작성하기도 한다.

촬영/조명

촬영 감독

촬영 감독은 조명을 이용하여 영화의 분위기를 설정한다. 영화의 미적 표현(구도와 조명)의 책임자이다. 촬영 감독은 촬영, 조명, 그립 팀을 지휘하면서 각 장면의 조명을 조절하고, 렌즈를 선택하고, 카메라를 고르고, 영화의 시각적인 면이 감독의 비전과 일치하는지 확인한다. 감독의 브레이크다운 작업에도 관여할 수 있으며, 촬영에 필요한 장비(렌즈와 카메라 목록, 조명 장비 목록, 예산에 특히 영향을 미칠 수 있는 다양한 그립 장비 목록 등)를 결정할 수 있다. 카메라 오퍼레이터가 없는 경우 촬영 감독이 직접 구도를 잡기도 한다. 마지막으로, 후반 작업에서 색 보정을 감수하여 자신이 설정한 영화의 조명 분위기에 대한 작업이 제대로 이루어졌는지 확인한다.

촬영 조수

촬영 조수(카메라 어시스턴트)는 카메라 장비의 상태와 정상 작동을 책임지며, 러시(촬영 소스 또는 데이터)의 백업을 담당한다. 카메라와 액세서리를 설치하고 조작한다. 렌즈 청소와 교체, 카메라 장착과 조정, 촬영 중 초점 조절을 담당한다. 극영화 촬영에는 보통 여러 명의 조수(촬영 팀)가 있으며, 각기 역할이 정해져 있다. 제1조수('퍼스트')는 초점 조절을 담당하며('포커스 풀러'라고도 한다), 촬영 기간 중에 장비를 책임진다. 제2조수('세컨드')는 렌즈의 유지 관리와 교환을 맡고, 제3조수('서드')는 촬영용 모니터를 설치하고 백업(저장)용 메모리 카드를 간수한다.

개퍼

전기 책임자인 개퍼(gaffer)[국내에서는 보통 '촬영부'와는 별개의 조직인 '조명부'의 수장으로 '조명 감독'이라고 한다 — 옮긴이]는 촬영 감독의 요구에 따라 조명 팀을 지휘한다. 일반적으로 전기 기사의 도움을 받아 모든 조명기, 필터, 전선의 설치와 조정을 담당한다.

그립

키 그립

키 그립은 촬영 감독의 지시에 따라 그립 팀(또는 장비 팀)을 감독한다. 삼각대에서 트랙, 돌리, 크레인까지 촬영에 사용하는 모든 기계 장비의 책임자로서, 장비가 제대로 작동하는지, 촬영 스태프의 안전이 보장되는지 확인한다. 조명 팀과 협력하여 조명 장비(무게 추나 케이블 등으로 고정)는 물론 전기 장치의 안전을 확보하기도 한다. 한편 스테디캠이나 핸드헬드로 촬영하는 동안 카메라맨을 지원한다. 일반적으로 감독이 특수한 카메라 움직임을 얻고자 할 때 의존하는 사람이다. 또한 클래퍼보드의 책임자이기도 하다.

음향

음향 기사

음향 기사(사운드 엔지니어)[국내에서는 보통 '음향 감독'이라고 한다 — 옮긴이]는 촬영 중에 녹음을 하고 마이크의 밸런스를 조정한다. 음향 부문의 책임자로서 녹음에 사용할 마이크를 선택하고 녹음기와 믹서를 조작한다. 보통 여러 명의 음향 조수(사운드 어시스턴트)가 함께 작업한다. 촬영 중에 잡음(소음, 비행기 소리, 기계음 등)이 발생한 경우, 감독이 승인(OK)했더라도 재촬영을 요청할 수 있다.

붐 오퍼레이터

붐 오퍼레이터는 이름에서 알 수 있듯이 마이크를 장착한 붐을 조작하여 소리를 최대한 충실하게 담는다. 붐 오퍼레이터가 사운드 어시스턴트인 경우도 드물지 않다. 이런 작업을 하찮게 여기고 초보자가 하는 일로 얕잡아 보기도 하지만, 음향에서 붐 오퍼레이터의 역할은 촬영에서 카메라 오퍼레이터의 역할만큼이나 중요하다. 장면 속의 여러 소리를 포착해야 하고, 때에 따라서 소리가 가장 두드러지는 곳으로 붐을 이동시켜야 한다.

미술

프로덕션 디자이너

프로덕션 디자이너[국내에서는 보통 '미술 감독'이라고 한다 — 옮긴이]는 영화의 세트를 담당한다. 감독과 긴밀하게 협력하여 세트를 찾거나 제작하는 일을 맡는다. 목수(대목과 소목), 화가, 실내 장식가, 미장공, 조각가 등과 같은 많은 장인들이 참여하여 세트를 조립하고 설치한다. 촬영 준비 과정과 현장에서 촬영 감독과 함께 일한다.

소품 팀장

소품 팀장은 미술부의 일원으로서, 영화에 사용되는 모든 소품을 찾고 활용하는 일을 담당한다. 콘티뉴이티(연속성)에 문제가 생기지 않도록 스크립터와 긴밀히 협력하고, 한 명 이상의 소품 보조(팀원)의 지원을 받기도 한다. 때로는 창의력을 발휘하여 창문이나 자동차에 비를 뿌리거나 테이블 위에서 유리잔이 움직이는 것 같은 '작은 효과'를 만들어내야 하는 경우도 있다.

의상/분장

의상

의상 총괄[국내에서는 '의상 감독'이라고도 한다 — 옮긴이]은 의상을 관리할 뿐만 아니라, 의상 제작, 물류, 예산은 물론 팀원의 채용 및 운용을 감독하기도 한다. 팀의 구성은 영화의 종류와 예산에 따라 달라진다. 예를 들어, 〈반지의 제왕〉을 촬영할 당시 의상 총괄이었던 나일라 딕슨은 40명의 재단사를 채용하여 주요 배우마다 30~40벌의 의상을, 단역 배우용으로 1만 8000벌 이상의 의상을 제작하도록 했다.

분장/미용

영화의 종류에 따라 분장(메이크업)과 미용(헤어스타일링)은 상당히 중요해지기도 한다. 분장에는 상처, 흉터, 눈물 등의 모방은 물론 배우가 누구인지조차 알아볼 수 없게 만드는 라텍스 보철물의 적용까지 다양한 특수 효과가 포함된다.

배우가 촬영 당일에 보철물이 몸에 완벽하게 부착되도록 몇 시간씩 앉아 있어야 하는 경우도 있다. 예를 들어, 〈왕좌의 게임〉에 등장하는 유명한 '나이트 킹'을 재현하기 위해 배우 블라디미르 푸르디크는 촬영 전에 메이크업을 4시간 넘게 받아야 했다.

헤어스타일리스트는 배우의 머리카락을 자르고, 염색하고, 스타일링할 수 있는 권한이 있다. 필요한 경우 가발 전문 미용사에게 가발의 스타일링과 커트를 의뢰할 수도 있다. 저예산 영화의 경우 분장과 미용 교육을 받은 한 명의 메이크업/헤어 아티스트가 담당한다.

로케이션 관리

로케이션 매니저

로케이션 매니저는 촬영 장소를 찾고, 촬영 물류(이동, 숙박, 식사 등)를 담당하며, 제작 부서 및 조감독과 협력한다. 어시스턴트 몇 명이 이런 업무를 거든다.

보통 촬영 현장에 맨 먼저 도착하고 맨 마지막까지 남는다. 로케이션 관리 팀은 촬영 현장에서 다양한 업무를 수행하는 인력으로 구성되며, 차량을 통제하고, 주차 공간을 확보하고, 소품을 수령하는 등의 일을 하는 모습을 흔히 볼 수 있다. 또한 촬영이 진행되는 동안 장비나 소모품을 구매하거나 대여받으러 가는 역할을 수행하는 사람을 '러너(잔심부름꾼)'라고도 한다.

로케이션 매니저의 역할은 과소평가되곤 하지만 촬영의 원활한 진행에 매우 중요하므로, 자체 제작이지만 조금이라도 야심 차게 진행하고 싶다면 로케이션 관리 인력을 적어도 한 사람은 채용하는 편이 좋다.

촬영 준비

준비 단계

프리프로덕션은 시나리오 작성 이후 프로덕션(촬영)과 포스트프로덕션(편집)에 앞서 이루어지는 영화 제작의 두 번째 단계이다. 영화 제작에 필요한 기술적, 인적, 재정적 자원을 규정하고, 조사하고, 준비하는 과정이다.

초보자라면 이 단계가 쓸모없다고 착각하여 시나리오를 가지고 바로 촬영하면 된다고 생각할지도 모른다. 하지만 준비 없이 촬영을 진행하려는 것은 잘못된 생각이다. 촬영은 영화 제작 과정에서 예기치 못한 상황(촬영 장소가 취소되거나, 날씨가 변하거나, 배우가 지각하는 것 등)이 가장 많이 발생하는 단계이다. 이 모든 문제를 예견하고 촬영 일정을 체계적으로 편성하는 것이 이를 효과적으로 대비하는 유일한 방법이다. 프리프로덕션의 주요 단계는 다음과 같다.

✚ 팀 모집하기

영화를 성공적으로 제작하려면 적합한 사람들과 함께해야 하며, 배역을 맡고, 마이크 붐을 잡고, 돌리를 밀어줄 동료가 필요하다. 전문적인 촬영에서 '기본 팀'은 감독, 조감독, 촬영 감독(촬영 중 구도와 조명 담당), 사운드 엔지니어(녹음 담당), 프로덕션 디렉터(조직과 예산 관리), 의상/분장 팀(메이크업, 헤어, 의상 담당), 로케이션 매니저(촬영 세트와 장소 섭외) 등으로 구성된다 (280쪽 참조).

✚ 대본 분석하기

대본 분석은 일반적으로 팀 구성과 병행하여 이루어진다. 대본을 분석한다는 것은 필요한 모든 요소(소품, 세트, 의상, 캐스팅 등)를 목록화하는 것을 의미한다. 이 작업은 시퀀스별로 진행되며, 조감독이 맡아 수행한다(290쪽 참조).

✚ 촬영 장소 찾기

영화에서 로케이션 헌팅(또는 스카우팅)이란 스튜디오에 세트를 짓지 않고도 야외(숲, 거리 등) 또는 실내(아파트, 주택, 병원 등)에서 촬영해야 하는 장면에 적합한 장소를 찾아내는 것이다(292쪽 참조).

✚ 숏 리스트 만들기

촬영 대본은 감독이 시나리오를 읽고 나서 촬영할 숏의 목록을 만들고 설명을 추가한 문서이다. 즉, 감독이 시나리오를 시각적으로 재구성한 것으로, 숏의 종류, 카메라 움직임, 리듬, 영상 속의 다양한 액션 등에 대한 구상을 담은 문서이다. 로케이션 헌팅이 완료되면 스토리보드, 평면도(플로어 플랜)와 함께 활용할 수 있으며, 이를 통해 확정된 세트 도면에 카메라의 배치를 결정할 수 있다.

✚ 촬영 계획하기

촬영을 계획하는 것은 골치 아픈 일이 되기도 한다. 시간 순서대로 촬영할 것인가, 아니면 동일한 장소의 장면들을 모아서 촬영할 것인가? 이 장면은 촬영 시간이 얼마나 걸릴까? 이 로케이션은 반나절만 사용할 수 있는데 어떻게 해야 할까? 많은 젊은 영상 제작자들은 촬영 계획을 제대로 세우지 않은 채 촬영을 시작한다. 일정을 체계적으로 관리하면 시간과 비용을 절약할 수 있을 뿐만 아니라 팀 전체가 더 쉽고 즐겁게 촬영할 수 있다.

캐스팅하기

배역 분배는 영화에서 가장 중요한 부분 중 하나이다. 캐스팅은 시나리오의 성패를 좌우할 수도 있다. 마틴 스코세이지 같은 거장 감독은 심지어 캐스팅이 연출의 90%를 차지한다고 말하기도 한다.

장편 영화 감독은 캐스팅 디렉터에게 배역에 걸맞은 배우를 추천해달라고 요청한다. 각 배우들은 카메라 오디션을 거치며, 이후 감독이 이를 시청한다. 처음 시작하는 감독은 자신이 직접 캐스팅해야 한다. 친구나 가족, 영화 학교, 인터넷 등을 통해 배우를 찾을 수 있다(302쪽 참조).

의상 찾기

의상은 작은 영화에 사실감과 스타일을 더할 수 있는 가장 좋은 방법 중 하나지만, 희귀하기 때문에 구하기 어려울 수도 있다. 이제 막 연출을 시작한다면 의상은 대체로 가격이 비싸서 감당하기 어렵다. 하지만 저렴한 가격으로 의상을 구할 수 있는 다양한 방법이 있다.

의상 대여 전문점에서 빌리거나 가까운 중고 의류 수선점에서 직접 의상을 만들 수 있다. 시간이 많이 걸리지만 저렴한 가격에 아주 멋진 의상을 찾을 수 있다. 물론 촬영 전에 배우들에게 의상을 입혀보고 촬영할 때 예상치 못한 문제가 발생하지 않도록 해야 한다.

소품 찾기

대본 검토를 통해 각 장면에 필요한 다양한 소품을 기록하고 장식 요소의 전체 목록을 작성할 수 있다. 어떤 소품은 대여받아야 하는 반면, 또 어떤 소품은 페이스북, 인스타그램, 트위터 등에 광고를 게재하여 간단히 찾을 수도 있다. 코스튬 숍을 둘러보는 것도 잊지 말자. 열심히 찾아보면 매우 사실적인 복제품을 찾을 수 있다.

장비 목록 만들기

영화 촬영 전에는 매번 카메라 어시스턴트가 카메라 테스트를 수행한다. 디데이 며칠 전에는, 요청한 장비를 구비해놓은 대여 업체에 방문하여 장비를 확인하고 목록을 작성하고 테스트를 해본 후 대여 계약서에 서명해야 한다.

초보자의 경우 이 작업을 도와줄 카메라 어시스턴트가 없지만, 그래도 촬영 전에 장비를 테스트하여 고장이나 예상치 못한 문제를 예방하는 것이 중요하다. 장비 목록을 작성해두면 촬영 전후에 빠뜨린 것이 없는지 확인할 수 있다.

리허설하기

프로젝트에 따라 감독은 배우와 함께 특정 장면을 리허설하기 위해 대본 리딩을 요청할 수 있다. 시나리오에 긴 대화 장면이 많다면 배우와 함께 리허설을 하는 것이 좋다.

리허설을 거치면서 대사가 마음에 들지 않으면 대본을 수정한다든가, 배우가 아이디어가 떠오르면 즉흥 연기를 할 수도 있다. 사전 리허설을 많이 할수록, 대사를 이미 알고 있는 준비된 팀과 함께 촬영할 수 있기에 시간을 절약할 수 있다.

대본 분석하기

배터리 부족

뤼도크 - 스튜디오 바겔

1 - INT. 술집 - 낮

술집 안. 카우보이#1이 구석 의자에 기대앉아 테이블 위에 발을 올려놓고 다른 카우보이와 포커를 치고 있다. 주머니에서 무언가 진동하는 것 같더니, 아이폰을 꺼낸다.

팀과 논의한 메모 추가하기 → FX → **아이폰 알림**

배터리 전원 부족: 남은 배터리 5%.

카우보이#1은 투덜거리며 카드를 내던지고, 홀 뒤쪽의 바텐더에게 말을 건다.

카우보이#1

이봐 빌리 밥! 아이폰 충전기 있어?
배터리가 다됐네.

촬영할 때 잊지 않도록 각 요소에 강조 표시하기

바텐더는 고개를 살짝 끄덕이며 충전기를 카운터 위에 올리고 웨이트리스 쪽으로 밀어 보낸다. 웨이트리스가 카우보이#1 쪽으로 걸어간다.

또 다른 카우보이#2가 술집에 들어와, 손에 아이폰을 들고 문 앞에서 사람들에게 말한다.

카우보이#2

누구 아이폰 충전기 있는 사람?

엑스트라 4명

술집의 시간이 멈추고 웨이트리스도 멈춘다. 웨이트리스는 카우보이#1과 카우보이#2 사이에 멈춰 선다. 두 카우보이는 서로를 노려보더니, 상황을 파악하고 권총을 뽑는다.

카우보이#1

딴 데 가서 알아봐. 내가 먼저다.

권총 2정

카우보이#2

(카우보이#1 쪽으로 다가간다)
공동묘지 건너편에 산다고 나한테 마지막으로 말을 건 자식...
지금은 거기가 그놈 집이지!

프리프로덕션을 시작하는 첫 단계는 시나리오를 분석하여 필요한 모든 요소(소품, 세트, 의상, 출연진 등)를 목록화하는 것이다. 이 작업은 시퀀스별로 순차적으로 진행된다.

우선 촬영하기 전에 잊지 않도록 각 항목에 해당하는 색상으로 이런저런 요소에 강조 표시를 하면서 대본에 주석을 달아 길을 찾는 데 도움이 되도록 하는 것이 좋다.

그런 다음 대본을 한 장면 한 장면, 한 줄 한 줄 주의 깊게 읽고, 필요한 것, 특히 흑백으로 남아 있어 명시적이지는 않지만 암묵적으로 필요한 요소를 목록화해야 한다.

예를 들어 시나리오에 "등장인물이 주머니에서 총을 꺼내 주인공을 쏜다"는 내용이 있다면, 가짜 권총, 피처럼 보이기 위한 분장이나 특수 효과, 시간 순서대로 촬영하지 않을 경우 배우가 갈아입을 여벌 의상 등이 필요하다는 것을 메모해두어야 한다.

영화에서는

제작 규모가 큰 영화인 경우 이 작업은 조감독이 수행하며, 각 시퀀스에 대한 분석 시트를 상자 형태로 작성한다. 각 상자는 미장센, 그립, 배우, 소품, 의상, 분장, 세트 등의 항목에 해당한다. 시퀀스가 변경될 때마다 새로운 분석 시트를 작성해야 한다.

시퀀스: 시퀀스1	장소: 술집	실내/실외	낮/밤

배역	**의상**
• 카우보이#1 • 카우보이#2 • 바텐더 • 웨이트리스	• 카우보이 6명 • 바텐더 1명 • 웨이트리스 1명

엑스트라	**소품**
• 카우보이 4명	• 포커용 트럼프 • 아이폰 2대 • 충전기 • 권총 2정

무대 세트	**메이크업**
술집의 테이블과 의자	

차량	**특수 효과 / 스턴트**
	아이폰용 그린 스크린

동물	**영상**

그립	**음향**
돌리 트랙	

분석 시트는 제작 측면에서도 중요한 문서이다. 요구 사항이 더 명확하게 나타나므로 제작부(특히 프로덕션 디렉터)가 각 시퀀스에 소요되는 비용을 더 상세하게 산출하기가 더욱 간편해진다. 이 문서는 예술적 측면과 재정적 측면 사이의 경중을 따지는 논의의 기초 자료가 된다.

마찬가지로, 이런저런 이유(날씨, 배우의 부상 등)로 촬영 일정을 변경해야 하는 경우 어떤 시퀀스의 일정을 더 쉽게 조정할 수 있는지 쉽게 확인할 수 있다. 마지막으로, 나중에 이 문서의 정보는 계획된 시퀀스에 따라 일일 촬영 계획표에 반영되어, 사람들이 어떤 일을 잊어버린다든가 하는 사태를 막아준다(촬영 스케줄과 일일 촬영 계획표는 294쪽 참조).

로케이션 헌팅

영화에서 로케이션 헌팅(또는 스카우팅)이란 스튜디오에 세트를 짓지 않고도 야외(숲, 거리 등) 또는 실내(아파트, 주택, 병원 등)에서 촬영해야 하는 장면에 적합한 장소를 찾아내는 것이다. 대체로는 촬영 준비에 참여하는 로케이션 매니저, 감독, 조감독, 촬영 감독, 개퍼, 세트 디자이너, 사운드 엔지니어 등이 수행한다.

로케이션 헌팅은 프리프로덕션에서 가장 중요한 단계 중 하나이다. 촬영 당일에 현장에서 공사가 진행 중이거나, 촬영하려는 순간에 해가 건물에 가려지거나, 학교 운동장이 너무 가까워 피할 수 없는 소음이 발생하는 등 예기치 못한 상황을 피하려면 촬영할 장소를 항상 직접 방문해야 한다. 성공적인 헌팅에 도움이 되는 몇 가지 팁은 다음과 같다.

인터넷으로 찾기

인터넷에서 제공되는 다양한 도구를 사용하면 집 안에 앉아서도 헌팅을 시작할 수 있다. 예를 들어 구글 스트리트 뷰를 이용하면 집을 나서기 전에 야외 환경을 미리 파악할 수 있다. 이렇게 하면 방문하는 날에 시간을 절약할 수 있다.

하지만 단순한 스트리트 뷰 사진에만 의존해서는 안 된다. 항상 최신 사진만 있는 것은 아니며, 현장에 도착했을 때 도로 공사가 진행 중이거나 가게가 바뀌어 있는 등 깜짝 놀랄 일이 생길 수도 있다.

적절한 시간에 찾아가기

촬영할 시간에 맞춰 촬영 장소를 답사하는 것을 잊지 말자. 어떤 로케이션이 오후 5시에는 완벽해 보일지라도, 오전 10시에는 교통, 주변 소음, 태양의 위치 때문에 지옥이 될 수도 있다.

촬영할 때 태양이 나무, 건물, 전봇대 등에 가리는 바람에 느닷없이 문제가 생길 수도 있다. 촬영하려는 시간에 맞춰 장소를 답사함으로써 이런 문제를 예측할 수 있다.

적절한 시간에 로케이션에 가볼 수 없는 경우, 시간대에 따라 태양의 위치를 나타내주는 '선 서베이어(Sun Surveyor)'나 '선 시커(Sun Seeker)' 같은 스마트폰 애플리케이션을 사용하면 된다.

시나리오 파악하기

대본을 완성하지 않은 상태에서 로케이션 헌팅을 시작하는 것은 소용이 없다. 작업의 순서를 뒤바꾸면, 촬영 중에야 장면에 필요한 요소가 빠진 것을 알아차리기 십상이다. 따라서 시나리오를 빈틈없이 분석하여 필요한 사항을 명확히 목록화하는 것이 중요하다(대본 분석은 290쪽 참조).

사진 찍기

로케이션에 도착하면, 집에 돌아가서 촬영할 컷(브레이크다운)에 대해 여유롭게 생각해볼 수 있도록 사진을 여러 장 찍어두자. 요즘에는 360° 카메라로 로케이션 전체를 촬영할 수 있다.

'아르테미스(Artemis)'와 같은 디렉터스 (뷰)파인더 애플리케이션을 사용하여 촬영 현장에서 직접 다양한 초점 거리로 촬영할 숏을 시각화할 수도 있다(예를 들어 로케이션의 어떤 요소가 눈에 거슬리는 경우 초점 거리를 더 길게 하여 촬영하면 그 요소를 숨길 수 있다).

점검 목록

각 로케이션에 대해 확인해봐야 할 간단한 점검 목록은 다음과 같다.

로케이션에 가기가 쉬운가?

모든 스태프가 자가용으로 이동하는 것은 아니다. 따라서 대중교통으로 로케이션에 갈 수 있는지 확인해야 한다. 아파트에서 촬영하는 경우 장비를 실어 올릴 만한 엘리베이터가 있는지 확인하자. 마땅한 엘리베이터가 없다면 촬영 당일 세팅에 많은 시간을 낭비할 수도 있다.

주차하기가 쉬운가?

장비, 의상, 소품 등을 운반하기 위해 차량을 사용하는 경우 로케이션 근처에 주차할 장소가 있는지 확인하자.

화장실을 이용할 수 있는가?

배우가 옷을 갈아입고, 메이크업과 헤어를 하고, 화장실에 가는 등의 용무를 처리해야 한다. 거리에서 촬영하는 경우 주변 카페에 도움을 요청하고, 보통 그 답례로 음료나 식사를 주문하면 된다.

전력이 충분한 전원 공급 장치를 이용할 수 있는가?

118쪽에서 살펴보았듯이, 촬영할 각 장소의 전원 공급 장치를 확인하자. 마땅한 장치가 없다면 조명을 연결할 수 없다. 실내 로케이션의 전력이 충분하지 않은 경우에는 대체로 발전기를 사용한다(119쪽 참조).

촬영 당일에 예정된 행사가 있는가?

야외에서 촬영하는 경우, 로케이션 주변의 상인들에게 촬영 당일에 도로 공사나 시위 같은 행사가 계획되어 있는지 물어보자. 보통은 상인들이 이런 정보를 가장 잘 안다.

로케이션이 허가된 장소인가?

모든 로케이션에는 허가가 필요하다. 거리에서 촬영하는 경우도 마찬가지다. 하지만 소규모 스태프(5~10명)로 촬영하는 경우, 보행자나 차량 통행에 방해가 되지 않는 한 촬영을 계속하도록 경찰이 너그럽게 봐주기도 한다. 하지만 일부 공원이나 사유지 도로와 같이 보행은 가능하지만 촬영이 금지된 장소가 있으니 주의해야 한다. 촬영 당일에 쫓겨나지 않도록 미리 확인하자.

촬영 계획하기

촬영을 계획하는 것은 골치 아픈 일이 되기도 한다. 시간 순서대로 촬영할 것인가, 아니면 동일한 장소의 장면들을 모아서 촬영할 것인가? 이 장면은 촬영 시간이 얼마나 걸릴까? 이 로케이션은 반나절만 사용할 수 있는데 어떻게 해야 할까?

많은 젊은 영상 제작자들은 촬영 계획을 제대로 세우지 않은 채 촬영을 시작한다. 일정을 체계적으로 관리하면 시간과 비용을 절약할 수 있을 뿐만 아니라 팀 전체가 더 쉽고 즐겁게 촬영할 수 있다.

촬영 스케줄

각 열은 하루 동안의 촬영을 나타낸다

부문별 책임자 이름

배터리 부족		일차	1	2
감독: 뤼도크 PD: 바네사 브리아 촬영: 뱅상 V. 바롱 사운드: 앙투안 카라치 메이크업: 마르졸렌 비알		날짜	2013.11.13.	2013.11.14.
		시간	10~18시	18~02시
		장소	술집	사무실
		시퀀스	1 / 4 / 5	2 / 3 / 6
		조명 효과	낮	밤
No.	**연기자**	**배역**		
1	무슈 풀프	카우보이#1	1	
2	바티스트 로르베	카우보이#2	2	2
	엑스트라			
	술집 손님		1	
	직장 동료		2	2
	차량			
	영구차		영구차	
	특수 효과			
	아이폰 화면 그린 스크린			그린 스크린
	3D 총알		3D 총알	

각 행은 촬영에 필요한 사항에 해당한다

촬영 스케줄(표)은 촬영을 원활하게 진행하는 데 필수적인 도구이다. 분석 시트를 기반으로 작성되며, 감독의 촬영 대본에 따라 완성, 조정된다. 그런 다음 동일한 장소, 조명, 배우, 구도 등을 활용하는 숏의 촬영 일정을 가급적 한 그룹으로 묶어야 한다. 그렇게 하면, 첫 번째 장소에서 촬영한 다음 두 번째 장소로 이동했다가 다시 첫 번째 장소로 돌아가는 것과 같은 시간 낭비를 막을 수 있다.

이 문서는 표의 형태로 제시된다. 왼쪽 상단에는 제작사 이름, 영화 제목, 감독, 작업 계획 일차와 날짜(로케이션 헌팅, 감독이나 출연진의 제약 등으로 계속 변경되는 경우) 같은 모든 행정적 정보가 포함된다. 각 열은 촬영 로케이션, 세트, 시퀀스 번호 등의 정보가 담긴 하루 동안의 촬영을 나타낸다. 각 행은 촬영에 필요한 사항(배역, 엑스트라, 차량, 동물 등)에 해당한다.

인터넷에서 '촬영 스케줄' 또는 'shooting schedule'로 검색하면 다양한 양식을 찾을 수 있다. 또한 '파이널 드래프트(Final Draft)', '무비 데이터(Movie Data)', '켈틱스(Celtx)' 같은 몇 가지 시나리오 작성 소프트웨어 패키지에는 대본 분석 시트와 촬영 스케줄(표) 작성에 도움이 되는 도구가 내장되어 있다.

실전 팁

로케이션을 합친다

우선, 한 장소에서 촬영할 수 있는 장면들을 한 그룹에 묶자. 대본 순서대로 촬영하는 프로덕션은 거의 없으므로 대본의 시간적 순서는 무시한다. 이는 효율성의 문제이다. 연속해서 촬영할 수 있도록 인근 로케이션을 활용하자.

그런 다음 순서대로 촬영한다

로케이션을 합친 후에는 가능하면 시간 순서대로 장면을 촬영하자. 이렇게 하면 배우가 등장인물에 몰입하는 데뿐만 아니라 스토리 전개에 맞게 의상과 분장을 조정하는 데도 도움이 된다.

속도를 조절한다

쉬운 장면과 어려운 장면을 번갈아가며 촬영하여 출연진과 제작진이 지치지 않게 해주자. 배우가 감정 표현을 많이 해야 하는 장면이든, 기술 스태프가 복잡하고 난이도 높은 동작을 소화해야 하는 장면이든, 팀원들은 어려운 장면 사이에 숨 돌릴 시간이 필요하다.

날씨를 미리 파악한다

날씨란 촬영 전날까지도 예측 불허이므로, 디데이(D−Day)에는 언제든 돌발 상황이 발생할 수 있다. 가능한 한 야외 촬영으로 그날의 일정을 시작하자. 날씨가 나쁘면 하루 종일 이 시퀀스를 다시 촬영할 수 있다. 추가 팁: 지도에 비구름을 표시해주는 애플리케이션을 이용하면 비가 올 때를 예상할 수 있다.

다음 장면을 준비한다

촬영 스케줄표를 활용하면, 다음 장면이 같은 로케이션이 아닌 경우에는 촬영하는 동안 세트와 조명 준비를 시작할 수 있어, 시퀀스를 변경하는 사이에 소요되는 시간을 크게 절약할 수 있다.

일일 촬영 계획표

영화 촬영에서 일일 촬영 계획표[주로 국내 현장에서는 줄여서 '일촬표'라고 부른다 ― 옮긴이]는 매일 촬영하기 전에 작성하는 마지막 문서이다. 기술 스태프와 배우에게 배포하여 촬영 현장에 몇 시에 도착해야 하는지, 로케이션 주소, 당일 촬영 일정, 촬영할 시퀀스 목록 등을 모두에게 알린다.

영상 제작 초보자에게 필수적인 문서는 아니지만, 촬영 전날 이메일로 간단한 요약을 보내서 팀원들이 시간에 맞춰 현장에 도착하고 촬영 내용을 숙지하도록 하는 것이 좋다. 인터넷에서 '일일 촬영 계획표' 또는 'call sheet'로 검색하면 다양한 양식을 찾을 수 있다.

DATE		NUIT	JOUR
PRODUCTION			
FILM			
Réalisateur		Dir. Photo	
PLAN		PRISE	

촬영

촬영 현장에서

〈다음에 들으실 말씀은…(The Next Voice You Hear...)〉(1950) 촬영 현장

촬영은 영화 제작 과정 중에서 가장 장대하고 화려한 부분이다. 수십 명의 기술 스태프가 조명기, 크레인, 장식물 등을 가지고 세트장을 돌아다니며 모든 기술 팀이 총동원된다. 때로는 수백 명의 인력이 투입되기도 하는데, 〈아이언맨 3〉 같은 영화에는 3300명이 넘는 기술 스태프가 동원되었다.

촬영 현장에는 매우 엄격한 위계질서가 존재하며, 모두에게 자신의 위치와 역할이 있다. 감독이 총지휘자이긴 하지만, 모든 팀에 직접 지시를 내리는 것은 아니다. 조감독이 각 부서(촬영/조명, 음향, 세트 디자인 등)의 책임자와 직접 접촉하면서 감독의 요구 사항에 따라 촬영 현장을 지휘한다.

진행 절차

디지털이든 필름이든 촬영된 모든 영상을 러시(rush)라고 한다. 촬영에는 돈이 매우 많이 들기 때문에 예산을 초과하지 않도록 빠듯한 일정을 준수해야 한다. 제작 팀은 이를 철저히 관리한다. 장편 영화 촬영에는 일반적으로 4주에서 최대 3개월이 소요된다. 하루에 평균 10∼15개의 숏이 촬영되며, 장면에 따라 다르겠지만 이는 지속 시간 2분에서 3분 정도의 분량이다.

각 숏은 여러 번 촬영되며, 각 테이크는 해당 테이크의 시작 또는 끝 부분에 촬영된 클래퍼보드로 표시된다. 그러면 편집 기사는 스크립터가 보고서에 기록해둔 테이크를 찾을 수 있다. 클래퍼보드에는 장면 번호, 테이크 번호, 감독과 촬영 감독의 이름, 날짜, 영화 제목 등 장면에 대한 다양한 정보가 담겨 있다(86쪽 참조).

촬영 예고

영화 촬영 현장에서 매 테이크를 시작하기 전에 각 부문의 책임자가 촬영을 준비할 수 있도록 촬영 예고 절차가 진행된다. 이제 막 영상 제작을 시작하는 단계라면 혼자서 모든 일을 진행하기 때문에 이런 절차를 따를 필요가 없다. 하지만 앞으로의 프로젝트를 위해 어떤 의미가 있는지 알아두는 것이 중요하다.

조용!

카메라(구도), 조명, 배우가 제자리에 있으면 촬영할 준비가 된 것이다. 조감독은 조용히 해줄 것을 요청한다. 모두가 각자의 위치로 이동하여 자리를 잡는다.

롤!

감독이 모니터 뒤에서 준비를 마치고 시작할 것을 요청한다. 조감독은 무전기를 통해 "롤!"이라고 전달하여 관련 기술 스태프가 녹화와 녹음을 시작하도록 한다.

롤링!

사운드 엔지니어가 "사운드 롤링!"이라고 가장 먼저 응답하여 녹음이 시작되었음을 알린다. 이것은 자기 테이프 가격이 필름보다 저렴하여 사운드 녹음을 먼저 시작하는 것이 더 경제적이었던 시절부터 내려온 오랜 관습이다.

신 23, 컷 3, 테이크 1!

클래퍼보드 담당자(그립 또는 클랩맨)가 카메라 프레임 안에 클래퍼보드를 배치하여 지금 어떤 숏을 촬영할지 알린다. 예를 들어 "23의 3의 1"이라고 말하면, 이는 장면 번호 23, 숏 번호 3, 테이크 번호 1을 의미한다(86쪽 참조).

클랩!

카메라 제1조수가 "클랩"이라고 말하여 카메라가 녹화 중임을 알리면, 클래퍼보드 담당자는 클랩을 쳐 "딱!" 소리를 내고 나서 프레임 밖으로 벗어난다.

촬영 준비 완료!

카메라맨의 경우 촬영이 준비되었음을, 스테디캠 오퍼레이터의 경우 장비가 안정화되었음을 감독에게 알린다. 클래퍼보드 담당자가 시야에서 사라지고, 모든 사람이 제자리에 있다.

액션!

모든 촬영 준비가 완료되었다. 감독이 "액션"이라고 말하면 배우가 연기를 시작한다.

컷!

테이크가 끝나면 감독이 "컷"이라고 말한다. 카메라와 녹음기가 꺼지고 배우는 연기를 멈춘다. 모두가 시작 위치로 돌아가 테이크를 다시 시작하거나 숏을 변경한다.

[국내에서는 일반적으로 "(롤) 사운드!", "(사운드) 롤링!", "(롤) 카메라!", "(카메라) 롤링!", "슬레이트!", "23의 3의 1!", "딱!"(클래퍼 소리), "액션!", "컷!" 순으로 진행된다 — 옮긴이]

성공적인 촬영

명확하고 철저하게 준비한다

행선지가 분명할수록 팀원들이 더 잘 따라갈 수 있다. 촬영 중인 배의 선장은 바로 여러분이며, 선장이 길을 잃으면 선원들은 당황할 수밖에 없다. 따라서 촬영 준비를 소홀히 하지 말자.

촬영 대본, 평면도(플로어 플랜), 스토리보드까지 준비해두면 영화에 대한 비전을 더 쉽게 공유하고 함께 작업하는 사람들을 더욱 잘 참여시킬 수 있다. 팀이 여러분을 더 많이 이해할수록 더 효율적으로 작업할 수 있다.

스스로 적응한다

감독에게 촬영은 영화 제작 과정에서 가장 복잡한 단계이다. 날씨가 변하거나 배우가 지각하거나 촬영이 예상보다 오래 걸리는 등 예기치 못한 상황이 항상 발생하지만, 이는 모두 정상적인 현상이다.

따라서 기술적, 인적 제약에 맞닥뜨리더라도 이를 받아들이고 적응해야 한다. 불가능한 상황에서 대본을 따라가려고 고집하지 말고, 최종 결정권이 자신에게 있더라도 다른 사람이 제시하는 아이디어에 유연하고 열린 자세를 유지하자.

팀의 참여를 유도한다

프로젝트에 팀을 더 많이 참여시킬수록 팀원들의 자발적인 참여도도 높아진다. 이것은 단순한 진리이다. 혼자만의 세계에 갇혀 있지 말고, 처음부터 아이디어를 공유하고, 팀원들의 조언에 귀 기울이며, 성공적인 촬영을 위한 최선의 방법을 함께 고민하자.

열정과 동기를 함께 나누자. 팀원들이 프로젝트의 중심에 있을수록 밤새도록 작업하거나 빗속에서 촬영하더라도 프로젝트를 성공으로 이끌고 싶어 할 것이다. 팀에게는 지시뿐만 아니라 동기 부여도 필요하다.

갈등을 피한다

촬영에는 긴장감이 따르기 마련이다. 시간은 빠르게 흘러가고, 해야 할 일은 많고, 예상치 못한 사건도 많이 발생한다. 하지만 모두가 보는 앞에서 갈등으로 분위기를 망칠 필요는 없다. 누군가에게 문제가 있다면 따로 불러서 둘이서 신중하게 해결하자.

촬영 전에 각 팀원에게 해야 할 임무(조명, 음향, 소품 등)를 할당하자. 각자에게 명확한 책임을 부여하여 자신의 역할에 전념하도록 하자. 모두가 모든 일에 조금씩 관여하는 경우, 각자가 의견을 제시하게 되어 촬영이 지연되고 긴장감이 조성된다.

카메라가 돌도록 놔둔다

촬영 중에는 인내심을 갖자. 숏을 너무 빨리 컷하지 말고 액션이 지속되도록 하자. 몇 초만 더 남겨두면 편집할 때 큰 도움이 될 수 있다. 배우의 즉흥 연기, 의미심장한 시선, 화면 밖으로의 퇴장, 지속되는 침묵 등은 분명 편집할 때 유용하게 사용할 수 있는 재료이다.

촬영은 신속하게 진행되어야 하지만, 테이크 도중이 아니라 테이크 전에 서둘러야 한다. 촬영할 때 시간을 갖고 배우와 함께 테스트하고 한발 물러서서 대사를 조정하기 위해서다. 자신이 무엇을 원하는지 알지만 편집할 때 마음이 바뀔 수도 있다. 카메라가 조금 더 돌도록 놔두면 컴퓨터 앞에 앉았을 때 더 많은 여유를 얻을 수 있다.

숏을 두 번 촬영한다

숏이 완벽해 보이더라도 항상 한 테이크를 더 촬영하자. 편집 과정에서 마이크 잡음, 세트의 그림자, 영상의 잘못된 색조 등 촬영 중에 놓쳤을지도 모르는 사소한 디테일이 마음에 들지 않을 수도 있다.

테이크를 두 번씩 촬영한다면, 연기 의도를 변경하거나 배우가 다시 연기하고 싶은지를 재확인하는 등의 작업을 할 수 있다. 각 부문의 책임자(촬영 감독, 사운드 엔지니어, 스크립터 등)는 기술적인 이유나 대본의 일관성 유지를 위해 테이크의 재촬영을 요청할 수 있다.

테이크가 완벽해 보이더라도 다시 촬영하는 것을 주저하지 말자. 추가 촬영은 동일한 설정을 유지하므로 몇 분만 더 소요될 뿐이다.

백업을 한다

반나절이 지난 뒤나, 점심시간에나, 하루의 일과가 끝날 때마다 메모리 카드를 하드 디스크에 백업하고, 데이터가 잘 저장되었는지, 전송이 원활하게 이루어졌는지 확인하자.

이렇게 하면 카메라가 바닥에 떨어진다든가 메모리 카드가 손상된다든가 하는 기술적 문제로 인해 촬영 데이터가 지워져도 모든 것을 잃지는 않을 것이다. 가능하다면 각 시퀀스가 끝날 때마다 동료 중 한 명에게 촬영과 동시에 백업을 실행하도록 요청하여 시간을 절약한다.

나중에 효과 처리할게요!

촬영 중에는 이 말을 자주 듣지만, 최대한 피해야 한다. 후반 작업(포스트프로덕션)에 너무 의존하지 말자. 벽에 그림자가 생기지 않도록 촬영 현장에서 조치를 취하는 것이, 후반 작업에서 그래픽 디자이너가 프레임 단위로 그림자를 지우는 것보다 시간이 덜 소요된다.

한창 촬영 중일 때는 이런 점을 생각하지 못하지만, 촬영할 때 처리하지 않은 작업은 편집할 때 더 까다롭고 필연적으로 시간이나 비용이 더 든다는 점을 잊지 말자. 따라서 촬영 현장에서는 가급적 이런 안일함을 피하도록 하자.

연기 연출하기

촬영 현장에서 감독은 장면 연출가이기도 하다. 감독은 자신이 선택한 숏, 조명, 카메라 워크뿐만 아니라 연기 연출을 통해 스토리를 장면화한다.

연기 연출이란 각 숏과 장면마다 시나리오에 제시된 상황에서 감독이 원하는 방향으로 각 배우가 등장인물을 연기하는 데 필요한 지시를 내림으로써 배우를 지도하는 역량을 일컫는다. 이는 영화를 함께 성공으로 이끌기 위한 진정한 예술적 협업이다.

캐스팅

성공적인 영화에는 좋은 시나리오와 연출뿐만 아니라 스토리를 더욱 돋보이게 하는 배우도 함께한다. 캐스팅은 영화에서 가장 중요한 부분 중 하나이다. 삼촌이 웃긴다고 해서 배역을 맡기거나 어릴 적 친구를 기쁘게 해주려고 배역을 주어서는 안 된다. 최고의 숏, 최고의 조명, 최고의 편집에도 배우가 연기를 못하면 스토리는 성공할 수 없다.

관객이나 시청자가 보게 될 것은 영화 제작진이나 촬영 장비, 편집 소프트웨어가 아니라 배우이다. 사람들을 스토리에 감정적으로 몰입하게 만드는 것은 바로 배우이다. 따라서 성공적인 촬영을 위해서는 좋은 배우를 찾아서 잘 연출하는 것이 중요하다.

마틴 스코세이지 같은 거장 감독은 캐스팅이 연출의 90%를 차지한다고 말하기도 한다. 영화 및 연극 학교, 인터넷 등에서 배우를 찾을 수 있다. 많은 배우들이 단편 영화에 기꺼이 무보수로 참여하기도 한다. 단편 영화 출연은 이들에게 일종의 연습이다. 영화, OTT 시리즈, TV 드라마 등과 같은 더 야심 찬 프로젝트에서 다른 배역을 맡기 위해 연기의 폭을 넓히려는 것이다.

배우의 참여를 유도하려면 흥미로운 배역과 탄탄한 시나리오가 필요하며, 메이크업 아티스트와 옷을 갈아입을 수 있는 장소 등을 제공하여 팀과 조직에 대한 염려를 덜어주어야 한다. 요컨대 촬영 전에 신뢰감을 주어야 한다.

리허설

촬영 전에 대본 리딩을 진행하는 것을 잊지 말자. 촬영 당일에는 배우의 의향을 살피거나 완벽하게 준비할 겨를이 없을뿐더러, 시간이 촉박하여 연출을 제대로 하기는커녕 하루가 끝나기 전에 예정된 숏을 다 찍지 못할까 봐 걱정하기가 일쑤이다.

리허설을 거치면서 배역을 점검하고, 대본이 마음에 들지 않으면 변경하고, 즉흥적으로 아이디어를 떠올릴 수도 있다. 사전 리허설을 많이 할수록, 대사를 이미 알고 있는 준비된 팀과 함께 촬영할 수 있기에 시간을 절약할 수 있다. 배우와 함께 시나리오를 읽으면서 촬영할 때 발생할 만한 실수나 문제를 미리 찾아내어 대비하도록 한다.

한편, 장면을 리허설하고 나서 카메라 앞에 서면 즉흥성과 자연스러움을 잃게 된다고 생각하는 사람들도 있다. 하지만 이는 본질적으로 여러 테이크에 걸쳐 동일한 액션과 동일한 대사를 '하고 또 해야 하는' 극영화 제작 과정에서는 전혀 터무니없는 이야기이다.

연기 연출

연기자가 등장인물에 몰입하지 않으면 등장인물이 느껴야 할 감정을 제대로 표현할 수 없다. 모든 것이 거짓되고 조화롭지 않아 보이며, 관객은 이를 깨닫고 스토리에서 빠져나올 것이다. 촬영할 때 연기 연출을 위한 몇 가지 팁은 다음과 같다.

등장인물을 숙지한다

영화 속 인물의 성격, 배경, 목표 등에 대해 더 많이 알수록 배우의 질문에 더 잘 답할 수 있다. 그 인물은 어디 출신인가? 왜 그런 식으로 반응하는가? 무엇을 원하는가? 이러한 질문에 정확한 답을 주지 못하면 배우가 혼란에 빠질 수도 있다.

장면의 맥락을 이야기해주고, 감독이 만들고자 하는 분위기에 배우가 몰입하도록 도와주고, 앞 장면에서 무슨 일이 일어났는지 상기시키자. 배우들은 이를 자주 잊어버리는데, 대개 시나리오의 순서대로 촬영하지 않기 때문이다.

지나치게 지시하지 않는다

배우와 함께 촬영할 때는 간결하게 지시하고 배우가 재량껏 표현할 자유를 어느 정도 주자. 배우에게 너무 많은 지시를 내리면 더 이상 연기를 못할 수도 있다. 배우는 기계가 아니다.

배우의 방식을 존중한다

배우마다 배역에 몰입하는 자신만의 방법이 있다. 조용히 집중할 시간이 필요한 배우가 있는가 하면, 등장인물의 성격에 대해 많은 질문을 해야 하는 배우도 있다. 배우마다의 방식에 적응하고, 너무 몰아붙이지 말자.

우선 배우의 첫 장면 연기를 그대로 지켜보고 나서, 방향, 위치, 억양, 감정 등을 다듬어보자. 너무 지시하지만 말고, "이렇게 해보면 어떨까요?"라든가 "이 인물이라면 이렇게 하지 않을까요?"라고 질문을 던져보자. 권위적으로 대하지 말고, 배우가 맡은 인물을 연기할 최선의 방법을 함께 생각해보자. 함께 질문을 하면서 액션 중에 놓친 작은 세부사항에 대해 고민할 수 있도록 해보자. 배우가 배역에 몰입해 있다면 감독에게 몇 가지 아이디어를 줄 수 있을 것이다.

즉흥 연기를 위한 여지를 남겨둔다

주저하지 말고 배우가 즉흥적으로 연기할 수 있게 해주자. 장면의 맥락과 인물의 가이드라인을 제시하고 배우가 자신만의 방식으로 시험해볼 수 있게 하면 아이디어가 떠오를 수도 있다. 시나리오에 충실하면서도, 배우에게 더 큰 자유를 주기 위해 더 미친 듯이 즉흥적으로 촬영하는 것 또한 주저하지 말자. 이렇게 하면 종종 편집 때 간택되는 멋진 장면이 탄생할 수도 있다.

배우를 배려한다

배우가 배역에 집중할 수 있도록 가능한 한 최상의 촬영 환경을 조성하자. 리허설 중에는 촬영장에서 조용히 해주도록 요청하자. 촬영에 대한 기술적인 문제로 배우에게 스트레스를 주거나 말을 걸거나 귀찮게 하지 말자. 그것은 배우가 신경 쓸 일이 아니며, 오히려 배우를 불안하게 만들 수도 있다.

10

영상 편집하기

• • • • • • • • • • • • • •

• • • • • • • • • • • • • • • • •

포스트프로덕션

편집을 소홀히 하지 말자. 편집은 영상의 두 번째 삶이다. 아름다운 영상, 멋진 연기, 훌륭한 카메라 움직임도 편집이 잘못되면 아무 소용이 없다. 반면에 좋은 편집은 촬영에서의 실수를 보완할 수 있다.

그러니 촬영한 영상을 편집하는 방법을 익히자! 촬영 중에는 예기치 못한 사건과 문제가 발생할 수 있다. 편집 방법을 알면, 긴급 상황에서 어떤 숏을 희생해야 하는지, 결국 촬영하지 못했던 숏을 어떤 숏으로 대체할 수 있는지 등을 재빨리 판단할 수 있다.

포스트프로덕션은 촬영이 끝나고 편집이 시작되는 프로덕션 이후의 공정이다. 어떤 감독들은 영화 제작 과정에서 상대적으로 제약이 적은 포스트프로덕션을 가장 좋은 시간으로 여긴다. 준비 단계에서는 예산, 로케이션, 시간, 캐스팅의 제약을 받는 경우가 많고, 촬영 중에는 배우가 지각하거나 날씨가 불안정해지는 등 예기치 못한 상황이 항상 발생한다. 하지만 포스트프로덕션에서는 특히 최근 몇 년간의 기술 발전과 다양한 편집, 특수 효과, 믹싱 등의 소프트웨어 덕분에 원하는 거의 모든 것을 할 수 있다.

포스트프로덕션이란 영상 편집과 합성, 음악 추가, 더빙, 음향 효과 등과 관련된 모든 공정을 일컫는다.

1 편집

✛ 동기화

촬영 중에는 영상과 사운드가 따로 저장된다. 편집을 위해서는 동기화 단계에서 사운드를 영상에 연결해야 하는데, 이를 흔히 '싱크하기(synchronizing)'라고 한다.

✛ 러시 선별

각기 따로 저장된 영상과 사운드를 동기화한 다음, 최상의 테이크를 정렬하고 선택하는 '러시 선별' 단계를 거쳐 편집을 시작한다.

✛ 초벌 편집

프로젝트의 사전 편집 단계이다. 본격적인 편집에 들어가기에 앞서 프로젝트의 전체적인 모습을 파악하기 위해 숏이 시작 지점부터 끝 지점까지 간단하게 편집하는 것이다.

✛ 편집

그런 다음 숏을 자르고 조립하여 영상에 포함될 시퀀스를 구성한다. 많은 사람들이 편집은 스토리라인을 따라가기만 하면 되는 기술적인 작업이라고 생각하지만, 사실은 창조적인 작업이다. 리듬이나 시간 순서를 변경하거나, 특정 숏을 강조하여 특정 의미나 느낌을 살릴 수 있다.

2   특수 효과

편집이 끝나면, 폭발, 총격, 대기(안개, 비 등)와 같은 전환(트랜지션) 및 특수 효과를 추가하고, 가상의 세계(외계인, 괴물, 우주 공간 등)를 모델링하고, 원치 않는 요소(마이크 선, 광고판 등)를 제거하거나, 엔딩 크레디트를 만들 수 있다(348쪽 참조).

3   사운드 편집

+ 음악

사운드 편집에서는 영상의 사운드트랙을 만든다. 우선 영상의 분위기를 설정하기 위한 음악을 배치한다. 영상의 배포 방식에 따라 사용할 수 있는 음악의 종류는 다양하다(로열티 프리 음악 및 상업용 음악은 335쪽 참조).

+ 음향 효과

그런 다음 효과음과 배경음을 추가하여 깊이를 더하고, 폭발음, 문 닫히는 소리, 배경 소음 등 특정 요소를 강조한다. 많은 웹 사이트에서 무료 다운로드를 제공한다(338쪽 참조).

+ 더빙

필요하다면 특정 대사를 다시 녹음(후시 녹음)하여 테이크를 개선하거나, 음성의 톤을 변경하거나, 배우가 화면 밖에 있는 경우 단어를 교체하거나, 특정 시퀀스를 보강해주는 보이스오버를 녹음할 수 있다(340쪽 참조).

4   마무리

+ 색 보정

편집이 완료되고 더 이상 수정할 사항이 없다면 색 보정(컬러 그레이딩) 작업을 진행한다. 각 숏의 색조, 색상, 대비(콘트라스트) 등을 디지털 방식으로 조정하고 개선한다. 색 보정은 영상의 톤을 결정할 수 있다. 차가운 색은 슬프고 우울한 톤을, 따뜻한 색은 더 행복한 톤을 조성한다(344쪽 참조).

+ 믹싱

믹싱 단계에서는 각 사운드의 레벨을 조정하고 시청자(또는 관객)가 최적의 사운드를 들을 수 있도록 음성을 다듬는 작업을 한다. 이는 매우 중요한 단계로, 인물이 말할 때 음악이 너무 크면 장면을 압도해버리기 쉽고, 소리가 너무 작아 무슨 일이 일어나는지 들리지 않으면 시청자의 주의가 흐트러질 수도 있다(350쪽 참조).

+ 배포

색 보정과 믹싱이 완료되면 영상과 사운드를 조합하여 영상을 배포하고, 포스터나 섬네일을 만들어 홍보한다(354쪽 참조).

폴더 정리하기

시작하기 전에 편집 폴더를 체계적으로 정리해야 한다. 편집에 바로 착수할 수 없기 때문에 처음에는 정리 작업이 답답하게 느껴질 수 있다. 숏이 제대로 작동하는지, 음악이 원하는 분위기와 일치하는지, 이 장면의 색 보정이 괜찮아 보이는지 빨리 확인하고 싶겠지만 조금만 참자!

폴더를 먼저 정리하면 나중에 많은 시간을 절약할 수 있다. 편집이라는 긴 공정을 시작할 수 있도록 최상의 상태를 유지하자.

편집할 때는, 예술적 창작에 몰두해 있다가 아이디어가 떠오르면 재빨리 움직여야 한다. 러시, 사운드, FX 숏을 찾느라 시간을 허비하는 것은 비생산적이다.

또한 오랜만에 편집 프로젝트를 열어야 할 경우 폴더가 잘 정리되어 있으면 원하는 것을 훨씬 더 쉽게 찾을 수 있다.

모든 요소를 한 군데에 배치하면 편집 프로젝트를 열 때마다 여기저기 흩어져 있는 요소를 다시 링크할 필요 없이 폴더를 이동할 수 있다.

나는 여러 프로젝트를 진행하면서 나만의 폴더 구조를 짜나갔다. 물론 누구나 원하는 대로 자유롭게 구성할 수 있다. 포스트프로덕션 계획에 따라 이런 설계도 달라진다.

시간이 지나면 여러분도 자신의 작업 방식에 맞게 구조를 개선할 수 있을 것이다.

백업

항상 폴더의 복사본을 보조 하드 디스크에 백업하자! 요즘은 점점 드물어지고 있지만, 하드 디스크가 더 이상 작동하지 않거나 고장 난 경우에도 언제든지 보조 하드 디스크로 편집을 이어갈 수 있다.

또한 이 같은 폴더 구조를 활용하면, 하루를 마칠 때 '프로젝트', '자료', '특수 효과', '음향 효과' 등의 폴더를 쉽게 복사하여 백업을 업데이트할 수 있다. '러시' 폴더는 더 이상 수정할 필요가 없으므로, 매일 백업할 때 전송 시간을 절약할 수 있다.

폴더

새 프로젝트마다 기본 폴더를 만들고 이 폴더 구조를 일관되게 적용하자. 각 이름 앞의 번호는 폴더를 순서대로 정렬하는 데 도움이 된다.

📁 01 - 프로젝트

편집 소프트웨어(프리미어 프로Premiere Pro, 파이널 컷Final Cut 등)를 사용할 때, 이 폴더에 백업을 저장한다.

매일매일 현재 날짜로 백업을 복제해두자. 백업에 문제가 있는 경우 전날의 백업으로 프로젝트를 복구할 수 있다. 항상 자동 백업에 의존하지 말자.

📁 02 - 러시

러시는 촬영 중에 생성된 파일(비디오, 사운드, 사진 등)이다. 러시는 비디오와 사운드 등 두 가지 폴더로 나눈다. 촬영 날짜와 사용 카메라에 따라 러시를 정리할 수 있다. 예를 들어, 첫날에 기본 카메라와 함께 고프로(GoPro)를 사용했다면, '1일차' 폴더 안에 '카메라'와 '고프로' 폴더를 만들 수 있다.

📁 03 - 자료

자료는 음악, 영화 대본, 아카이브 사진, FX 숏을 위한 재료, 텍스처 등과 같이, 촬영과는 별개인 외부 미디어 파일이다.

📁 04 - 특수 효과

모든 특수 효과 프로젝트(애프터 이펙트After Effects, 시네마 4D 등)를 저장하는 곳이다. '인(IN)' 폴더에는 효과 처리하려는 모든 숏을, '아웃(OUT)' 폴더에는 효과 처리된 숏의 내보내기(export) 버전을 저장한다.

📁 05 - 음향 효과

이 폴더에는 프로젝트에서 사용하는 모든 음향 효과를 저장한다. 배경음(앰비언스, 즉 주변 소음), 효과음(문 열림, 폭발 등), 특수 효과음(속도나 충격 등의 느낌을 전달하는 인공적인 효과음) 등 몇 가지 폴더로 분류할 수 있다. 새 음향 효과를 다운로드할 때는 항상 이 폴더에 저장해야 하며, 그러지 않으면 컴퓨터를 변경할 때 사운드가 누락될 위험이 있다.

📁 06 - 내보내기

동영상을 내보내기(또는 익스포트)하는 곳이다. 작업을 진행하면서 (동료나 관계자의 의견을 듣기 위해) 편집 버전을 내보내는 경우 '시사용' 폴더에 저장한다. 색 보정 및 믹싱 기사와 함께 작업하는 경우 해당 파일을 별도의 폴더에 내보낸다. '마스터' 폴더에는 최종 버전의 다양한 추출 포맷(유튜브용 압축 또는 비압축, HD, 4K 등)을 저장한다.

편집 소프트웨어

가장 먼저 고려해야 할 문제는 어떤 영상 편집 소프트웨어를 사용할 것인가이다. 이는 컴퓨터의 운영 체제, 작업자의 숙련도, 프로젝트 예산 등에 따라 달라질 수 있다. 편집 소프트웨어 간의 등급 차이는 사실상 없으며, 결국 모두 동일한 작업을 수행하지만, 어떤 것은 더 고급 기능을 제공하는가 하면 또 어떤 것은 더 직관적이다. 주요 편집 소프트웨어 다섯 가지는 다음과 같다.

| 어도비 프리미어 프로 | 파이널 컷 프로 | 아비드 미디어 컴포저 | 소니 베가스 프로 | 다빈치 리졸브 스튜디오 |
| (Adobe Premiere Pro) | (Final Cut Pro) | (Avid Media Composer) | (Sony Vegas Pro) | (DaVinci Resolve Studio) |

편집 소프트웨어는 단순히 편집을 위한 도구일 뿐이며, 가장 중요한 것은 영상의 리듬과 스토리 전달 방식이다. 값비싼 전문 소프트웨어를 사용한다고 해서 편집이 더 잘되는 것은 아니다. 이런 소프트웨어도 영상의 내러티브를 향상시켜줄 기능을 좀 더 포괄적으로 제공할 뿐이다. 더 우수한 소프트웨어란 없으며, 자신의 작업 방식에 맞는 소프트웨어가 있을 뿐이다. 아래에 소개하는 팁은 어떤 소프트웨어에도 적용될 수 있다.

어떤 유형의 영상에 사용되는가?

소프트웨어 선택은 제작하는 동영상의 유형에 따라 달라질 수 있다. 예를 들어, 편집에 많은 특수 효과가 필요하고 주로 애프터 이펙트(After Effects)를 사용하는 경우, 어도비 제품군의 프리미어 프로를 선택한다. 그러면 두 프로그램을 연동하여 작업 시간을 상당히 절약할 수 있다. 그런가 하면 믹싱 또는 색 보정 소프트웨어가 내장된 제품군이 유용한 경우도 있다.

어떤 코덱을 사용하는가?

코덱(인코더/디코더)은 동영상 파일의 크기를 압축(화질 손실 여부와 관계없이)하는 알고리즘으로, 저장 용량을 더 키워주며 하드 디스크, 카메라, 편집 소프트웨어 간의 빠른 전송을 가능하게 해준다.

편집에 최적화되어 있지 않은 코덱도 있으므로, 편집하기 전에 모든 러시를 트랜스코딩(다른 코덱으로 인코딩)해야 하는 번거로움을 피하려면 자신의 카메라에서 사용하는 코덱을 제대로 처리하는 소프트웨어가 무엇인지 확인해야 한다. 어떤 소프트웨어는 코덱이 소프트웨어에서 인식되지 않는 경우 시스템 렌더링이 필요하므로 많은 시간을 낭비할 수도 있다.

호환성이 어떠한가?

언젠가 PC에서 맥(Mac)으로 또는 그 반대로 시스템을 변경할 계획이라면, 소프트웨어가 두 운영 체제에서 모두 호환되는지 확인하자. 예를 들어 파이널 컷은 맥 OS에서만 사용할 수 있다.

작업 공간

편집 소프트웨어에서는 다양한 작업창의 배치를 사용자가 지정할 수 있으며, 키보드 단축키와 마찬가지로 이를 통해
시간을 크게 절약할 수 있다. 내가 가장 많이 사용하는 작업 공간(워크 스페이스)은 다음과 같다.

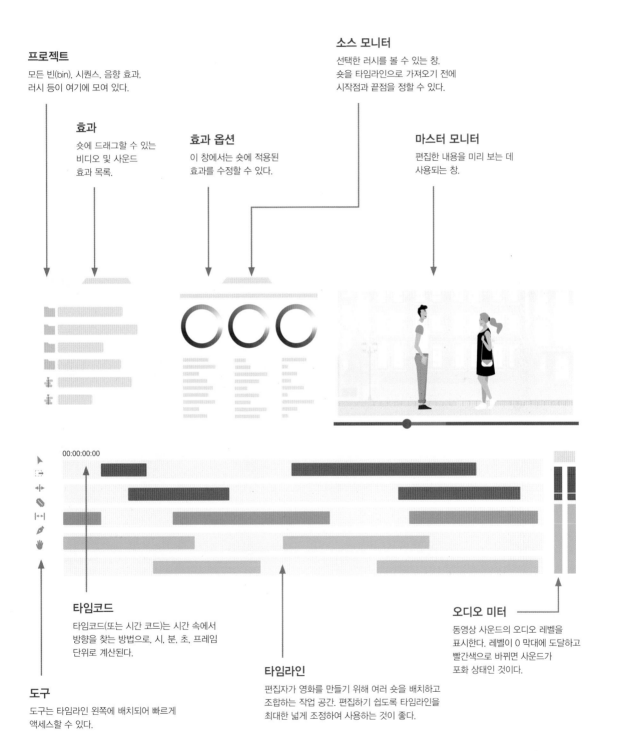

프로젝트

모든 빈(bin), 시퀀스, 음향 효과,
러시 등이 여기에 모여 있다.

효과

숏에 드래그할 수 있는
비디오 및 사운드
효과 목록.

효과 옵션

이 창에서는 숏에 적용된
효과를 수정할 수 있다.

소스 모니터

선택한 러시를 볼 수 있는 창.
숏을 타임라인으로 가져오기 전에
시작점과 끝점을 정할 수 있다.

마스터 모니터

편집한 내용을 미리 보는 데
사용되는 창.

타임코드

타임코드(또는 시간 코드)는 시간 속에서
방향을 찾는 방법으로, 시, 분, 초, 프레임
단위로 계산된다.

오디오 미터

동영상 사운드의 오디오 레벨을
표시한다. 레벨이 0 막대에 도달하고
빨간색으로 바뀌면 사운드가
포화 상태인 것이다.

타임라인

편집자가 영화를 만들기 위해 여러 숏을 배치하고
조합하는 작업 공간. 편집하기 쉽도록 타임라인을
최대한 넓게 조정하여 사용하는 것이 좋다.

도구

도구는 타임라인 왼쪽에 배치되어 빠르게
액세스할 수 있다.

꼭 알아야 할 다섯 가지 도구

편집 소프트웨어를 열면 수많은 창과 버튼에 겁을 먹기 마련이다. 이런 소프트웨어는 장편 영화를 편집하듯 유튜브 동영상을 편집할 수 있다. 사용할 수 있는 도구는 많지만, 영상 편집에 필요한 버튼은 다섯 개뿐이다.

↗ 커서

'선택' 도구를 사용하면, 숏을 선택하여 이동하거나, 양 끝을 드래그하여 길이를 늘이거나 줄일 수 있다. 숏을 마우스 오른쪽 버튼으로 클릭하면 속도, 크기 등 다양한 설정을 변경할 수 있다.

레이저

'레이저(Razor)'(또는 소프트웨어에 따라 '커터Cutter') 도구를 사용하여 타임라인에서 하나 이상의 클립을 잘라낼 수 있다. 이 '자르기' 도구로 타임라인에서 러시를 클릭하면 두 개로 분할할 수 있다.

모든 트랙의 클립을 한 지점에서 분할하려면, 프리미어 프로와 같은 소프트웨어에서는 '시프트(shift)' 키를 누른 상태에서 클립 중 한 지점을 클릭하면 된다.

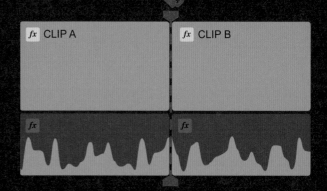

⇥ 트랙 선택

이 도구를 사용하면 시퀀스의 모든 클립을 앞이나 뒤로 빠르게 선택할 수 있다. 이 기능은 블록을 왼쪽이나 오른쪽으로 이동할 때 매우 유용하다. 프리미어 프로와 같은 소프트웨어에서는 '시프트' 키를 누르고 있으면 이 도구가 모든 트랙 대신 단일 트랙을 선택한다.

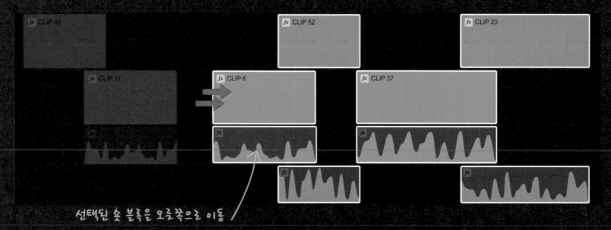

선택된 숏 블록을 오른쪽으로 이동

❴❵ 인 & 아웃

타임라인에 숏을 삽입하려면 전체 러시를 끌어다 놓은 다음 직접 잘라내도 되지만, 러시가 매우 긴 경우 트랙이 밀려서 편집이 혼란스러워질 수 있다.

따라서 '인 & 아웃' 기법을 추천한다. 프로젝트에서 선택한 숏을 더블 클릭하여 소스 모니터에서 연다. 그런 다음 추출(extract)의 시작 부분에 인(IN) 지점을, 종료 부분에 아웃(OUT) 지점을 설정하여 삽입할 추출 영역을 선택한다.

모니터 아래쪽, 대개 '재생(Play)' 버튼 왼쪽에 있는 버튼을 사용하거나 키보드의 I와 O 키를 사용하여 이 작업을 수행할 수 있다. 추출 영역이 정의되면 타임라인으로 끌어다 놓으면 된다.

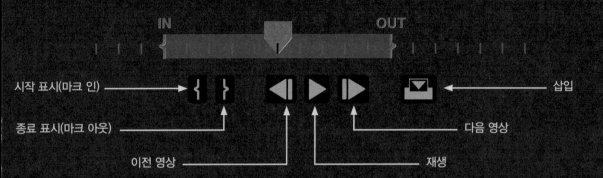

시작 표시(마크 인) / 종료 표시(마크 아웃) / 이전 영상 / 재생 / 다음 영상 / 삽입

단축키

요즘은 모든 편집 소프트웨어에서 키보드 단축키를 사용자가 정의할 수 있다. 어떤 전문 편집자는 마우스 사용을 최소화하고 키보드만으로 작업하기도 한다. 처음에는 설정하는 데 시간이 다소 걸리지만 나중에는 엄청난 시간을 절약할 수 있다. 일반적인 단축키는 다음과 같다.

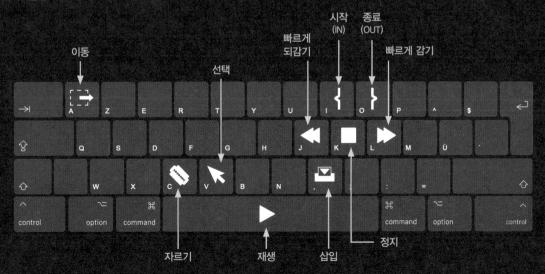

이동 / 선택 / 빠르게 되감기 / 시작(IN) / 종료(OUT) / 빠르게 감기 / 자르기 / 재생 / 삽입 / 정지

[위의 단축키는 프랑스에서 주로 사용되는 AZERTY 배열 키보드의 경우이며, 국내에서 주로 사용되는 QWERTY 배열 키보드의 경우에는 약간 달라질 수 있다 — 옮긴이]

프로젝트 생성하기

소프트웨어를 열었다고 해서 바로 편집을 시작할 수 있는 것은 아니다. 폴더 또는 파일을 정리할 때와 같은 방식으로 프로젝트를 정리하는 것이 중요하다.

다음은 프로젝트를 정리하는 데 도움이 되는 지침이지만, 자신의 작업 방식에 맞게 자유롭게 조정할 수 있다. 이번에는 폴더 대신 '빈(bin)'이라는 용어를 사용한다.

- 편집 V1
  - ▼ 01 - 시퀀스
    - 러시 선별
    - 초벌 편집
    - 동기화
  - ▼ 02 - 러시
    - ▶ 비디오
    - ▶ 사운드
  - ▼ 03 - 음향 효과
    - ▶ 배경음
    - ▶ 효과음
    - ▶ 사운드 디자인
  - ▼ 04 - 음악
    - ▶ 크레센도
    - ▶ 오케스트라
    - ▶ 텐션
  - ▶ 05 - 특수 효과
  - ▶ 06 - 자료

01 - 시퀀스

모든 편집 진행 상황을 '시퀀스' 빈에 보관하자. 편집 내용을 크게 변경할 때마다 시퀀스를 복제하여 V1, V2, V3 등으로 이름을 바꾸면, 필요할 때 이전 버전의 시퀀스로 쉽게 돌아갈 수 있다.

프로젝트 루트에 '러시 선별' 시퀀스를 유지해두면 빠르게 액세스할 수 있다.

02 - 러시

폴더와 동일한 트리 구조로 러시를 배치하여 촬영 날짜와 사용한 카메라별로 정렬하고, 비디오와 사운드를 분리한다.

03 - 음향 효과

'음향 효과' 빈 안에 유형별(배경음, 효과음, 사운드 디자인 등)로 정렬해놓으면 더 빨리 찾을 수 있다.

04 - 음악

편집할 때 더 빠르게 액세스할 수 있도록 '자료' 폴더에서 '음악' 빈을 꺼내놓자. 음악을 장르별로 정렬하면 편집 시간을 절약할 수 있다.

05 - 특수 효과

특수 효과의 '아웃(OUT)' 폴더에 있는 모든 렌더링 파일을 '특수 효과' 빈에 배치하자.

06 - 자료

여기에는 편집에 필요한 영상, 효과 레이어, 텍스처 등의 요소를 배치한다.

어떤 화질로?

영상의 화질은 화소, 즉 픽셀(pixel)의 수로 정의된다. 픽셀은 디지털 이미지를 구성하는 작은 정사각형이다. 총화소수는 이런 화소의 총합으로, 영상의 가로 화소수와 세로 화소수를 곱하여 구한다. 예를 들어 가로가 3000픽셀, 세로가 2000픽셀인 사진은 600만 픽셀(3,000 × 2,000 = 6,000,000)의 화질을 가진다.

영상의 총화소수와 해상도를 혼동하지 않도록 주의하자. 영어권에서는 총화소수(definition)를 나타낼 때에도 해상도(resolution)라는 말이 사용되는 경우가 있기 때문에 혼동하기 쉽다. 총화소수는 방금 설명했듯이 영상의 총 픽셀 수에 해당한다. 하지만 이 영상이 재생되거나 인쇄되는 순간, 디스플레이 면적과 해상도라는 또 다른 요소를 고려해야 한다. 이는 영상의 픽셀 밀도, 즉 인치당 픽셀 수 또는 인치당 도트 수(dots per inch: dpi)로 표시된다(1인치는 2.54cm).

동영상에서 총화소수는 동영상의 크기를 정의하는 데에도 사용된다. 프로젝트에서 시퀀스를 생성할 때는 동영상의 크기를 정의해야 한다. 요즘은 4K와 1080p가 가장 일반적이다. 예전에는 SD(standard definition)라고 하는 진공관식 CRT(cathode-ray tube) 모니터 크기인 640 × 480이 있었다. 그다음에는 DVD 최초 규격인 720 × 576이 있었고, 마지막으로 HD(high definition)의 최소 규격인 1280 × 720이 등장했다.

이러한 총화소수는 일반적으로 영상의 세로 화소수로 지칭된다. 예를 들어, 1080p로 다운로드할 수 있다고 하면, 이는 1920 × 1080픽셀의 총화소수를 나타내는 단축 표현이다. 요약표는 아래와 같다.

규격	총화소수	크기	화면비
SD	480p	640 x 480	4:3
HD Ready	720p	1280 x 720	16:9
Full HD	1080p	1920 x 1080	16:9
4K UHD(텔레비전)	2160p	3840 x 2160	16:9
4K DCI(영화)	2160p	4096 x 2160	17:9
8K	4320p	7680 x 4320	16:9

편집의 다섯 단계

편집은 길고 힘든 과정이 되기도 한다. 따라서 시간을 절약하려면 작업 프로세스를 최적화하는 것이 좋다. 프로젝트를 생성한 다음, 영상을 편집하는 데 필수적인 다섯 단계는 다음과 같다.

1 가져오기

디지타이징(digitizing)이라고도 하는 첫 번째 단계는 촬영해놓은 다양한 러시를 가져오는 것이다. 그런 다음 비디오와 사운드를 별도의 폴더에 배치한다. 각 폴더에서는 촬영한 날짜와 사용한 카메라에 따라 러시를 정렬할 수 있다.

2 동기화

앞에서 살펴본 것처럼 촬영 중에는 영상과 사운드가 따로 저장된다. 따라서 편집을 하려면 두 번째 단계로 넘어가서 사운드를 영상에 연결해야 하는데, 이를 동기화라고 하며 흔히 '싱크하기'라고 부른다.

이런 동기화(또는 싱크) 작업은 보통 편집 조수가 수행하지만, 이 작업을 혼자서 해야 하는 초보자라면 방법을 배워놓아야 한다. 동기화 기법에는 다음과 같이 세 가지가 있다.

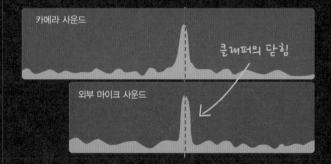

✚ 클래퍼보드

가장 전통적인 기법이지만 반드시 가장 빠른 것은 아니다.

외부 사운드의 오디오 파형에서 클래퍼가 닫히는 순간에 해당하는 피크를 찾아서, 영상에서 클래퍼가 닫히는 순간과 동기화한다.

✚ 타임코드

타임코드는 비디오 러시와 사운드 러시의 메타데이터에 포함된 시, 분, 초, 프레임으로 표현되는 시간 기준이다. 촬영할 때 카메라와 녹음기를 동일한 타임코드로 동기화하면, 편집 소프트웨어에서 '동기화' 옵션의 '일치하는 타임코드'를 선택하여 두 파일을 간단히 연결할 수 있다.

✚ 오디오 파형

프리미어 프로에서 '클립 병합' 도구나 플루럴아이즈(PluralEyes) 플러그인을 사용하면, 외부 녹음기의 사운드를 카메라의 가이드 사운드와 쉽게 동기화할 수 있다. 이 소프트웨어는 두 클립의 오디오 파형을 서로 겹쳐 비교하고 자동으로 동기화한다. 이런 옵션은 파이널 컷에서도 '클립 동기화' 도구를 이용하여 실행할 수 있다.

3   러시 선별

다음 단계는 러시 선별 과정으로, 각 테이크의 숏들을 정렬하는 것이다. 동기화된 모든 러시가 포함된 시퀀스를 복제한다. 장면별로 시간 순서대로 숏들을 그룹으로 묶은 다음, 최상의 숏을 선택하여 위의 두 번째 줄에 배치한다.

이것은 편집 작업 전의 필수 단계로, 영화의 이미지를 재발견하는 순간이다. 관객 입장에서 주의 깊게 각 테이크의 느낌을 잘 파악한 후 스토리를 가장 잘 전달할 만한 테이크를 선택해야 한다.

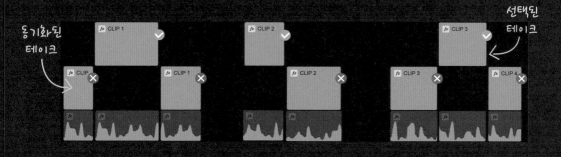

4   초벌 편집

프로젝트의 사전 편집[국내에서는 '가편집' 또는 '순서 편집'이라고도 한다 — 옮긴이] 단계이다. 본격적인 편집 작업에 들어가기에 앞서 전체적인 윤곽을 볼 수 있도록 숏들을 단순히 연결한다. 이를 위해 '러시 선별' 시퀀스를 복제하고, 선택되지 않은 숏이 남아 있는 첫 번째 줄을 삭제한 다음, 두 번째 줄의 숏들을 서로 이어 붙이면 영화의 초벌 편집이 완료된다.

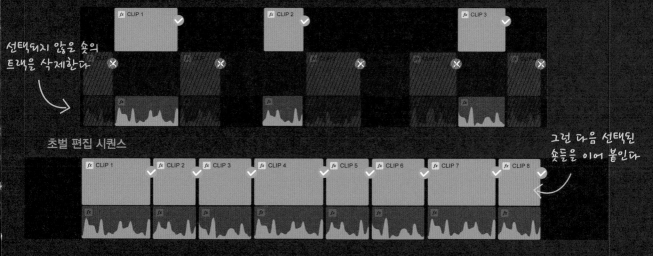

5   편집

폴더와 프로젝트를 정리하고 숏을 동기화하고 러시를 선별했다면, '초벌 편집' 시퀀스를 복제하고 '편집 V1'이라는 이름을 붙여 마침내 편집을 시작할 수 있다! 이제 구조가 확립되었으므로, 숏의 연결, 리듬, 조화를 미세 조정하고, 원활한 연기 흐름을 위해 테이크를 교체하고, 음악과 효과음을 추가할 수 있다.

영상 리듬 조절하기

내 생각에, 러시 편집은 테이크의 선택과 숏의 리듬이라는 두 부분으로 나눌 수 있다. 방금 살펴본 것처럼, 편집의 첫 번째 단계는 연기, 녹음, 구도 등의 적합성을 고려하면서 숏들을 이어 붙여 장면의 전체적인 개요를 얻는 것이다.

두 번째 단계의 목표는 일부 숏을 줄이거나 늘려서 스토리를 전달하고 감정이나 느낌을 확립함으로써 이 시퀀스를 다듬는 것이다. 예를 들어 빠른 리듬은 강렬함과 흥분을 암시하는 반면, 느린 리듬은 보다 편안하고 사색적인 느낌을 준다.

하지만 주의할 점은 영상의 리듬 조절이 반드시 속도를 높인다는 의미는 아니라는 것이다. 강렬함이 필요한 특정 시퀀스에서는 속도가 빨라지지만, 호흡 조절이 필요한 시퀀스에서는 속도가 느려지기도 한다. 리듬은 편집 중에만 만들어지는 것이 아니다. 촬영을 시작할 때부터 브레이크다운, 움직임, 구도 등을 고려해야 한다.

좋은 편집이란 눈에 띄지 않는 편집이다. 편집 자체에 주의를 끌지 않으면서 숏들을 조합하여 연속성을 만드는 것이 관건이다. 관객 또는 시청자가 스토리에 집중할 수 있도록 편집이 눈에 거슬리지 않아야 한다. 영상의 리듬을 조절하는 몇 가지 팁은 다음과 같다.

15초 규칙

영화관에서 관객은 수동적이다. 관객은 영화관에 가서 표를 사고 영화를 본다. 상영 시간이 길다고 해서 상영 도중에 일어나서 자리를 뜨는 경우는 무척 드물다. 인터넷에서는 정반대이다. 시청자는 대단히 능동적이며, 페이스북 알림, 인스타그램 메시지, 전화 등 다양한 방해 요인에 노출된다.

누군가가 영상을 시청하도록 유도하는 것도 어렵지만, 계속 시청하게 만드는 것은 더욱 어렵다. 사람들의 이목을 끌고 집중하게 만들어야 한다. 따라서 동영상의 처음 몇 초가 매우 중요하다. 시청자가 영상을 계속 시청할지 그냥 꺼버릴지 결정하는 데는 그리 오랜 시간이 걸리지 않는다.

오프닝 크레디트를 건너뛰고, 상황, 등장인물, 쟁점을 신속하게 소개하자. 처음부터 플롯을 이해시켜야 시청자의 마음을 사로잡을 수 있다. 시청자는 시간을 허비하고 싶지 않고 볼 동영상이 많기 때문에, 처음부터 일정한 리듬으로 시청자를 달래야 한다. 하지만 15초 안에 설득한답시고 너무 과하게 꾸며서는 안 된다. 스토리와의 일관성을 유지하자.

리듬에 변화를 준다

도입부를 지나고 나면, 상황, 등장인물, 쟁점을 설정하여 리듬을 진정시킬 수 있다. 리듬은 단순히 빠른 숏의 연속이 아니다. 숨을 고르고 잠시 멈춰서 나중에 다시 탄력을 받을 수 있도록 해야 한다.

개인적으로 나는 글을 쓰는 단계부터 리듬 면에서 롤러코스터 같은 느낌을 주려고 노력한다. 역동적으로 시작하여 시청자의 시선을 사로잡고는, 느리게 진행하여 스토리를 설정한 다음, 다시 편집을 시작하여 차분하게 마무리하는 식이다. 이렇게 하면 리듬을 번갈아가며 사용하여 시청자가 항상 긴장하도록 하고 영상을 도중에 그만 볼 위험을 방지할 수 있다.

숏 사이즈에 변화를 준다

리듬감은 숏의 길이뿐만 아니라 숏 사이즈에 의해서도 강조될 수 있다. 대화 장면에서는 미디엄 숏과 타이트 숏을 번갈아 사용하거나 심지어 배우의 클로즈업 숏으로 장면에 감성을 더할 수 있다. 얼굴에 가까이 다가갈수록 인물 간의 긴장감이나 친밀감을 더 높일 수 있다.

각 장면의 시작 부분에 와이드 숏이나 설정 숏을 삽입하면 편집을 환기시킬 수 있다. 장면을 타이트 숏으로만 연결하면, 장면에 기준점이 없고 숏 사이즈의 다양성이 부족하여 리듬이 느려지면서 시청자는 답답한 느낌을 받을 수도 있다.

숏 사이즈에 따라 숏의 길이가 결정되기도 한다. 상세하고 시각적 요소가 풍부한 와이드 숏은 일반적으로 관객이 바로 이해할 수 있는 클로즈업보다 길어야 한다.

마찬가지로, 동일한 숏 사이즈를 여러 번 반복 사용하는 경우 처음처럼 길게 보여줄 필요가 없다. 시청자의 눈이 익숙해졌기에, 반복될 때마다 어디를 보아야 하는지 알 수 있다. 일단 정보가 명확하게 드러나면 숏에 집중할 필요가 없어지는 것이다.

음악을 추가한다

음악은 리듬에도 중요한 역할을 한다. 동일한 길이의 숏으로 동일한 편집을 하더라도 음악이 없으면 역동성이 떨어진다. 음악은 편집을 역동적으로 만들지 않고도 시청자에게 리듬감을 줄 수 있다.

촬영을 예상한다

편집할 때 장면의 속도를 조절해야 한다는 것을 이해했다면, 보여주고 싶은 부분을 강조하는 방법을 생각해보자. 특수 조명을 사용하거나, 시청자가 쉽게 이해할 수 있는 구도를 활용해보자.

6장에서 프레임 구성에 대해 살펴보았다시피, 삼분할법은 시청자가 보는 데 익숙한 가로선과 세로선을 결정한다. 이런 선에 배우나 요소를 배치하면 시청자가 영상을 더 빨리 이해할 수 있다.

시청자가 최대한 쉽게 이해할 수 있도록 만들자. 한 숏의 모든 정보는 분명하고 두드러져야 한다. 편집할 때 속도를 높일 수 있도록, 촬영 시작부터 시청자의 시선을 끌어야 한다. 숏이 빨리 이해되지 않으면 더 오래 보여주어야 하므로, 내러티브의 리듬과 흐름이 깨질 위험이 있다.

마찬가지로, 영상의 화이트 밸런스를 맞추고, 초점을 확인하고, 사운드를 포화시키지 말고, 그 밖에 시청자의 주의를 흐트러뜨리고 리듬을 잃게 할 만한 일은 하지 말자. 편집은 매끄럽고 눈에 띄지 않아야 한다.

관객은 카메라 뒤에서 스태프와 함께 영화를 보고 있다는 사실을 잊고, 등장인물에 동화되어 스토리에 몰입해야 한다. 아주 사소한 기술적 오류조차 치명적일 수 있으며, 중요하지 않은 요소에 주목하게 만들기도 한다.

컴퓨터 최적화하기

프록시 사용하기

요즘 카메라 해상도는 지속적으로 높아지고, 촬영용 코덱은 점점 더 강력해지고 있지만, 편집용 컴퓨터는 그만큼 빠르지 않은 것이 사실이다. 그 결과 원본 러시가 굉장히 무거워져서 재생하는 데 시간이 아주 오래 걸리는 상황이 발생한다. 따라서 편집 과정에서 시간을 낭비하지 않으려면 프록시를 만들어 사용할 것을 권장한다.

프록시(proxy)란 카메라에서 나온 러시를 저화질로 변환하여 편집 중에 원활하게 재생하고 렌더링할 수 있도록 하는 복사본이다. 프록시 파일은 더 가볍고 화질이 낮지만, 크기, 비율, 길이 등의 특성이 원본 파일과 동일하게 유지된다. 유일한 차이점은 더 가벼운 코덱을 사용한다는 것이다. 최종 렌더링을 내보낼 때는 원본 파일이 사용된다.

단계

1 '02 – 러시' 폴더 안에서 '비디오' 폴더 옆에 '프록시' 폴더를 생성하고, 더 가벼운 코덱으로 변환된 모든 러시를 넣어둔다. 프리미어 프로와 같은 편집 소프트웨어에서 직접 이 작업을 수행하거나, MPEG 스트림클립(MPEG Streamclip)과 같은 소프트웨어를 사용할 수 있다.

2 프록시를 사용하여 동영상을 편집한다. 러시의 화질이 좋지 않지만 편집 중에만 그런 것뿐이니 걱정하지 말자.

3 편집이 끝나면 소프트웨어를 닫고, '비디오' 폴더의 이름을 '프록시'로, '프록시' 폴더의 이름을 '비디오'로 바꾸고 나서, 소프트웨어를 다시 연다. 그러면 타임라인의 프록시 러시가 카메라의 원본 러시로 자동으로 대체된다. 이제 내보내기만 하면 된다.

외부 모니터 사용하기

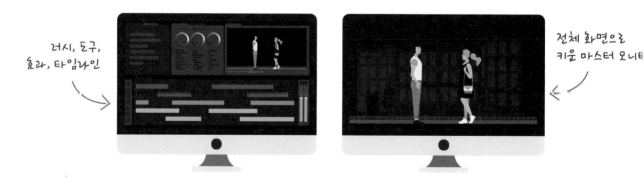

러시, 도구, 효과, 타임라인

전체 화면으로 키운 마스터 모니터

주변에 모니터가 한 대 더 있다면 연결하여 작업 공간을 확장하고 이 두 번째 모니터를 편집 내용을 미리 보는 데 할당하자. 왼쪽 화면은 설정, 효과, 타임라인 등의 전용으로, 오른쪽 화면은 편집 중인 동영상의 미리보기 전용으로 사용하면 된다.

해상도 줄이기

소프트웨어는 타임라인을 실시간으로 미리보기할 수 있도록 최선을 다하지만, 컴퓨터 속도가 빠르더라도 편집 중인 내용이 너무 많아서 처리할 수 없을 때 동영상이 끊기거나 성능이 느려질 수도 있다. 이런 경우 프로그램 모니터 창에서 미리보기 해상도를 낮춰보자.

속도 향상하기

램

편집 소프트웨어는 다른 소프트웨어에 비해 메모리 사용량이 매우 크다. 램(RAM: random access memory)은 컴퓨터가 실행되는 동안 정보를 임시로 저장하는 데 사용된다. 프로세서의 버퍼 역할을 하므로 컴퓨터 속도에 결정적인 영향을 미친다. 램의 용량이 클수록 프로세서가 더 빠르게 작업할 수 있다.

램 메모리는 데스크톱에서든 노트북에서든 가장 쉽게 업그레이드할 수 있고 가장 다루기 쉬운 부품이다. 게다가 비용도 많이 들지 않는다. 특별한 기술 지식이 없어도 단 몇 분 만에 램 카드를 추가할 수 있다.

램 용량을 늘리면 성능이 향상된다. 각 프로세서의 머더보드는 한 가지 유형의 램만 지원한다는 점에 유의하자. 따라서 구입하기 전에 자신의 PC나 맥에서 지원하는 램 유형을 확인해야 한다.

SSD 외장 드라이브

컴퓨터의 성능을 높이려면 외장 드라이브, 그중에서도 SSD(solid-state drive)를 사용하는 것이 가장 좋다. 내장 드라이브는 이미 편집 소프트웨어 실행으로 인해 부담을 받고 있으며, 운영 체제(OS)의 캐시 메모리가 빠르게 포화 상태가 될 수 있다.

플래시 메모리를 사용하는 SSD는 일반 하드 디스크보다 훨씬 빠르므로, 편집 내용을 재생하고 렌더링할 때 처리량이 더 크다.

비디오 카드

비디오 카드(그래픽 보드 또는 그래픽 카드라고도 한다)는 컴퓨터의 내부 부품이다. 기본적으로 그래픽 프로세서, 그래픽 처리 장치(graphics processing unit: GPU), 메모리, 전원 공급 장치로 구성된다.

비디오 카드는 컴퓨터 모니터에 이미지를 생성한다. 비디오 카드가 강력할수록 컴퓨터의 편집 속도가 빨라진다. 대부분의 편집 소프트웨어에는 권장되는 비디오 카드가 있으며, 각 제조사 웹 사이트에서 목록을 확인할 수 있다.

특수 효과

특수 효과

영화에서 '특수 효과'라는 용어는 현실에 존재하지 않거나 촬영 현장에서 촬영할 수 없었던 사물, 인물, 현상을 꾸며내고 행동의 착각을 일으키기 위해 사용되는 모든 기술을 일컫는데[줄여서 '효과' 또는 '특효'라고 흔히 부른다 — 옮긴이]. 이러한 기술은 촬영 중이나 촬영 후(포스트프로덕션)에 사용할 수 있으며, 이 두 경우를 조합하기도 한다.

미국식 용어로는 특수 효과가 두 가지 범주로 나뉘는데, SFX(special effects)는 촬영 현장에서 직접 제작하는 비나 눈 같은 기계적인 효과이고, VFX(visual effects)는 컴퓨터를 사용하여 제작하는 디지털 효과이다.

SFX

영화 촬영장에서 사용하는 모든 효과는 SFX이다. 특수 분장, 애니매트로닉스(animatronics) 사용, 폭발과 같은 파이로 테크닉스(pyrotechnics) 효과 등 촬영 현장에서 구현할 수 있는 효과이다.

영화의 예산이 많고 감독에게 선택권이 있는 경우 대개 더 사실적인 SFX를 선호한다. 크리스토퍼 놀런 감독은 대부분의 영화를 제작할 때 후반 작업에서보다는 촬영 현장에서 효과를 주로 사용한다. 예를 들어, 〈다크 나이트〉에서 조커(히스 레저)가 버스에 올라타자 배경에서 병원이 폭발하는 유명한 장면은 실제로 시카고의 옛 사탕 공장에 폭약을 설치하고 촬영했다.

SFX가 항상 단독으로 사용되는 것은 아니다. 때로는 매우 사실적인 것을 만드는 데 SFX가 사용되고, SFX가 할 수 없는 것을 강조하기 위해 VFX가 함께 사용되기도 한다.

또 'SFX'는 음향 효과(sound effects)를 지칭할 때도 사용되기 때문에 이 용어를 혼동하기도 한다. 하지만 일반적으로 'SFX'는 특수 효과를, '사운드 FX' 또는 '사운드 디자인'은 음향 효과를 가리킨다.

VFX, 즉 시각 효과(또는 비주얼 효과)는 촬영 중에 구현할 수 없는 모든 효과를 가리킨다. 촬영 후에 컴퓨터에서 생성되는 디지털 효과로, 총기 발사 또는 폭발 효과, 그린 스크린 합성 등이 있다.

모든 시각 효과의 목적은 관객이 스토리와 등장인물에 집중할 수 있도록 하는 것이며, 훌륭한 VFX 아티스트는 불가능한 것을 완전히 현실처럼 보이게 만드는 능력으로 평가받는다.

기술의 발전으로 이러한 효과를 점차 더 효율적일 뿐만 아니라 더 간단하고 빠르게 수행할 수 있게 되었으며, 따라서 비용도 저렴해져 젊은 영상 제작자도 자신의 컴퓨터로 구현할 수 있게 되었다.

이 드래곤은 컴퓨터로 생성된 후 숏에 추가되었다

✚ CGI

'CGI'와 'VFX'는 자주 혼동된다. 원래 이 두 용어는 별다른 구분 없이 사용되었지만, 오늘날 'CGI(computer-generated image: 컴퓨터 생성 이미지)'는 공룡, 디지털 화재 시뮬레이션, 3D 로고 등 컴퓨터에서 생성된 이미지만을 가리킨다.

일반적으로 CGI는 VFX에 사용된다. 3D로 드래곤을 생성(CGI)한 다음, 숏에 삽입(VFX)하는 식이다. 그런가 하면, 모든 픽사(Pixar) 영화처럼 완전히 CGI로만 제작된 영화도 있다. 그린 스크린 배경에 풍경 사진이나 영상을 삽입하는 방식으로, CGI를 사용하지 않고 VFX 숏을 만들 수도 있다.

다양한 VFX

배경 제거

촬영된 숏

완성된 숏

그린 스크린이
3D 세트로 대체됨

배경 제거, 즉 영상 속 물체를 배경에서 분리해내는 방법에는 두 가지가 있다.

크로마키

특정 색상을 선택하여 배경을 제거하는 기술을 크로마키(chroma-key)라고 한다. 그린 또는 블루 스크린 앞에서 연기자를 촬영하면, 배경을 원하는 대로 변경하여 연기자를 다른 장소에 합성해 넣을 수 있다.

대부분의 경우 녹색 또는 파란색 배경에서 촬영하는데, 이는 사람의 피부색과 가장 동떨어진 색이기 때문이다. 일반적으로 낮 장면에는 그린 스크린, 밤 장면에는 블루 스크린이 사용된다(140쪽 그린 스크린 조명하기 참조).

로토스코프

로토스코프는 원래 실사로 촬영된 인물의 윤곽을 프레임 단위로 캡처하여 애니메이션 영화에서 그 형태와 동작을 재현하는 영화 제작 기법이다. 이 과정을 통해 촬영된 피사체의 역동적인 움직임을 사실적으로 재현할 수 있다.

그래픽 태블릿

오늘날 로토스코프는 인물이나 다른 요소를 프레임 단위로 오려내는(또는 '따는') 기술이 되었다. 이 기술은 배우의 신체가 그린 스크린을 벗어나는 경우에 주로 사용된다.

주로 그래픽 디자이너가 어도비 포토샵(Adobe Photoshop) 같은 소프트웨어와 그래픽 태블릿의 브러시를 사용하여 프레임 단위로 분리 작업을 수행한다.

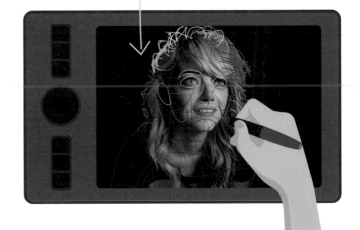

매트 페인팅

촬영된 숏

매트 페인팅

완성된 숏

오늘날 매트 페인팅(matte painting)은 대부분 디지털로 제작되며, 현실에서 구현할 수 없는 환경의 환영을 연출하기 위해 사용된다. 매트 페인팅으로 만들어진 가상의 세트는 그린 스크린 대신 배경에 배치되어 세트의 연장선 역할을 한다. 이 같은 세트는 여러 장의 사진으로 구성하거나, 완전히 3D로 생성할 수도 있다.

지우기

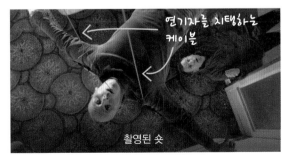

연기자를 지탱하는 케이블

촬영된 숏

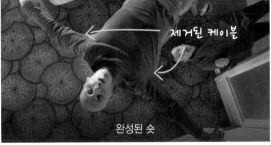

제거된 케이블

완성된 숏

인물이나 물체를 배경에서 분리해낸 후, 스턴트맨을 고정하는 케이블, 프레임 안에 들어온 붐 마이크, 유리창에 반사된 카메라 등과 같은 원치 않는 요소를 지우는 작업이다.

트래킹

트래킹은 효과는 아니지만 VFX에서 필수적인 도구이다. 트래킹을 사용하면 영상 속 연기자, 차량, 소품 등의 위치를 따라가며 프레임 단위로 위치를 기록하여 궤적을 정의할 수 있다. 그런 다음 이 궤적을 다른 요소에 적용하여 장면 안에서 동일한 움직임을 보이도록 할 수 있다. 트래킹을 사용하지 않으면 해당 요소가 장면 속에서 떠다니는 듯 보일 것이다.

위의 〈아이언맨〉 장면에서처럼, 트래킹 포인트는 배우에게 붙여 의상을 추가하는 등 다양한 방식으로 사용할 수 있다. 배우의 얼굴에 붙여 더 젊거나 늙어 보이게도 만들고, 변신을 시키기도 한다. 아래에 보이는 〈다크 나이트〉 속 '투페이스'의 변신에 이 방법이 사용되었다. 또는 세트나 그린 스크린에 붙여 매트 페인팅이나 화염과 같은 요소를 배경에 추가할 수 있다.

촬영할 때 카메라를 움직이면서도 효과를 추가하고 싶다면, 트래킹 포인트를 추가하는 것을 절대 잊지 말자. 세트, 배우, 소품 등에 흰색, 파란색, 검은색 등의 작은 십자 트래킹 포인트를 붙인다.

포인트는 하나만 있어도 된다. 중요한 것은 편집할 때 움직임을 추적할 수 있는 기준점을 만들어놓는 것이다.

주의할 점은 카메라가 움직임을 멈췄을 때 프레임 안에 트래킹 포인트가 포함되어 있지 않을 경우, 움직임의 끝에 촬영된 영역에 다른 포인트를 하나 더 추가해야 한다는 것이다. 그러지 않으면 영상을 처음부터 끝까지 제대로 추적하지 못하게 된다.

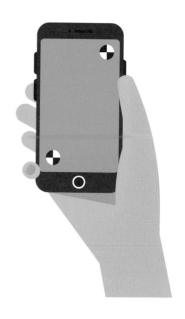

영상을 삽입할 전화기나 TV 화면을 촬영하는 경우, 화면에 녹색을 추가하고 양 끝에 트래킹 포인트를 두 개 이상 추가하는 것을 잊지 말자.

합성

합성은 특수 효과의 마지막 단계로, 모든 다양한 VFX 요소를 겹치고 결합하여 최종 렌더링을 얻는 작업이다. 총기 발사 때 섬광을 겹치거나 그린 스크린을 매트 페인팅으로 겹치는 것처럼 간단할 수도 있고, 트래킹 포인트를 사용하여 카메라 움직임에 맞춰 3D 캐릭터를 실제 장면과 결합하는 것처럼 복잡할 수도 있다.

합성 담당자는 색도 측정과 색 보정(조명과 분위기의 균일화)은 물론 그림자, 반사, 텍스처, 광학 수차의 추가 등 다양한 통합 기법을 사용하여 효과의 사실성을 완벽하게 구현한다. 효과가 사실적이고 자연스러울수록 합성 작업이 더 성공적이다.

원본 숏 / 배경 제거 / 방패와 불꽃 / 3D 건축물 / 매트 페인팅 / 섬광 추가

소프트웨어

🔗 **애프터 이펙트(After Effects)**
가장 다루기 쉬우며, 빠른 효과, 타이틀, 크레디트 등에 적합하다.

🔗 **마야(Maya)**
영화에 많이 사용되는 3D 모델링, 렌더링, 애니메이션 애플리케이션.

🔗 **시네마 4D(Cinema 4D)**
광고나 크레디트에 많이 사용되는 3D 모델링, 렌더링, 애니메이션 애플리케이션.

🔗 **누크(Nuke)**
애프터 이펙트와 유사하지만 보다 전문적이고, 예산 규모가 큰 영화에 사용된다.

🔗 **3ds 맥스(3ds Max)**
비디오 게임에 많이 사용되는 3D 모델링, 렌더링, 애니메이션 애플리케이션.

🔗 **블렌더(Blender)**
독립 프로덕션에서 많이 사용되는 3D 모델링, 렌더링, 애니메이션 애플리케이션.

음향 편집

음악

영상에서 음악을 사용하는 방법에는 두 가지가 있다. 어떤 편집자는 모든 시퀀스를 작업한 다음 편집이 완료되면 리듬을 수정하지 않고 음악을 추가한다. 한편, 나처럼 음악을 처음부터 깔아놓고 음악적 의도를 배경으로 리듬을 구축하는 편집자도 있다.

음악에 맞춰 편집하면 장면에 역동성을 더할 수 있다. 숏의 변화를 작품의 리듬에 맞출 수 있으며, 적절한 음악 선택으로 배우의 연기 의도를 뒷받침하고 강조할 수 있다.

시퀀스에 맞는 완벽한 음악을 찾는 데는 시간이 걸리기도 하지만, 정상적인 현상이니 걱정하지 말자. 시퀀스에 맞춰 편집하는 것보다 음악을 찾는 데 더 긴 시간을 할애하는 경우도 많다. 장면을 편집하다가 적절한 리듬이나 의도를 못 찾고 헤맬 때 음악에서 해결책을 찾을 수도 있다.

편집에 소요된 시간

음악을 찾는 데 소요된 시간

적절한 음악을 찾았다면 모든 것이 더 쉬워지고 모든 것이 논리적으로 흘러간다. 시퀀스가 제대로 작동하지 않는다면 잘못된 음악을 선택한 탓일 수도 있다. 따라서 시간이 얼마나 걸리더라도 음악 검색을 소홀히 하지 말자.

개인적으로는 촬영 전에 음악을 미리 찾아두기도 한다. 그러면 장면의 분위기를 파악하고 시퀀스의 톤을 찾기가 더 쉬워진다. 또한 촬영 현장에서 어떤 리듬으로 장면을 연출할지 예상하기가 더 쉬워진다.

✚ 가사 제거하기

대화가 없는 클립 시퀀스를 편집하는 경우가 아니라면 가사가 없는 음악을 선택하자. 음악과 배우의 목소리가 겹치면 시청자의 주의가 흐트러지고 그 속에서 길을 잃을 수도 있다. 일반적으로 로열티 프리 음악 사이트에서는 언제든지 곡의 악기 연주 부분만을 다운로드할 수 있다.

✚ 음악 수정하기

주저 말고 음악을 수정하자. 그저 음악을 넣는 것으로 만족해서는 안 된다. 음악을 자르거나, 루프를 만들거나, 간단히 발췌하는 등의 작업을 해보자. 음악의 일반적인 구조(인트로, 절, 후렴구)가 항상 편집과 일치하는 것은 아니다. 악기별로 분리된 여러 버전의 곡('스템'이라고 한다)이 있는 경우, 일부 편집 구간에서 특정 악기를 넣거나 빼거나 하며 리듬을 부여할 수 있다.

✚ 휴지 구간 두기

곡과 곡 사이에 숨 쉴 수 있는 공간을 남겨두자. 음악을 쉼 없이 이어 붙이면 대비가 없이 난삽한 편집이 될 수 있으므로 주의해야 한다. 균형을 유지하자. 결국 음악은 배경 소음이 되는 것이다. 동영상의 길이가 5분이라면 음악을 10곡이나 넣을 필요가 없다. 반대로, 동영상 전체에 한 곡만을 반복시켜서도 안 된다. 이렇게 하면 편집 속도가 느려지고 리듬이 사라져, 제자리에서 빙글빙글 도는 듯한 인상을 주게 된다.

저작권

사적인 공간에서 가족이나 친구에게 영상을 보여주는 경우가 아니라면, 저작권으로 보호되는 상업용 음악을 아티스트의 동의 없이 사용하는 것은 불법이다. 하지만 편집에 음악을 추가하는 다른 방법도 있다.

✚ 로열티 프리 음악

'로열티 프리(royalty-free)'는 무료가 아니라 아티스트가 저작권을 양도했다는 의미이며, 해당 곡의 배포나 방송에 대한 권리비용을 지불한 후 사용할 수 있다는 뜻이다. 요즘 저렴한 비용으로 고품질의 로열티 프리 음악을 제공하는 사이트가 많이 있다(아래 목록 참조).

✚ 퍼블릭 도메인 음악

아티스트가 사망한 지 70년이 넘은 경우(일반적으로 클래식 음악에 해당), 해당 아티스트의 곡을 사용할 수 있다. 하지만 곡 자체(즉, 작곡)에는 저작권이 없더라도, 연주자 또는 오케스트라가 취입한 대부분의 음반에는 배포나 방송 권리비용을 지불해야 한다는 점에 유의하자. 이런 경우 음악가 친구에게 해당 곡을 다시 연주해달라고 부탁하면 자유롭게 사용할 수 있다.

✚ 크리에이티브 커먼즈 음악

엔딩 크레디트에 기재해야 한다거나 상업적 사용을 금지한다는 등 아티스트가 설정해놓은 특정 기준을 충족하는 경우 누구나 음악을 재사용할 수 있는 라이선스이다.

✚ 새로 작곡한 오리지널 음악

작곡가 친구에게 오리지널 트랙을 녹음해달라고 요청할 수도 있다. 작곡가의 동의를 받으면 그 곡을 완전히 자유롭게 사용할 수 있다.

음악 사이트

- ✇ **AudioNetwork**.com
- ✇ **PremiumBeat**.com
- ✇ **Youtube.com/audiolibrary**
- ✇ **Musicscreen**.be
- ✇ **Musicometre**.com
- ✇ **Jamendo**.com
- ✇ **Musilib**.com
- ✇ **MusicBed**.com

- ✇ **AudioJungle**.com
- ✇ **EpidemicSound**.com
- ✇ **Auboutdufil**.com
- ✇ **ccMixter**.org
- ✇ **Bensound**.com
- ✇ **FreeMusicArchive**.org
- ✇ **Audiosocket**.com
- ✇ **PublicDomain4u**.com

음향 효과

영화를 볼 때 실제로 촬영 현장에서 녹음된 소리를 그대로 듣는 일은 거의 없다. 도시 배경음, 자동차 경적, 전화벨 소리 등은 모두 후반 작업, 즉 사운드 편집 과정에서 추가된 것이다. 촬영장에서는 대사만 녹음된다. 때때로 테이크의 음질을 개선하거나 목소리 톤을 변경하기 위해 다시 녹음하기도 하고, 매우 드물기는 하지만 배우가 프레임 밖에 있다면 대사나 단어를 교체하기 위해 다시 녹음하기도 한다. 이를 후시 녹음이라고 한다.

따라서 사운드 편집은 현실을 모방하기 위해 사용되며, 감독이 공간의 분위기를 조성하고 배경 음악이나 특정한 소음(기관총 발사 등)과 같은 특정 소리를 강조하는 데 도움이 되는 효과음을 추가하는 역할을 한다.

영화에서는 영상 편집이 최종 확정되고 승인된 후에 이 단계가 진행된다. 편집 기사와 사운드 엔지니어(또는 사운드 디자이너)가 사운드 편집을 수행한다. 초보 감독의 경우 직접 영상 편집과 사운드 편집을 동시에 진행하는 경우가 많다. 이 경우 인터넷에서 제공되는 무료 사운드 뱅크나 스튜디오 편집자가 제작한 효과음 팩을 사용하면 된다.

사운드 온리(sound only: SO)를 사용할 수도 있다(96쪽 참조). 사운드 온리는 촬영 중에 카메라 없이, 즉 영상 없이 소리만 녹음하는 것이다. 영화 촬영의 경우, 각 장면의 촬영이 끝날 때마다 녹음 기사는 촬영 현장에 침묵을 요청하고 몇 가지 소리를 따로 녹음한다. 이런 소리를 촬영 현장에서 직접 녹음하면, 촬영 장소의 음향과 반향을 연결할 수 있다. 인터넷에서 다운로드한 효과음은 결코 같은 음향을 갖지 못하며, 편집에 사용할 경우 가짜처럼 들릴 수도 있다.

다양한 소리

내 생각에는 음악과 대화 외에도 세 가지 범주의 소리가 있다.

효과음

특정 장소의 사실성과 음향 환경을 재현해주는 실재하는 소리를 말한다. 예를 들어 주방에서는 타일 바닥을 밟는 발자국 소리, 냉장고 소음, 테이블 위에 컵이 놓이는 소리, 문이 열리는 소리, 수도꼭지에서 물이 흐르는 소리 등이 될 수 있다.

특수 효과음

현실에 존재하지 않기 때문에 만들어야 하는 소리로, 사운드 디자인이라고도 한다. 격투 장면에서 팔이 움직이는 느낌을 더하는 '쉭' 하는 효과음, 공포 영화에서 음높이가 점점 높아지면서 긴장감을 증폭시키는 라이저(riser) 효과음, 영화 〈스타워즈〉 시리즈에서와 같은 특수 효과음 등이 이에 해당한다. 예를 들어 광선검 소리는 영사기(필름 프로젝터), 진공청소기, 고장 난 텔레비전 소리를 혼합하여 만들었다.

배경음

배경음(앰비언트 사운드 또는 앰비언스)은 장소의 사운드 환경을 조성하는 데 사용된다. 숲, 지하철역, 식당, 비, 천둥 등의 다양한 소리를 추가할 수 있다.

영화에서는

배우의 발자국 소리를 녹음하는 폴리 아티스트

영화가 투사되는 스크린

공중에 흩날리는 나뭇잎 소리를 재현하는 폴리 아티스트

01:42:33:20

영화에서는 사운드 편집에 사용되는 사운드 카탈로그 외에도, 사운드 엔지니어가 사운드 제작에 필요한 모든 것을 갖춘 전용 스튜디오에서 효과음을 녹음해야 하는 경우가 있다.

스튜디오에는 다양한 표면을 밟는 발자국 소리를 내기 위한 다양한 종류의 바닥, 다양한 신발, 주방 공간, 문 등은 물론 특유의 소리를 내는 여러 가지 잡다한 물건들이 준비되어 있다. 효과음 스튜디오에는 동작을 동기화하는 데 사용하는 프로젝션 스크린이 설치되어 있으며, 담당 엔지니어는 물체와 자신의 신체를 사용하여 영화에 필요한 효과음을 재현한다.

사운드 엔지니어의 가장 큰 자질 중 하나는 소리에 대한 기억력, 즉 각 물체의 소리를 기억하고 원하는 효과음을 얻기 위해 적절한 소리를 선택하는 능력이다.

미국에서는 이들을 1920년대에 이 프로세스를 발명한 잭 도너번 폴리의 이름을 따서 '폴리 아티스트(Foley artist)'라고 부른다. 〈재즈 싱어〉 등이 제작된 유성 영화의 초창기에는 세트에서 대사만 녹음되었고, 영화사에서는 영화에 실제와 같은 음향 효과를 만들어 넣고자 했다.

1914년부터 유니버설 스튜디오에서 일하고 있던 잭 폴리는 스튜디오에 팀을 꾸려 영화를 스크린에 투사하는 동시에 음향 효과의 오디오 트랙을 녹음했다.

최초의 효과음은 발자국 소리와 문이 닫히는 소리였다. 오른쪽 사진은 1927년 3월 BBC 음향 부서의 사운드 엔지니어 네 명이 프로그램의 효과음을 제작하고 있는 모습이다.

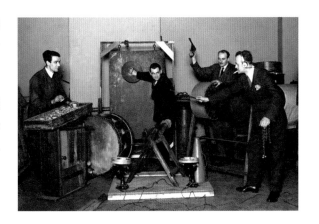

사운드 뱅크

• •

사운드 디자이너에게 사운드 뱅크는 모든 창작의 기반이 된다. 따라서 필요에 따라 잘 구비되고 정기적으로 업데이트되는 것이 중요하다. 검색은 영어로 할 것을 추천한다. 그러면 더 많은 결과를 얻을 수 있다. 다음은 수천 가지 효과음을 제공하는 사이트 목록이다. 무료 사이트도 있고, 유료 사이트도 있다.

      🔗 **Universal-soundbank**.com   🔗 **FreeSound**.org
      🔗 **Getsoundly**.com   🔗 **SoundSnap**.com
      🔗 **99sounds**.org   🔗 **FreeSfx**.co.uk
      🔗 **BBC Sound Effects**   🔗 **LaSonotheque**.org

또한 사운드 편집자가 사용하는 효과음 팩도 많이 있다. 자동차, 도시, 공상 과학 등의 다양한 효과음 컬렉션이다. 내가 사용 중인 몇 가지 팩을 소개한다.

      🔗 **VideoCopilot**.net   🔗 **LensDistortion**.com
      🔗 **Sony Pictures** Sound Effects Series   🔗 **BYND** Sound FX

음향 효과를 찾는 마지막 방법은 유튜브이다. 최적의 방법은 아니지만 초보자에게는 도움이 될 수 있다. 유튜브에서 효과음 이름 뒤에 'Sound FX'를 붙여 영어로 검색하면 많은 음향 효과를 찾을 수 있다.

이 방법은 두 가지 이유로 최적의 해결책이 아니다. 첫째, 일부 효과음은 저작권으로 보호된다. 이러한 권리는 대개 유튜브 동영상 크레딧에 명시되어 있지 않다. 따라서 자기도 모르게 유료 카탈로그에 속한 사운드를 다운로드하고 있을 가능성이 높다. 그건 절도 행위이다. 둘째, 제3자 사이트를 통해 동영상을 MP3로 압축하여 다운로드해야 하는데, MP3는 저음질 압축 포맷이어서 편집에 적합하지 않다.

MP3는 피하자!

MP3보다 WAV 포맷이 좋다! 대부분의 효과음 사이트에서는 .mp3 또는 .wav 포맷으로 사운드를 다운로드할 수 있다. WAV 파일은 무손실, 비압축 파일로 원본의 음질이 전혀 손실되지 않는다. 따라서 편집 소프트웨어로 파일을 더 쉽게 편집하고 처리할 수 있다. 반면 MP3 파일은 압축되어 있고 음질이 좋지 않다.

압축 기술은 원래 전화 통화 중에 처리하고 전송해야 하는 데이터의 양을 줄이고자 했던 미국의 통신 회사 AT&T에서 개발한 것이다. 사람이 쉽게 감지할 수 없는 소리의 주파수를 압축하고 줄임으로써 상당한 비용을 절감할 수 있었다.

MP3는 동일한 원리를 사용하여 훨씬 더 적은 데이터 양으로도 그 차이를 인식하지 못할 만큼 CD 음질을 재현한다. 변환 과정에서 오디오 파일은 10배에서 12배 정도 압축되며, 파일 크기를 33MB에서 3MB로 축소할 수 있다.

사운드 정리하기

모든 효과음, 배경음, 특수 효과음 등이 포함된 폴더를 만들어 카테고리별로 나열하고, 새로운 사운드를 다운로드할 때마다 라이브러리에 추가하자. 음향 효과를 나열하는 방법에는, 검색한 효과음 팩에 따라 나열하는 방법, 실제 카테고리를 만드는 방법 등 여러 가지가 있다. 참고하면 도움이 될 만한 예시를 아래에 보인다.

배경음
도시, 시골, 숲, 해변, 폭풍우 등

동물
농장, 정글, 가축 등

전쟁
폭발, 총격, 무기, 전투 등

사람
웃음, 울음, 발자국, 넘어짐 등

공공장소
공원, 학교, 병원, 경찰서 등

집
문, 서랍, 샤워기, 창문, 알람시계 등

자연
나무, 불, 물, 바람, 강 등

공상 과학
괴물, 좀비, 우주선, 레이저 등

사운드 디자인
쉭(또는 휙), 라이저, 충돌, 충격 등

스포츠
팀 스포츠, 개인 스포츠, 모터스포츠 등

기술
키보드, 컴퓨터, 전화기 등

운송
자동차, 모터사이클, 기차, 비행기, 보트 등

편집에 음향 효과를 추가할 때마다 항상 프로젝트의 '음향 효과' 폴더에 사운드를 복사하여 붙여넣기를 해두자. 이렇게 하면 오프라인 파일 없이도 외장 드라이브를 다른 편집 컴퓨터에 연결할 수 있고(예를 들어, 디스크 속도가 너무 느린 경우 친구의 컴퓨터로 내보내기 위해), 기본 음향 효과 라이브러리의 위치를 변경할 때 사운드 편집 내용을 잃어버리는 것을 방지할 수 있다.

트랙 정렬하기

편집할 때 트랙을 정리하는 습관을 들이는 것이 좋다. 이렇게 하면 음향 효과를 쉽게 찾아서 교체할 수 있고, 믹싱할 때 시간을 절약할 수 있다(350쪽 참조).

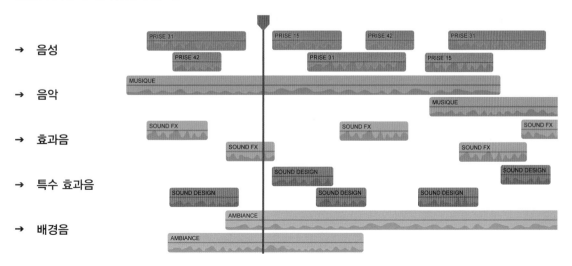

보이스오버 녹음하기

영화를 제작할 경우에는, 벽에 흡음재를 붙인 방음 스튜디오에서 '녹음 부스'를 사용하여 보이스오버를 녹음한다. 아쉽게도 초보자일 때는 주어진 환경으로 만족해야 하는데, 집에서 보이스오버를 녹음하는 것은 쉽지 않다.

컴퓨터 냉각 팬, 주변 소음(이웃집 청소기 소리나 거리의 고함 소리 등), 주거 공간의 울림(또는 반향) 등과 같은 온갖 요소가 보이스오버 녹음을 어렵게 만든다. 보이스오버는 건조하고 깨끗하며 잔향이 없어야 한다. 카펫, 커튼, 소파 등이 있는 방은 바닥이 타일로 된 빈 방보다 반향은 덜하지만 약간의 잔향이 항상 있다. 손뼉을 쳐서 울림이나 반향이 있는지 확인해볼 수 있다.

집에서 보이스오버를 녹음하려면 다음 세 가지가 필요하다.

1 보이스오버 마이크

아무 마이크나 사용하여 보이스오버를 녹음하지 말자. 핀 마이크는 이런 녹음에 적합하지 않다. 보이스오버에 특화된 소위 '스튜디오 마이크'가 많이 있다.

스튜디오 마이크는 진동판이 커서 음성이나 악기의 미세한 디테일까지 녹음할 수 있다. XLR 단자가 있는 스튜디오 마이크도 있지만, 컴퓨터에 직접 연결하도록 USB 단자가 있는 마이크도 있다. 선택할 만한 마이크로는 로드(Rode), 블루버드(Bluebird), 노이만(Neumann) 등의 브랜드를 추천한다.

2 리플렉션 필터

원치 않는 소리를 방지하려면 주변 소음을 최소화하는 데 도움이 되는 작은 리플렉션 필터(반사 필터 또는 방음벽)를 사용하여 배우와 마이크를 최대한 분리해야 한다. 리플렉션 필터는 흡음재로 만든 작은 벽으로, 일반적으로 마이크 주위를 아치형으로 둘러싸도록 되어 있다.

리플렉션 필터를 설치하고 싶지 않다면 다른 방법으로 음성을 녹음할 수도 있다. 최적의 방법이라고는 할 수 없지만, 이불 밑이나 드레스 룸에 마이크를 설치할 수 있으며, 천이 저렴한 리플렉션 필터 역할을 할 수 있다.

소음 차단이 잘되는 자동차 안에서 녹음하는 것도 가능하다. 물론 조용한 곳에 주차해야 한다.

3 팝 필터

보이스오버를 녹음할 때는 보통 입을 마이크에 아주 가까이 댄다(10cm 거리가 가장 좋다). 팝 방지 필터는 특히 'p'와 'b' 같은 파열음이 생성하는 팝 노이즈(pop noise)를 완화해주는 데 사용된다. 스튜디오 마이크는 일반적으로 촬영 현장에서 사용하는 마이크와 달리 공기의 움직임에 매우 민감하다.

리플렉션 필터 만들기

리플렉션 필터는 50유로 정도에 구입할 수 있지만, 직접 제작할 수도 있다. 달걀판 모양의 폼(흡음재)을 구입하고, 폼의 매끄러운 면에 외부 소음을 반사하는 알루미늄 포일을 붙이기만 하면 된다. 그리고 반원 형태로 유지하려면 양쪽 끝에 가는 끈을 적당한 길이로 결착하여 고정한다.

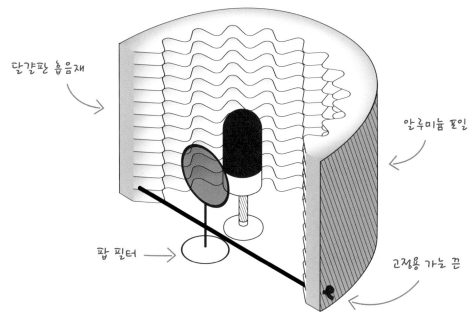

단걀판 흡음재

알루미늄 포일

팝 필터

고정용 가는 끈

팝 필터

팝 방지 필터는 인터넷에서 30유로 정도에 구입하거나 직접 제작할 수 있다. 우선 굵은 철사(옷걸이)와 무릎 높이의 검은색 나일론 스타킹을 구입한다.

1 - 철사를 70cm 정도로 잘라 직경 15~17cm의 원(또는 고리)을 만든다. 철사가 날카로워 스타킹이 찢어질 수 있으니 철사 주위에 테이프를 붙인다.

2 - 스타킹을 원 위쪽에서부터 씌우고, 원 아래쪽의 열린 부분을 짧은 끈으로 묶는다. 감쇠가 충분하지 않은 경우 스타킹을 하나 더 추가하면 되지만, 두께가 너무 두꺼워지면 음성의 고음을 감소시키고 명료도를 저하시킬 수 있으므로 지나치게 두꺼워지지 않도록 주의해야 한다.

3 - 남은 철사는 마이크나 스탠드(플렉시블 클램프 또는 서스펜션) 주위에 고정하는 데 사용한다.

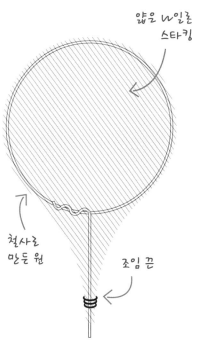

얇은 나일론 스타킹

철사로 만든 원

조임 끈

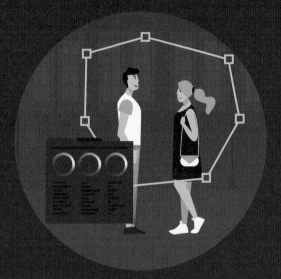

영상 마무리하기

색 보정의 두 단계

색 보정은 편집의 마지막에 진행한다. 각 숏의 색상과 대비(콘트라스트)를 조정하는 작업이다. 이 작업의 목표는 영화의 분위기를 결정하기 전에 숏들을 서로 일관되게 만드는 것이다. 차가운 색은 슬프고 우울한 분위기를, 따뜻한 색은 행복한 분위기를 조성하는 등 색 보정을 통해 영화의 분위기를 설정할 수 있다. 색 보정은 두 단계로 이루어진다. 첫 단계는 숏들을 서로 일관되게 만드는 밸런싱이며, 다음 단계는 지배적인 톤을 사용하여 영상에 동일성, 특징, 의도를 추가하는 스타일링이다.

원본 영상

밸런싱된 영상

스타일링된 영상

1 숏 밸런싱

첫 번째 단계는 순전히 기술적인 작업이다. 각각의 숏에 색 보정을 적용하여 시각적으로 최대한 중립적으로 만든 다음, 동일한 시퀀스에서 숏들이 매끄럽게 연결되도록 균형을 맞추어준다. 예를 들어 시퀀스 중에서 한 숏이 나머지 숏보다 밝으면, 해당 숏의 밝기를 낮추는 식이다.

일반적으로 일치시켜야 할 두 가지 사항은, 조명의 연속성과 숏의 노출을 위한 '휘도(밝기)', 그리고 시퀀스에서 동일한 색조(컬러 톤)를 얻기 위한 숏의 '화이트 밸런스'이다. 휘도를 제어하려면 '레벨' 도구를, 색상 균형(컬러 밸런스)을 변경하려면 '커브' 도구를 사용하는 것이 좋다.

➕ 레벨 도구

'레벨' 도구는 영상의 노출을 나타내는 히스토그램(histogram)을 표시한다. 가로축은 순흑(0)부터 순백(255)까지의 톤 분포를, 세로축은 각 톤의 픽셀 수를 나타낸다. 따라서 히스토그램에서 톤의 피크가 높을수록 영상에 해당 톤이 더 많이 존재한다는 뜻이다.

이 슬라이더를 오른쪽으로
이동하면 검은색을 추가하여
영상을 어둡게 만들 수 있다

이 슬라이더를 왼쪽으로
이동하면 흰색을 늘겨 영상을
밝게 할 수 있다

이 슬라이더를 이동하여 영상의 콘트라스트를
조정할 수 있다

영상에 레벨을 올바르게 적용하는 마법의 공식이란 없으며, 조명의 선택, 원하는 표현, 만들고자 하는 의도에 따라 달라진다(예를 들어, 콘트라스트가 강한 영상은 더 거칠고 더 드라마틱해진다).

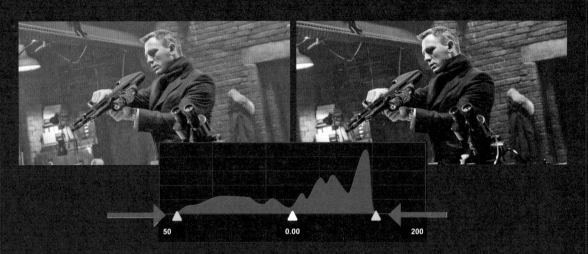

LOG로 촬영한 경우(29쪽 참조), 어두운 톤과 밝은 톤을 수동으로 조정하여 자연스러운 콘트라스트를 얻을 수 있다. 히스토그램의 양쪽 끝에 있는 검은색과 흰색 입력 레벨 슬라이더를 드래그하기만 하면 된다.

✚ 커브 도구

촬영 중에는 예상치 못한 여러 가지 요인으로 인해 화이트 밸런스가 변경되고 원치 않는 색조로 영상의 색상이 왜곡되기도 한다.

예를 들어 구름 때문에 타이트 숏이 몇 분 전에 촬영한 와이드 숏에 비해 너무 파랗게 보일 수도 있다.

이러한 조명 불일치를 보정하고 색상 균형을 조절하기 위해 '커브' 도구를 사용할 수 있다. 세 가지 조절점(하이라이트, 섀도, 중간 톤)만 있는 '레벨' 도구와 달리, 이 도구는 커브에 점(포인트)을 추가하여 어떤 톤이든 제어할 수 있다.

RGB 메뉴에서 특정 색상(빨강, 초록, 파랑)을 선택하여 작업할 수 있다.

커브를 위로 올리면 색상이 강화되고, 아래로 내리면 보색이 우세해진다. 예를 들어 파랑 레이어를 선택하고 아래쪽으로 내리면 파랑이 점점 녹색으로 바뀐다.

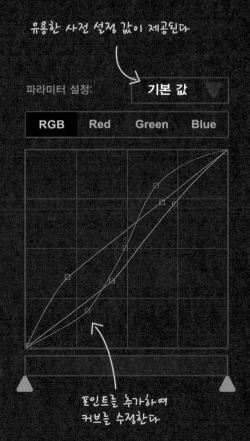

유용한 사전 설정 값이 제공된다

포인트를 추가하여 커브를 수정한다

2 영상 스타일링

두 번째 단계는 창의적이고 심미적인 작업으로, 영상에 스타일, 동일성, 특징을 부여한다. 만들고자 하는 분위기에 맞게 지배적인 색상을 추가하거나, 장면을 어둡게 하는 등의 작업을 할 수 있다. 초보자라면 스타일링에 다음 세 가지 방법을 사용해볼 수 있다.

➕ LUT

LUT(lookup table: 룩업 테이블)는 색상과 노출을 보정한 후 동영상을 조정하는 가장 빠른 방법이다. 타임라인에서 바로 숏에 끌어다 놓을 수 있게끔 사전 정의된 스타일(또는 룩)이다. 인터넷에는 수많은 LUT 팩이 있으며, 무료인 것도 있고 유료인 것도 있다. 내가 추천하는 것은 오시리스(OSIRIS), 러티파이(Lutify)의 3D LUTs, IWLTBAP의 LUTs Color Grading Pack(LUT C-9750 포함, 아래 사진 참조) 등이다.

IWLTBAP의 LUT C-9750

➕ 매직 불릿 룩

레드 자이언트(Red Giant)의 매직 불릿 룩(Magic Bullet Look)은 200가지 이상의 사전 정의된 스타일을 제공하는 플러그인으로, 40개 이상의 내장 도구로 모두 사용자 정의가 가능하며 무료 시험판도 제공된다. 이것을 사용하는 가장 쉬운 방법은 사전 정의된 스타일 중 하나를 사용하는 것이다. 보정하려는 숏을 선택하고 원하는 스타일을 동영상 위에 끌어다 놓거나 효과 팔레트에서 선택하여 적용하기만 하면 된다. 적용한 후에는 창 아래쪽의 스타일 매개 변수를 조정하거나 오른쪽 열의 도구를 사용하여 스타일의 사용자 정의가 가능하다.

스타일

도구

➕ 기본 효과

편집 소프트웨어의 기본 효과를 사용하여 색조, 사진 필터, 색상 곡선(컬러 커브), 채도 등을 조정하면서 자신만의 고유한 스타일을 만들 수도 있다. 프리미어 프로에서는 '루메트리 컬러(Lumetri Color)' 도구가 숏의 색 보정에 가장 널리 사용된다.

실전 팁

✦ LOG로 촬영한다

29쪽에서 언급했듯이, 카메라가 지원한다면, LOG 영상 프로파일을 우선 사용하여 매우 넓은 다이내믹 레인지로 하이라이트와 섀도 모두에 최대한의 정보를 캡처한다. 이렇게 하면 편집 중에 색 보정을 할 때 더 큰 여유를 가질 수 있다.

이 프로파일을 사용하면 화이트 밸런스 오류를 더 쉽게 수정할 수 있으며, 어두운 장면의 입자를 제거하는 노이즈 저감에 더 효과적이다. 또한 여러 가지 촬영 도구(카메라, 액션캠, 스마트폰 등)로 촬영하는 경우에도 일관된 색 보정 결과를 더 쉽게 얻을 수 있다.

✦ 모니터 화면을 보정한다

모든 화면이 동일한 방식으로 색상을 표시하는 것은 아니다. 콘트라스트가 강한 화면이 있는가 하면, 채도가 더 높거나 파란색, 주황색 등의 색조로 표시되는 화면도 있다.

몇 시간 동안 동영상의 색 보정을 하고 나서 다른 화면에서 원하는 대로 표시되지 않는다면 정말 끔찍한 일이 아닐 수 없다.

다행히도 화면 보정, 즉 캘리브레이션(calibration)이라는 해결책이 있다. 모니터를 캘리브레이션하면 실제에 충실한 색상을 표시하므로 동영상의 색상을 정확하게 보정할 수 있다.

캘리브레이션 프로브

화면을 보정하는 가장 좋은 방법은 캘리브레이션 프로브(또는 센서)를 컴퓨터에 연결하고 그것을 화면에 부착하는 것이다. 이 방법은 예산(100에서 300유로 정도)이 꽤 들지만 색상 보정은 완벽하다. 물론 비용이 덜 드는 다른 방법도 있다. 윈도우와 맥 시스템에는 보정 과정을 단계별로 안내하는 보정 도구가 내장되어 있어, 화면을 처음 보정해보는 경우 특히 유용하다.

일부 웹 사이트에서는 그레이스케일을 사용하거나 특정 범용 프로파일을 다운로드하여 육안으로 화면을 보정할 수 있는 동일한 유형의 도구를 제공한다. 아무것도 하지 않는 것보다는 나은 선택이지만 정확하지 않을 수 있으므로, 가능하다면 프로브를 구입하거나 대여받을 것을 강력히 권장한다.

✦ 밝은 곳에서 확인한다

유튜브 동영상의 색 보정을 하는 경우, 반드시 햇빛이 잘 드는 곳에서 동영상을 확인하도록 하자. 초보자가 흔히 저지르는 실수 한 가지는 대부분의 시청자가 지하철에서나 밝은 조명 아래서 휴대폰으로 영상을 시청한다는 사실을 잊고 어두운 방 안이나 완벽한 조건에서 보정하는 것이다. 너무 어둡거나 콘트라스트가 부족한 동영상은 밝은 햇빛 아래서 작은 화면으로는 시청하기 어려울 수도 있다.

크레디트

영화에서 전체 제작진과 출연진을 나열하기 위해 크레디트를 체계적으로 사용하기 시작한 것은 1970년대에 이르러서이다. 그 전에는 영화의 시작이나 끝에 제목만 표시되었으며, 크레디트는 거의 없이 보통 '끝'이라고 쓰인 카드로 끝났다.

대부분의 크레디트는 검은 바탕에 흰 글씨로 표시되지만, 더 매력적으로 보이도록 연출하거나 애니메이션으로 만드는 프로덕션이 점점 늘어나고 있다. 짐 캐리 주연의 〈브루스 올마이티〉처럼 NG 모음을 추가하는 경우도 있고, 대부분의 마블 영화처럼 크레디트 끝에 다음 영화와 등장인물을 예고하는 보너스 영상을 추가하는 경우도 있다. 아이디어를 얻고 싶다면 TV 시리즈와 영화에 사용된 최고의 크레디트를 총망라한 Artofthetitle.com에 접속해볼 것을 권한다.

어떤 순서로?

크레디트에 이름이 나오는 순서는 배우의 인기도, 영화의 장르 등에 따라 달라진다. 다음은 다양한 역할과 순서의 일례이다.

감독	의상 총괄
	의상
프로듀서	
	메이크업
주연	헤어
조연	미술
	세트
각본	소품
원작	
	프로덕션 디렉터
조감독	프로덕션 매니저
스크립터	프로덕션 어시스턴트
출연진	로케이션 매니저
	로케이션 어시스턴트
촬영 감독	
카메라 오퍼레이터	편집
스테디캠 오퍼레이터	편집 어시스턴트
개퍼	사운드 편집
조명(부)	사운드 편집 어시스턴트
키 그립	
그립(부)	그래픽 디자이너
	색 보정
사운드 엔지니어	믹싱
붐 오퍼레이터	
사운드 어시스턴트	작곡

오프닝 크레디트

인터넷에서는 오프닝 크레디트를 사용하지 않는 것이 좋다. 영화관에서는 관객이 수동적이다. 티켓을 구입하고 영화를 관람하는 동안은 외부 세상과 단절된다. 하지만 인터넷에서는 알림, 메시지, 다른 동영상 등으로 언제든지 산만해질 수 있기 때문에 처음 몇 초 동안 시청자의 주의를 사로잡는 것이 중요하다. 따라서 오프닝 크레디트는 관람을 계속할 열의를 꺾을 수 있으므로 권장하지 않는다. 그럼에도 일반적인 오프닝 크레디트의 순서를 소개하니 참고하기 바란다.

배급

제작

감독

각본

출연

영화 제목

타이틀 시퀀스 템플릿

오늘날 인터넷에서는 Videohive.net과 같은 많은 웹 사이트가 애니메이션 형식의 타이틀 시퀀스 템플릿을 제공한다. 5유로부터 좀 더 정교한 것은 100유로까지 가격이 다양하며, 공포 영화부터 액션 영화까지 다양한 타이틀 시퀀스 템플릿을 구할 수 있다. 초보자가 고품질의 준비된 타이틀 시퀀스를 만들기 위한 완벽한 솔루션이다.

Videohive.net에서 제공되는 템플릿들

믹싱의 다섯 단계

영화용 카메라로 촬영했지만 소리가 제대로 들리지 않는 영상보다, 스마트폰으로 촬영했지만 완벽한 소리가 녹음된 영상이 더 낫다. 이 마지막 단계는 후반 작업에서 가장 중요한 부분 중 하나이며, 절대로 간과해서는 안 된다. 믹싱은 소리의 크기, 깊이, 확산, 세기 등을 조절하여 영화의 전체적인 분위기를 만들 수 있다.

이 작업을 수행하는 믹싱 기사는 일련의 사운드 후반 작업 과정에서 마지막으로 참여하는 창의적 기여자이다. 편집 기사나 사운드 디자이너에게서 제공받은 모든 사운드트랙(음향 효과, 대화, 배경음, 음악 등)을 수집하여 혼합하고 균형을 맞추고 조화롭게 만들어 최종 영화 사운드트랙을 완성한다.

대개는 감독도 믹싱 과정 중에 참석한다. 하지만 초보자일 때는 도움을 줄 믹싱 기사 친구가 있는 경우가 드물기 때문에, 편집 소프트웨어를 사용하여 혼자서 믹싱을 할 수 있도록 다섯 단계에 걸쳐 믹싱의 기본을 살펴보겠다.

1 트랙 정리하기

배우의 음성 녹음을 정리하기 위해 먼저 테이크를 잘라 공백, 숨소리, 입소리 등을 체계적으로 제거한다. 그런 다음, 테이크의 잘린 부분에서 끊기는 소리가 들리지 않도록 그 앞뒤에 페이드 효과(또는 '오디오 페이드')를 추가하여 전환이 매끄럽게 이어지게 하고, 두 번째 트랙에는 촬영 현장에서 녹음한 사운드 온리나 배경음을 추가하여 대사 사이의 공백을 메운다.

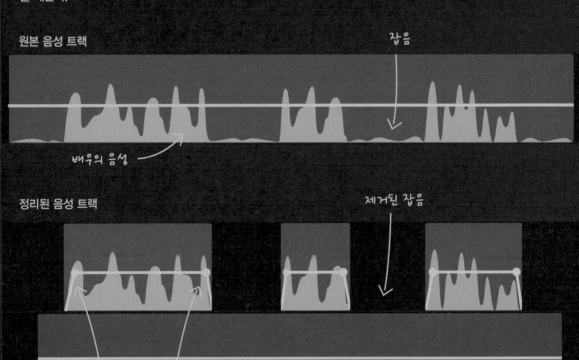

원본 음성 트랙

잡음

배우의 음성

정리된 음성 트랙

제거된 잡음

각 테이크의 시작과 끝에 적용된 페이드 효과

공백을 메우기 위해 추가된 사운드 온리

두 번째는 단연 가장 중요한 단계 중 하나로, 배우의 녹음을 개선하여 음성을 향상시키는 것이다. 인간의 귀는 20Hz(최저 가청 주파수)에서 20,000Hz(최고 가청 주파수) 사이의 주파수를 들을 수 있다.

20Hz 이하는 초저음파로, 20kHz 이상은 초음파로 분류된다. 따라서 녹음된 음성을 복구할 때 주파수 영역에서 특정 주파수를 삭제하여 음성을 분리하고 증폭함으로써 더 듣기 좋게 만들 수 있다.

이를 위해 '이퀄라이저' 또는 'EQ' 오디오 효과를 사용하여 사운드의 주파수 곡선(커브)을 낮추거나 높이는 식으로 보정한다. 이 효과는 효과음과 음악에도 적용할 수 있다.

다음은 음성의 명료도를 향상시키기 위한 일반적인 단계이다. 하지만 이 팁은 지침과 출발점으로만 사용하고, 실제로 실험하고 귀를 사용하여 특정 음성에 대해 어떤 것이 효과적인지 알아내는 것이 중요하다.

➕ 이퀄라이저

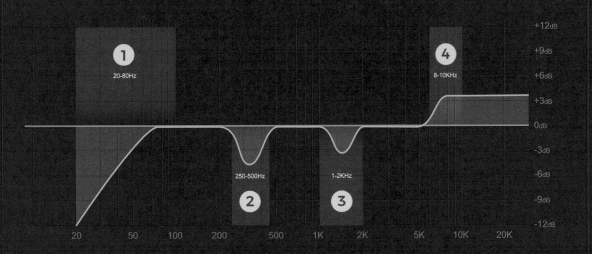

1 고음역 통과 필터를 사용하여 80Hz 이하의 모든 주파수를 차단한다. 이 주파수 이하의 모든 것은 너무 낮은 울림과 잡음으로 인식된다. 특히 여성의 음성이나 녹음이 조금 낮게 들리는 경우에는 100Hz 이하를 모두 차단하면 명료도를 향상시키는 데 도움이 된다.

2 250~500Hz 사이에서는 3~4dB 낮춰서 음성의 울림 효과를 제거한다.

3 그런 다음 감기에 걸렸을 때 코가 막힌 듯한 음성을 나타내는 조금 부자연스러운 주파수. 음성에 따라 다르지만 일반적으로 1kHz에서 2kHz 사이에 있는 주파수를 몇 dB 낮춘다.

4 음성의 명료도를 향상시키기 위해서는 고음역대의 주파수를 높여야 한다. 8kHz에서 10kHz 사이에 있는 주파수를 몇 dB 높인다.

3 음성 압축하기

싱글밴드 압축기 ⌄

✓ (기본값)
넉넉한 허용량
보컬 증폭기
음성 레벨러
라디오 레벨러
보컬 어태커

압축은 음성의 다이내믹 레인지를 줄여서 가장 강한 레벨을 낮추고 가장 약한 레벨을 높인다.

너무 많이 압축하면 음성이 부자연스럽고 라디오에서 듣는 압축된 음성과 비슷하게 들린다. 편집 소프트웨어에서는 음성을 올바르게 압축하기 위한 다양한 사전 설정을 사용할 수 있다.

4 사운드 공간화하기

음향 효과는 일반적으로 스튜디오에서 외부 소음, 반향, 잔향 없이 녹음된다. 그 결과, 사운드는 날것 상태이며 건조하고 완벽하다. 이를 장면에 최대한 효과적으로 통합하고 공간화하려면 효과를 추가해야 한다.

공간화는 요소를 공간에 배치하는 것을 의미한다. 예를 들어 주방에서는 발자국 소리가 울려 퍼지지만, 침실의 양탄자 위에서는 조용하고 부드럽게 들린다. 이를 음향 환경이라고 하며, 사운드를 공간화하는 데는 세 가지 방법이 있다.

➕ 팬

패닝 효과를 사용하면 스테레오로 작업하는 경우 사운드를 왼쪽이나 오른쪽에 배치할 수 있다. 5.1채널 효과로 작업할 필요는 없다. 동영상이 그렇게 방송되는 경우는 거의 없기 때문이다.

➕ 레벨

사운드 레벨을 사용하면 사운드를 카메라에 더 가깝게 또는 더 멀리 배치할 수 있다. 강한 소리는 더 앞쪽으로 나오고, 약한 소리는 더 뒤쪽으로 물러난다.

➕ 리버브

리버브(잔향) 효과는 실내 음향 환경에 요소를 배치할 때 유용하다. 예를 들어, 교회에서의 잔향은 가구가 비치되어 소리가 덜 울려 퍼지는 작은 방에서보다 훨씬 더 클 것이다.

리버브 또는 잔향 효과에는 대개 다양한 음향을 테스트할 수 있는 몇 가지 기본 매개 변수가 포함되어 있다.

소리가 가까울수록 잔향이 적고, 소리가 멀수록 잔향이 많고 고음이 더 많이 감쇠된다는 점에 유의하자.

5   레벨 조절하기

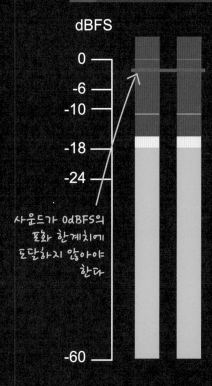

dBFS

0

-6

-10

-18

-24

-60

사운드가 0dBFS의
포화 한계치에
도달하지 않아야
한다

이 마지막 단계의 목표는 포화 한계치를 초과하지 않고 어떤 시청 장치(컴퓨터, 스마트폰, 텔레비전 등)에서든 영상이 잘 들리도록 사운드의 균형을 맞추는 것이다.

따라서 동영상의 사운드 레벨을 설정할 때 우선순위는 음성이 들리도록 만드는 것이다. 음악, 배경음, 음향 효과 등이 대화를 덮어서는 안 되며, 그럴 경우 음성이 들리지 않아 시청자가 영상을 이해하지 못할 수도 있다.

그러므로 믹싱을 음성의 레벨 조절로 시작한다. 음성이 너무 낮아 들리지 않으면 해당 사운드 레벨을 높인 다음, 대화가 진행되는 장소의 배경음(거리, 숲, 식당 등)과 음악의 균형을 맞추고, 음향 효과와 사운드 디자인으로 마무리한다.

그렇기 때문에 편집할 때 항상 트랙을 정리하는 것이 중요하다. 여러 요소를 함께 믹싱할 때 시간을 크게 절약할 수 있다.

다양한 사운드의 레벨을 설정할 때 특정 음향 효과를 강조하고 싶다면 해당 음향 효과를 높이는 대신 주변의 다른 사운드를 낮춰야 한다는 것을 기억하자. 그러지 않으면 모든 볼륨을 서서히 높이다가 결국 과부하가 걸리게 된다.

믹싱이 끝나면 최종 사운드를 다른 스피커로 들어보는 것을 잊지 말자. 초보자가 저지르는 실수 중 하나는 대개 헤드폰을 착용하고 최적의 조건에서 믹싱 작업을 하는 것인데, 하지만 시청자 대부분은 시끄러운 환경에서 휴대폰으로 동영상을 본다. 그렇기 때문에 스튜디오 헤드폰에서 조잡한 컴퓨터 스피커에 이르기까지 모든 유형의 스피커에서 믹싱이 제대로 작동하는지 확인해야 한다.

믹싱 소프트웨어

더 나아가 더 많은 믹싱 도구를 사용하고자 한다면, 다음과 같은 특화된 소프트웨어가 있으니 참고하자.

🔗 **프로 툴스(Pro Tools)**
프로 툴스는 전문 믹싱 스튜디오에서 가장 널리 사용되는 소프트웨어이다.

🔗 **로직(Logic)**
로직 프로 X(Logic Pro X)는 애플(Apple)의 전문가급 오디오 편집 소프트웨어이다.

🔗 **오다시티(Audacity)**
무료 녹음 및 편집 소프트웨어로, 초보자는 이것으로도 충분하다.

🔗 **어도비 오디션(Adobe Audition)**
어도비 크리에이티브(Adobe Creative) 제품군에 속한 오디오 편집 소프트웨어이다.

영상 배포하기

아무도 보지 않는다면 온라인에 동영상을 게시하는 것이 무슨 의미가 있을까? 며칠, 심지어 몇 주 동안 영상을 준비하고 촬영하고 편집한 후에 어려운 부분은 끝났고 이제 게시하기만 하면 된다고 생각하지만, 이는 잘못된 생각이기 일쑤다. 다음은 온라인으로 동영상을 성공적으로 배포하기 위한 필수 팁이다.

최종 화면을 소홀히 하지 않는다

고객의 충성도를 구축하고, 시청자를 구독자로 전환해야 한다. 마케팅 회의에서 흔히 들을 수 있는 문구이지만, 일이란 그렇게 굴러가는 법이다. 일단 시청자의 마음을 사로잡은 후에는, 어떻게든 다시 돌아와서 구독하도록 유도해야 한다.

따라서 항상 '클릭 유도 문안', 즉 구독 버튼이나 다른 동영상으로 연결되는 링크와 같이 시청자가 어떤 행동을 하도록 유도하는 클릭 가능한 요소를 '최종 화면'에 포함하는 것이 좋다.

동영상 배포 플랫폼에서 클릭 유도 문안을 만들지 못하게 하는 경우, 동영상에 서명이라도 하여 시청자가 영상 제작자가 누구인지 알게 하자. 이름과 소셜 미디어 정보가 포함된 작은 크레디트를 추가하자.

저작권을 존중한다

저작권으로 보호되는 다른 영화의 숏이나 음악을 사용하지 말고, 온라인으로 스톡 숏(또는 스톡 푸티지)이나 로열티 프리 음악을 구입하자. 그 이유는, 첫째로 자신의 영상에 대한 권리를 100% 소유하게 되므로 어디든 원하는 곳(인터넷, 페스티벌, DVD 등)에 배포할 수 있기 때문이다. 둘째, 저작권이 있는 콘텐츠를 사용하다가는 동영상이 삭제되는 사태를 맞을 수도 있기 때문이다.

유튜브, 페이스북, 인스타그램 등과 같은 플랫폼의 로봇을 비롯한 인공지능이 이를 알아차리지 못할 것이라고 착각하고들 하지만, 인공지능은 시간이 지남에 따라 점점 진화하고 개선되어간다. 그러다 언젠가는 수천 번의 조회수를 기록하고 널리 공유되던 아름다운 동영상이 발각되어 단번에 삭제되는 것을 보고 놀라게 될 것이다. 정말 안타까운 일이다.

눈길을 끄는 제목을 찾는다

온라인 동영상의 성공에 가장 큰 영향을 미치는 변수 중 하나는 제목이다. 제목은 짧고 영상 콘텐츠와 일관성이 있어야 하며, 그렇지 않으면 시청자를 실망시킬 수도 있다. 너무 복잡하거나 긴 제목은 자동으로 잘려서 섬네일(미리보기 이미지) 아래에 표시될 위험이 있으므로 간결하게 짓자.

제목은 선정적이지 않으면서도 눈길을 끌 수 있어야 한다. 자극적인 '낚시성' 제목과 선정적인 섬네일은 몇 번의 클릭을 유도할 수는 있겠지만, 시청자가 콘텐츠에 실망하여 몇 초 만에 동영상을 떠나면, 유튜브에서는 해당 동영상이 흥미롭지 않다고 판단하여 노출을 줄일 것이다.

멋진 섬네일 만들기

섬네일은 동영상의 진열대와 같으므로 촬영과 편집에 투자한 시간만큼이나 많은 시간을 할애해야 한다. 내 생각에는 제목보다 더 중요한데, 일반적으로 웹 사용자가 가장 먼저 보게 되는 것이기 때문이다.

줄마다 다른 색상을 사용하여
가독성을 높인 볼드체 제목

작은 포맷에서도 보이도록
클로즈업한 얼굴

긴장감을 더하는
역동적인 자세

이미지를 구성한다

포스터와 마찬가지로 섬네일도 시선을 끌 수 있도록 세심하게 이미지를 구성해야 한다. 단순히 한 장면을 캡처해서 사용하지 말자. 필요한 경우 과부하가 걸리지 않는 선에서 여러 장의 사진으로 섬네일을 구성해보자.

배우가 뛰어가고, 소리 지르고, 울고, 싸우는 등 움직임이나 액션이 있는 이미지를 선택하여 역동적인 느낌을 연출하자. 배우의 클로즈업 사진을 우선적으로 사용하고, 섬네일이 컴퓨터와 작은 크기의 휴대폰에서 모두 효과적인지 확인하자.

크기를 확인한다

당연해 보이지만, 동영상을 게시할 사이트의 섬네일 크기를 확인하는 것을 잊지 말자. 예를 들어 유튜브에서 이상적인 크기는 16:9(1920 × 1080)이다. 이 규격을 준수하지 않으면 이미지가 재조정되거나 검은색 테두리로 둘러싸여 보기에 좋지 않고 매력이 떨어지는 결과물이 나올 수도 있다.

제목을 표시한다

섬네일은 웹 사용자가 가장 먼저 보는 것이므로, 섬네일에 제목을 넣는 것이 좋다. 읽기 쉬운 글꼴을 사용하고(너무 가는 필기체 글꼴은 피하자), 작은 포맷의 경우 큰 크기를 선택하고 배경을 약간 어둡게 하거나 그림자를 추가하여 텍스트가 돋보이게 하자.

제목이 너무 긴 경우 크기를 줄이기보다는 두 줄로 나누고 각 줄마다 다른 색상을 선택하면 웹 사용자가 더 빨리 읽을 수 있다. 제목을 섬네일 구석, 특히 동영상의 재생 시간이 표시되는 오른쪽 아래 모서리에 배치하지 않도록 주의하자.

찾아보기

참고 자료

• •

온라인 튜토리얼

웹 사이트

프랑스어

CommentFaireUnFilm.com
Apprendre-le-Cinema.fr
MagazineVideo.com
Faire-un-Film.fr
Devenir-Realisateur.com
Fr.Tuto.com

영어

NoFilmSchool.com
PremiumBeat.com
StudioBinder.com

유튜브 채널

테크닉

RVB
HARDISK
ATOM
OLIVIER SCHMITT
CINEASTUCES
LA VIDEO TOUT SIMPLEMENT

미장센

BLOW UP - ARTE
SCINÉMA
LE CINÉ-CLUB DE M. BOBINE
LE FOSSOYEUR DE FILMS

영어

EVERY FRAME A PAINTING
FANDOR
NOW YOU SEE IT
THE CLOSER LOOK
NERDWRITER1
THOMAS FLIGHT
THIS GUY EDITS
LESSONS FROM THE SCREENPLAYS
CINEFIX
WISECRACK
FILMMAKERIQ

색 보정 리소스

🔗 LUTs Color Grading Pack
Luts.iwltbap.com

🔗 OSIRIS LUTs
Vision-Color.com

🔗 LUTIFY 3D LUTs
Lutify.me

🔗 Magic Bullet Looks
RedGiant.com

효과음 사이트

- Universal-Soundbank.com
- GetSoundly.com
- 99Sounds.org
- VideoCopilot.net
- BBC Sound Effects
- Sony Pictures Sound Effects Series

- FreeSound.org
- SoundSnap.com
- FreeSfx.co.uk
- LaSonotheque.org
- LensDistortion.com
- BYND Sound Fx

로열티 프리 음악

- AudioNetwork.com
- PremiumBeat.com
- Youtube.com/audiolibrary
- MusicScreen.be
- Musicometre.com
- Jamendo.com
- Musilib.com
- MusicBed.com

- AudioJungle.com
- EpidemicSound.com
- Auboutdufil.com
- ccMixter.org
- Bensound.com
- FreeMusicArchive.org
- AudioSocket.com
- PublicDomain4u.com

VFX 리소스

- **VideoHive.net**
  수천 개의 애프터 이펙트 프로젝트와 VFX 리소스가 있는 사이트.

- **RedGiant.com**
  트랩코드(Trapcode)나 매직 불릿(Magic Bullet) 제품군 같은 필수 애프터 이펙트 플러그인.

- **VideoCopilot.net**
  애프터 이펙트용 3D 플러그인, VFX 리소스 및 음향 효과 컬렉션.

- **LensDistortions.com**
  렌즈 디스토션스(Lens Distortions)사의 연기, 플레어, 입자 효과 등이 포함된 다양한 비디오 팩.

- **Turbosquid.com**
  여러 가지 포맷(3DsMax, Maya, C4D 등)의 무료 및 유료 3D 모델 사이트.

- **CGTrader.com**
  여러 가지 포맷(FBX, OBJ, MAX, 3DS, C4D)의 3D 모델 제공.

- **ActionVFX.com**
  '스크린(Screen)' 또는 '애드(Add)' 블렌딩 모드로 영상에 추가할 수 있는 검은색 배경의 폭발, 연기, 물, 입자, 피, 파편 등의 라이브러리.

고마운 분들

● ●

Charles Baldassarra, Vanessa Brias, Valérie-Anne Camisuli-Daire, Antoine Caracci, Yasmina Chambenoit, Mélody Collange, Baptiste Daire, Mahaut Daire, Dan Da Silva, Arthur de Lipowski, Sam Dekyndt - Samstation, Gaëtane de Rore, François Descraques, Anne Duval, Quentin Eiden, Paulo Esteves, Ariane Geffard, Laura Gilli, Guillaume Griffoni, Ludovik, Natoo, Axel Maliverney, Sophie Marie Larouy, Gael Mectoob, Pierre Morsard, Jérome Niel, Thomas Ozoux, Constance Pinson, Audrey Pirault, Camille Selosse, Rejane Tardy, Chris Teka, Teva Vasseur.

크레디트

8. Photo de tournage : Déjà Vu - Studio Bagel, 2014 - Pierre Morsard. / Photo de tournage : True Story – Amazon, 2020 - Laura Gilli. / Photo de tournage : Cathy Paris – Natoo, 2018 - Laura Gilli. / Photo de tournage : Foutre le Camp - Studio Bagel, 2014 - Pierre Morsard. Photo de tournage : 200.000 abonnés - Studio Bagel, 2013 - Alex Mahieu. / Photo de tournage : Bagelfield - Studio Bagel, 2012 - Constance Pinson.

1 – 카메라 조작하기

17. Rencontre du troisième type, 1977 - Columbia Pictures. / Casino Royale, 2006 - Columbia TriStar Motion Picture Group. / **21.** How to sell drugs online, 2019 – Netflix. Barry Lyndon, 1975 - Warner Bros. / **23.** Il faut sauver le soldat Ryan, 1998 - Paramount Pictures-DreamWorks SKG. / Le loup de wall street, 2013 - Paramount Pictures. / 300, 2006 - Warner Bros. **25.** Collateral, 2004 -Paramount Pictures - DreamWorks SKG. / **28. 29.** Spectre, 2015 - Columbia TriStar Motion Picture Group. / **31.** 300, 2006 - Warner Bros.

2 – 렌즈 선택하기

53. November Man, 2014 - Relativity Media. / Desperado, 1995 - Columbia TriStar Motion Picture Group. / **52.** La La Land, 2016 - Lionsgate Films. / **55.** The Passenger, 2018 Lionsgat Films / StudioCanal UK. / **56.** Drive, 2011 - FilmDistrict. / **57.** Las Vegas Parano, 1998 - Universal Pictures. / Amélie Poulain, 2001 - UGC Fox Distribution. / Quand Harry rencontre Sally, 1989 - Columbia Pictures. / **66.** The Social Network, 2010 - Columbia TriStar Motion Picture Group. / **67.** Le Cercle Rouge, 1970 - Rialto pictures. / 2001, l'odyssée de l'espace, 1968 - Metro-Goldwyn-Mayer. / Requiem for a Dream, 2000 - Artisan Entertainment. **69.** Super 8, 2011 - Paramount Pictures. / **71.** Trust Me, 2017 - BBC.

4 – 조명하기

106. Mad Max : Fury Road, 2015 - Warner Bros. / Casino Royale, 2006 - Columbia TriStar Motion Picture Group. / **107.** Mad Max : Fury Road, 2015 - Warner Bros. / **108.** Amélie Poulain, 2001 - UGC Fox Distribution. / Hot Fuzz, 2007 - Universal Pictures. / Le loup de wall street 2013 - Paramount Pictures. / The Matrix, 1999 - Warner Bros. / **109.** American Beauty, 1999 - DreamWorks SKG. / 2001, l'odyssée de l'espace, 1968 - Metro-Goldwyn-Mayer. / Her, 2013- Sony Pictures Entertainment. / Black Swan, 2010 - Searchlight Pictures. / Scott Pilgrim, 2010 - Universal Pictures. / Harry Potter et l'ordre du phénix, 2007 - Warner Bros. / Le loup de wall street, 2013 - Paramount Pictures. / The Grand Budapest Hotel, 2014 - 20th Century Studios. / Les Aventuriers de l'arche perdue, 1981 - Paramount Pictures. Skyfall, 2012 - Columbia TriStar Motion Picture Group. / La La Land, 2016 - Lionsgate Films. La Famille Tenenbaum, 2001 - Walt Disney Studios Distribution. / Hôtel Chevalier, 2007 - Searchlight Pictures. / Birdman, 2014 -Searchlight Pictures. / Amélie Poulain, 2001 - UGC Fox Distribution. / The Shining, 1980 - Warner Bros. / Reviens-moi, 2007 - Focus Features. Climax, 2018 - Wild Bunch Distribution. / Maléfique, 2019 - Walt Disney Studios Distribution. / Only God Forgive, 2013 - The Weinstein Company. / Titanic, 1997 - Paramount Pictures. Fight Club, 1999 - 20th Century Studios. / Mad Max : Fury Road, 2015 - Warner Bros. **124.** La La Land, 2016 - Lionsgate Films. / Titanic, 1997 - Paramount Pictures. / **129.** Star Wars 8 : Les Derniers Jedi,2017 - Walt Disney Studios Distribution. / **132.** Beauté Cachée, 2016 - Warner Bros. / **133.** Atomic Blonde, 2017 - Focus Features. / Gran Torino, 2008 - Warner Bros. **134.** Inglorious Basterds, 2009 - Universal Pictures - The Weinstein Company. / Don Jon, 2013 - Relativity Media. / **135.** No country for old men, 2007 - Miramax. / Battle Royale, 2000 - Toei Company. / **137.** Anna Karénine, 2012 - Universal Pictures / Focus Features. / Transformers, 2007 - Paramount Pictures. / **138.** Amélie Poulain, 2001 - UGC Fox Distribution. / Fight Club, 1999 - 20th Century Studios. **139.** Le Pont des Espions, 2015 - Dreamwork SKG. / Mad Max : Fury Road, 2015 - Warner Bros. / **141.** Superman Returns, 2006 - Warner Bros. / Captain Marvel, 2019 - Walt Disney Studios Distribution.

5 – 시나리오 분석하기

158. Big Fish, 2003 - Columbia TriStar Motion Picture Group. / Reservoir Dogs, 1992 - Miramax. / Les Gardiens de la Galaxie, 2014 - Walt Disney Studios Distribution. **159.** The Matrix, 1999 - Warner Bros. / **160.** Gone Girl, 2014 - 20th Century Studios. / Quand Harry rencontre Sally, 1989 - Columbia Pictures. / Supergrave, 2007 - Columbia TriSta Motion Picture Group. / Shaun of the Dead,2004 - Universal Pictures. / The Matrix, 1999 - Warner Bros. / **161.** Le bon, la brute et le truand, 1966 - United Artists. / Les Affranchis, 1990 - Warner Bros. / How to sell drugs online, 2019 - Netflix. / **162.** Casino Royale, 2006 - Columbia TriStar Motion Picture Group. / Heat, 1995 - Warner Bros. / The Matrix, 1999 - Warner Bros. / Le silence des agneaux, 1991 - Orion Pictures. / Le bon, la brute et le truand, 1966 - United Artists. / **163.** Le bon, la brute et le truand, 1966 - United Artists. / Supergrave, 2007 - Columbia TriStar Motion Picture Group. / Il faut sauver le soldat Ryan, 1998 - Paramount Pictures / DreamWorks SKG. / Kill Bill 1, 2003 - Miramax. / **164.** The Matrix,1999 - Warner Bros. / **165.** Reservoir Dogs,1992 -Miramax. / Seven, 1995 - New Line Cinema. **167.** Seven, 1995 - New Line Cinema. / Amélie Poulain, 2001 - UGC Fox Distribution. **168.** Batterie Faible, 2013 - Youtube - Studio Bagel. / **169.** Hot Fuzz, 2007 - Universal Pictures. Taxi 2, 2000 - Europa Corp. / **174.** Star Wars 1 - La Menace fantôme, 1999 - 20th Century Studios. / Johnny English contre attaque, 2018 - Universal Pictures. / Les flingueuses,2014 - 20th Century Studios. / Harry Potter et le Prisonnier d'Azkaban,2004 - Warner Bros. / The Dark Knight, 2008 - Warner Bros. / **175.** The Rock, 1996 - Hollywood Pictures. / Casino Royale, 2006 - Columbia TriStar Motion Picture Group. / **176.** The Matrix, 1999 - Warner Bros. / Friends s10e10, 2004 - NBC. / **179.** L'Ultime Recours,2014 - Youtube - Studio Bagel. / Le Teaser, 2016 - Youtube - Astrid. / Foutre le Camp, 2014 - Youtube - Studio Bagel.

6 – 프레임 구성하기

185. Léon, 1994 - Gaumont. / Kill Bill 1, 2003 - Miramax. / The Conjuring, 2013- Warner Bros. Euphoria - S01e01, 2019 - HBO. / **186. 187.** Reviens-moi, 2007 - Focus Features. / **188.** Hot Shot, 1991 - 20th Century Studios. / American Sniper, 2014 - Warner Bros. / REC, 2007 - Searchlight Pictures. / Las Vegas Parano, 1998 - Universal Pictures. / Requiem for a Dream, 2000 - Artisan Entertainment. / **189.** Fight Club, 1999 - 20th Century Studios. / Halloween : La Nuit des masques, 1978 - Warner-Columbia Film. / **190.** Breaking Bad, 2008 - AMC. / Lord of War, 2005 - Lionsgate Films. Titanic, 1997 Paramount Pictures. / **191.** Les dents de la mer, 1975 - Universal Pictures. / The Evil Dead, 1981 - New Line Cinema. / **197.** The Robe , 1953 - 20th Century Studios. / **198.** Supergrave, 2007 - Columbia TriStar Motion Picture Group. / Star Wars 8 : Les Derniers Jedi, 2017 - Walt Disney Studios Distribution. / Kill Bill 2, 2004 - Miramax. / **199.** The Artist, 2011 - Warner Bros. / Jacky, 2016 - Searchlight Pictures. / The Grand Budapest Hotel, 2014 - 20th Century Studios. / Scott Pilgrim, 2010 - Universal Pictures. / **200.** Casino Royale, 2006 - Columbia TriStar Motion Picture Group. / The Matrix, 1999 - Warner Bros. / La La Land, 2016 -Lionsgate Films. / Star Wars 8 : Les Derniers Jedi, 2017 -Walt Disney Studios Distribution. / **201.** The Dark Knight, 2008 - Warner Bros. / À bord du Darjeeling Limited, 2007 - Searchlight Pictures. / Games of Thrones, 2019 - HBO. / Fight Club, 1999 - 20th Century Studios. / Full Metal Jacket, 1987 - Warner Bros. / Pulp Fiction, 1994 - Miramax. / **202.** Her, 2013 - Sony Pictures Entertainment. / Manhattan, 1979 - United Artists. / **203.** Casino Royale, 2006 - Columbia TriStar Motion Picture Group. / Top Secret! , 1984 - Paramount Pictures. / **204.** Beauté Cachée, 2016 - Warner Bros. **208.** The Dark Knigh, 2008 -Warner Bros. / Inglorious Basterds, 2009 - Universal Pictures / The Weinstein Company. / Le loup de wall street, 2013 - Paramount Pictures. / The Matrix, 1999 - Warner Bros. / Kill Bill 1, 2003 - Miramax. / **209.** Adèle blanc sec, 2010 - Europa Corp. / La Rafle, 2009 - Gaumont. / **210.** Matilda, 1996 - TriStar. / Harry Potter et l'ordre du phénix , 2007 - Warner Bros. / Avengers, 2012 - Paramount Pictures / Walt Disney Pictures. / Gatsby, 2013 - Paramount Pictures. / Moonrise Kingdom, 2012 - Focus Features. / **211.** Harry Potter et la chambre des secrets, 2002 - Warner Bros. / Joker, 2019 - Warner Bros. Bilbo the Hobbit, 2012 - New Line Cinema. / **212.** Eternal Sunshine of the Spotless Mind, 2004 - Focus Features. / Casino, 1995 - Universal Pictures. / 300, 2006 - Warner Bros. / Hugo Cabret, 2011 - Paramount Pictures. / Sin City, 2005 - Miramax. / About a boy, 2002 - Universal Pictures. / Les Évadés, 1994 - Columbia Pictures. / **213.** Burn After Reading, 2008 - Focus Features. / **214.** Stranger Things, 2016 - Netflix. Seven, 1995 - New Line Cinema. / Quand Harry rencontre Sally, 1989 - Columbia Pictures. / Le loup de wall street, 2013 - Paramount Pictures. / Amélie Poulain, 2001 - UGC Fox Distribution. / **215.** Game Of Thrones - S06e09, 2016 - HBO. / **216.** Harry Potter et les Reliques de la mort, 2010 - Warner Bros. L'Armée des 12 singes, 1995 - Universal Pictures. / **217.** Die Hard : Piège de cristal, 1988 - 20th Century Studios. / Las Vegas Parano , 1998 - Universal Pictures. / Les Noces Funèbres, 2005 -Warner Bros.

7 – 대화 장면 촬영하기

220. Quand Harry rencontre Sally, 1989 - Columbia Pictures. / Shaun of the Dead, 2004 - Universal Pictures. / The Rock, 1996 - Hollywood Pictures. / Amélie Poulain, 2001 - UGC Fox Distribution. **221.** Heat, 1995 - Warner Bros. / **223.** Drive, 2011 - FilmDistrict. / The Matrix, 1999 - Warner Bros. **224.** Millenium : ce qui ne me tue pas, 2018 - Columbia Pictures / Metro-Goldwyn-Mayer. / **225.** Liaison Fatale, 1987 - Paramount Pictures. / **226.** Seven, 1995 - New Line Cinema. / **227.** Pulp Fiction, 1994 - Miramax. / **228.** Breakfast Club, 1985 - Universal Pictures. / **229.** The Matrix Reloaded, 2003 - Warner Bros. **230.** Seven, 1995 - New Line Cinema. / Les Infiltrés, 2006 - Warner Bros. / **231.** Forrest Gump, 1994 - Paramount Pictures. / Baby Driver, 2017 - Columbia TriStar Motion Picture Group. / **232.** Kill Bill 1, 2003 - Miramax. / Le Discours d'un roi, 2010 - The Weinstein Company. / Mister Robot, 2015 - USA Network. **233.** Titanic, 1997 - Paramount Pictures. / Mon beau père et moi, 2000 - Universal Pictures Dreamworks SKG. / No country for old men, 2007 - Miramax. / **235.** Joker, 2019 - Warner Bros. **236. 237.** Le silence des agneaux, 1991 - Orion Pictures.

8 – 움직임 만들기

253. Gatsby, 2013 - Paramount Pictures. / **254.** Les Aventuriers de l'arche perdue, 1981 -Paramount Pictures. / **255.** Joker, 2019 - Warner Bros. / Old Boy, 2003 - Show East, Egg Films. / **256.** Le loup de wall street, 2013 - Paramount Pictures. / Léon, 1994 - Gaumont. / **257.** Kill Bill 1, 2003 - Miramax. / Les dents de la mer, 1975 - Universal Pictures. / **258.** Spectre (making of), 2016 - Columbia TriStar Motion Picture Group / **259.** Seven, 1995 - New Line Cinema. / Casino Royale, 2006 - Columbia TriStar Motion Picture Group. / **263.** 27 Robes, 2008 - 20th Century Studios. / La Petite Boutique des horreurs , 1986 - Warner Bros. / **264.** Kill Bill 1, 2003 - Miramax. / Misery, 1990 - Columbia Pictures. / **265.** Kill Bill 1, 2003 - Miramax. / Black Swan, 2010 - Searchlight Pictures. / **266.** Indiana Jones et la Dernièren Croisade 1989 - Paramount Pictures. / **267.** Fight Club, 1999 - 20th Century Studios. / **268.** Casino, 1995 - Universal Pictures. **269.** Mr. et Mrs Smith, 2005 20th Century Studios. / 300, 2006 - Warner Bros. / **270.** Star Wars 1 - La Menace fantôme, 1999 - 20th Century Studios. / A christmas story, 1983 - Metro-Goldwyn-Mayer. / Scott Pilgrim, 2010 - Universal Pictures. / **272.** Snatch, 2000 - Columbia TriStar Motion Picture Group. **274.** Kill Bill 1, 2003 - Miramax. / 24 : Legacy, 2014 - Fox. / Scott Pilgrim, 2010 - Universal Pictures. / Quand Harry rencontre Sally, 1989 - Columbia Pictures. / Amélie Poulain, 2001 - UGC Fox Distribution. **275.** Ocean's Thirteen, 2007 - Warner Bros. / L'Affaire Thomas Crown, 1968 - United Artists. / Friends S05E13, 1998 - NBC.

10 – 영상 편집하기

326. The Dark Knight, 2008 - Warner Bros. / **327.** Game Of Thrones, 2011 - HBO. / **328.** Avengers : Endgame, 2019 - Walt Disney Studios Distribution. / Birdman, 2014 - Searchlight Pictures. / **329.** A la Croisée des Mondes, 2007 - New Line Cinema. / Trainspotting, 1996 - Miramax. / **330.** Iron Man 2, 2010 - Paramount Pictures. / The Dark Knight, 200 Warner Bros. / **331.** Avengers : Endgame, 2019 Walt Disney Studios Distribution. / **344. 345.** Spectre, 2015 - Columbia TriStar Motion Picture Group. / **355.** Déjà Vu, 2015 Youtube - Studio Bagel.